铁路基础设施综合维修·维修作业

戴成新　郑　磊
黄小根　胡志刚　主编

中国铁道出版社有限公司

2021·北　京

内容简介

本书根据铁路工电供一体化综合维修需要,采用文字与现场图片相结合方式,归纳线路、信号、牵引供电设备施工维修作业的要求和注意事项等内容。

本书可以作为铁路职工培训、日常学习参考用书,亦可作为轨道交通院校相关专业培训参考资料。

图书在版编目(CIP)数据

铁路基础设施综合维修．维修作业/戴成新等主编．—北京：中国铁道出版社有限公司，2021.3

ISBN 978-7-113-27640-9

Ⅰ.①铁… Ⅱ.①戴… Ⅲ.①高速铁路-基础设施-维修 Ⅳ.①U238

中国版本图书馆 CIP 数据核字(2021)第 050080 号

书　　名:铁路基础设施综合维修·维修作业
作　　者:戴成新　郑　磊　黄小根　胡志刚

策　　划:邱金帅
责任编辑:邱金帅　　编辑部电话:(010)51873347
封面设计:郑春鹏
责任校对:焦桂荣
责任印制:高春晓

出版发行:中国铁道出版社有限公司(100054,北京市西城区右安门西街 8 号)
网　　址:http://www.tdpress.com
印　　刷:国铁印务有限公司
版　　次:2021 年 3 月第 1 版　2021 年 3 月第 1 次印刷
开　　本:880 mm×1 230 mm 1/32　印张:10.5　字数:280 千
书　　号:ISBN 978-7-113-27640-9
定　　价:45.00 元

前　言

线路、信号、牵引供电设备作为铁路运输的基础设施，是确保铁路运输安全、稳定、高效的重要技术设备。长期以来，线路、信号、牵引供电设备分别由工务、电务、供电部门负责维修管理，生产组织模式"单打一"。为了解决三个专业生产组织模式"单打一"问题，打破传统的单专业维修管理模式，优化运输生产资源配置，强化现场作业控制，实行工务、电务、供电"三位一体"综合维修管理模式是铁路深入改革的必然趋势，打破专业界限壁垒，提高基础设施综合维修质量和劳动效率，进一步推进维修体制改革，实现各专业优势互补、相互促进、共同提升。

根据铁路工电供一体化综合维修需要，打破专业界限，结合现场实际情况组织编写了铁路基础设施综合维修方面图书，主要介绍安全管理知识，线路、信号、牵引供电设备基础知识，线路、信号、牵引供电施工维修作业要求，病害产生原因及整治方法等。铁路基础设施综合维修分为《基础知识》《综合知识》《维修作业》《病害整治》四分册。

《基础知识》，阐述铁路安全管理，简要介绍线路及轨旁设备、道岔及转换设备、牵引供电设备的基本要求、结构组成。

《综合知识》，综合叙述线路及轨旁设备、道岔及转换设备、牵引供电设备各组成部分的构成、主要作用及工作原理。

《维修作业》，归纳线路、信号、牵引供电设备施工维修作业的要求和注意事项。

《病害整治》,总结线路、信号、牵引供电设备病害的产生原因及整治方法。

铁路基础设施综合维修方面图书图文并茂,采用文字与现场图片相结合方式,加深读者对设备结构、病害情况的了解。本系列图书可作为职工培训、日常学习参考用书,亦可作为轨道交通院校相关专业培训参考资料。

铁路基础设施综合维修方面图书由戴成新、郑磊、黄小根、胡志刚担任主编,郑丽华、安彦坤、王涛担任副主编。在编写过程中,由于参考了大量的文献资料,涉及作者太多,不能在此一一列举,特向原作者表示歉意,并表示感谢。

因编写时间仓促,书中难免存在错误,对于书中错误之处敬请读者批评指正。书中内容如果与现行规范不一致,请以现行规范为准。

编　者

2020 年 3 月

目　录

第一章　道岔工电作业 …………………………………………… 1

第一节　技术标准 ………………………………………………… 1

第二节　道岔铺设作业 …………………………………………… 35

第三节　转换设备安装作业 ……………………………………… 64

第四节　道岔调整作业 …………………………………………… 88

第二章　轨道电路作业 …………………………………………… 118

第一节　技术标准 ………………………………………………… 118

第二节　轨道电路施工作业 ……………………………………… 130

第三节　轨道电路联合整治作业 ………………………………… 152

第四节　轨道电路区段线路作业安全防护措施 ………………… 156

第三章　工务与供电作业 ………………………………………… 167

第一节　牵引供电设备与工务设备关系 ………………………… 167

第二节　电气化铁路线路维护作业 ……………………………… 173

第三节　电气化铁路桥梁作业 …………………………………… 184

第四节　电气化铁路装卸、自轮运转特种设备及机具作业 …… 186

第五节　高速铁路供电与工务结合部管理 ……………………… 189

第六节　电气化设备维修作业配合 ……………………………… 195

第七节　电气化铁路维修作业安全措施 ………………………… 199

第四章 供电与信号作业 …………………………………… 204

第一节 电气化铁路对信号的影响 ………………………… 204
第二节 电气化铁路信号作业配合 ………………………… 222

第五章 设备安装作业 ………………………………………… 230

第一节 地面固定信号机及标志牌安装作业 ……………… 230
第二节 电缆敷设作业 ……………………………………… 256
第三节 信号箱盒固定及安装作业 ………………………… 271
第四节 牵引供电设备安装作业 …………………………… 287

第一章　道岔工电作业

在道岔的设计使用中，工电接口与工电结合部尺寸不但是电务转换设备安装的必要设计输入参数，同时也是重要技术指标，影响电务转换设备的配套安装与应用维护。因此，在铺设、更换、维修道岔时，均要重视道岔的工电接口与工电结合部尺寸。工务、电务及其他有关部门，从设计定位、预铺组装到调试开通等施工过程的各个阶段都要加强协作，密切配合。

第一节　技术标准

一、道岔转辙部技术标准

1. 动程

(1)尖轨在第一拉杆中心处的设计动程(图 1—1 和图 1—2)：直尖轨为 142 mm，曲尖轨为 152 mm；AT 型弹性可弯尖轨 12 号普通道岔为 160 mm 或 180 mm，12 号提速道岔为 160 mm；18 号道岔允许速度大于 160 km/h 时为 160 mm，允许速度不大于 160 km/h 时为 160 mm 或180 mm(具体按标准图或设计图规定办理)；其他型号道岔按标准图或设计图办理。

图 1—1　内锁闭尖轨第一拉杆中心处动程

图 1—2　外锁闭尖轨第一拉杆中心处动程

(2)可动心轨第一拉杆中心处的动程(图 1—3)按标准图或设计图办理。

图 1—3 可动心轨第一拉杆中心处动程

2. 各部间隙

(1)尖轨实际尖端与基本轨、可动心轨实际尖端与翼轨间隙不大于 1 mm,如图 1—4 和图 1—5 所示。

图 1—4 尖轨实际尖端与基本轨

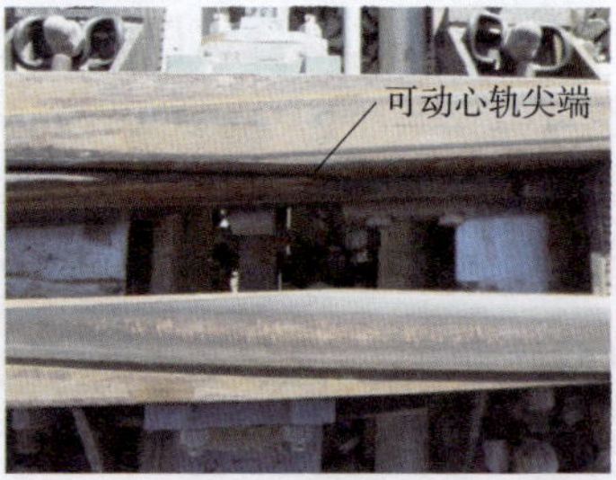

图 1—5 可动心轨实际尖端与翼轨

(2)斥离尖轨非工作边与基本轨工作边的最小距离为 65 mm 与轨距加宽值之和,如图 1—6 所示。

(3)防跳轮与斥离尖轨轨底上表面间隙应为 2～5 mm,斥离尖轨虚开时,轨底侧面与防跳限位装置接触。尖轨防跳顶铁与密贴尖轨轨底上表面间隙应为 1～5 mm。心轨防跳顶铁、卡铁、间隔铁与心轨间隙应为 1～5 mm；使用塞尺测试上述间隙困难时，应目视无压痕，如图 1－7～图 1－12 所示。

图 1－6　最小距离

图 1－7　防跳轮与斥离尖轨轨底上表面间隙

图 1－8　轨底侧面与防跳限位卡铁侧面

图 1－9　尖轨防跳顶铁与密贴尖轨轨底上表面间隙

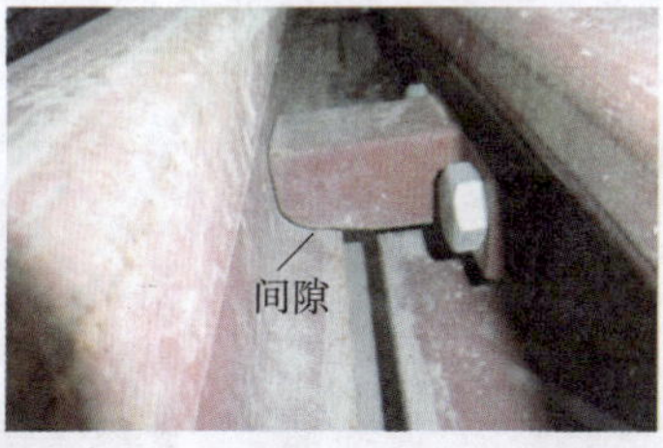

图 1－10　心轨防跳顶铁与心轨间隙

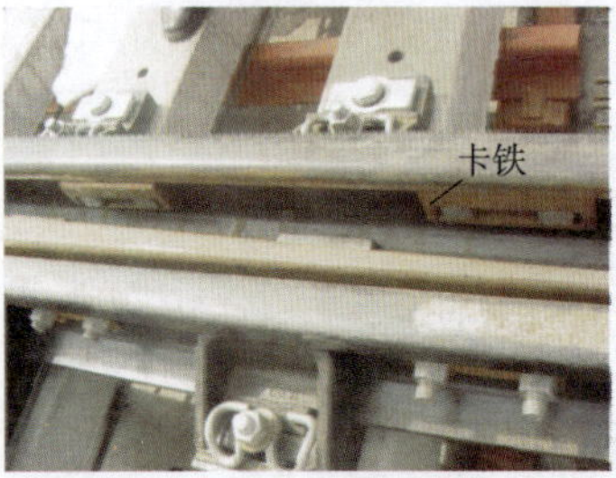

图 1—11　心轨防跳卡铁与心轨间隙

图 1—12　心轨防跳间隔铁与心轨间隙

(4)基本轨、翼轨外侧扣件与轨底密贴,轨撑与轨底、轨头下颚密贴,离缝小于等于 2 mm,如图 1—13 和图 1—14 所示。

图 1—13　外侧扣件与轨底

图 1—14　轨撑与轨底、轨头下颚

3. 尖轨、基本轨、可动心轨和翼轨

(1)尖轨、可动心轨无侧弯,如图 1—15 和图 1—16 所示;尖轨与基本轨、可动心轨与翼轨间隙不超过 2 mm,如图 1—17 所示。

图 1—15　尖轨无侧弯

图 1—16　可动心轨无侧弯

图 1—17　尖轨与基本轨间隙

(2)尖轨、可动心轨无拱腰,与滑床台间隙不超过 2 mm,如图 1—18 和图 1—19 所示。

图 1—18　尖轨无拱腰

图 1—19　轨底与滑床台间隙

(3)尖轨、心轨肥边不大于 1 mm,如图 1—20 和图 1—21 所示。

图 1—20　尖轨肥边不大于 1 mm

图 1—21　心轨肥边不大于 1 mm

(4)基本轨弯折点位置或弯折尺寸符合要求,如图 1—22 所示。

4. 辊轮系统

(1)道岔辊轮系统及其部件应满足以下要求(CN 道岔除外):

①辊轮安装与调整应符合铺设图要求,各零部件应保持齐全,作用良好,如图 1—23 所示。

②尖轨闭合状态下,单辊轮及双辊轮中的内侧辊轮与尖轨轨底侧面的空隙应为 1～2 mm;尖轨斥离状态下,尖轨轨底与滑床台上表面的间隙应为 1～3 mm,如图 1—24 和图 1—25 所示。

图 1—22 弯折点位置

图 1—23 零部件齐全

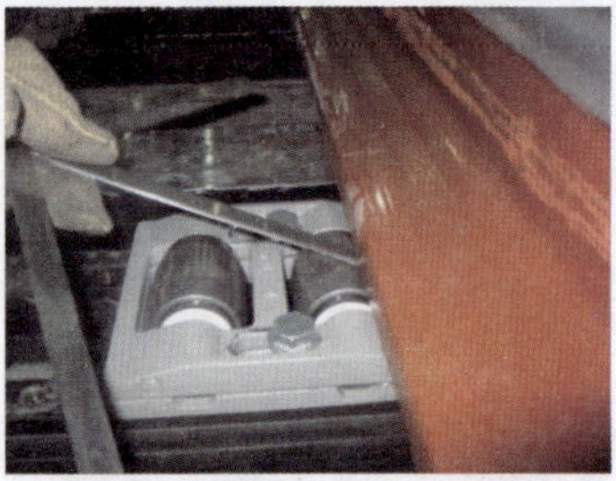

图 1—24 闭合状态

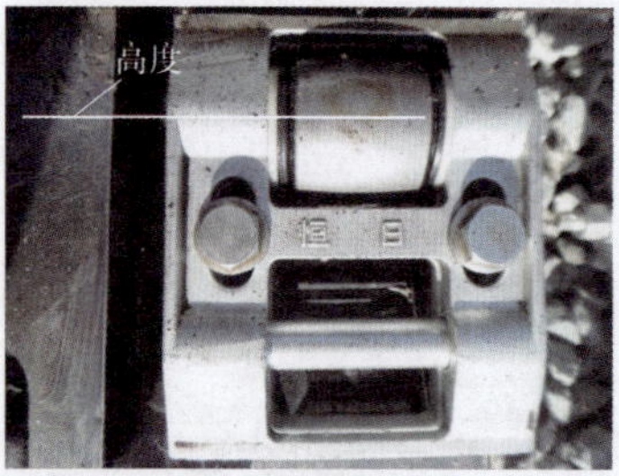

图 1—25 辊轮顶面高于滑床台

③辊轮槽排水孔应保持畅通，如图 1—26 所示。

④辊轮上下部分联结螺栓松动、折断、缺失或辊轮转动不灵活、破损时应及时修理或更换，如图 1—27 所示。

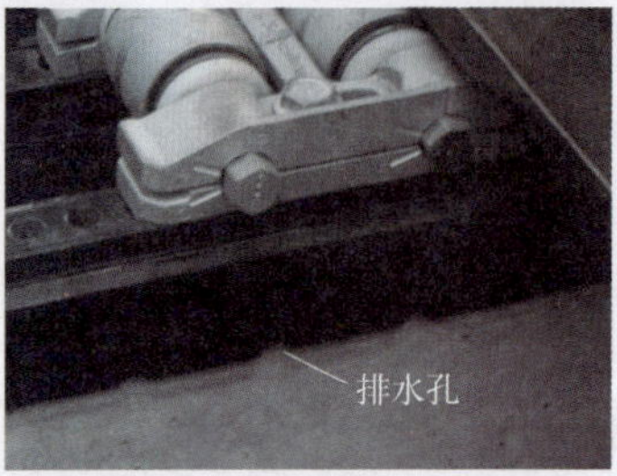

图 1—26 排 水 孔

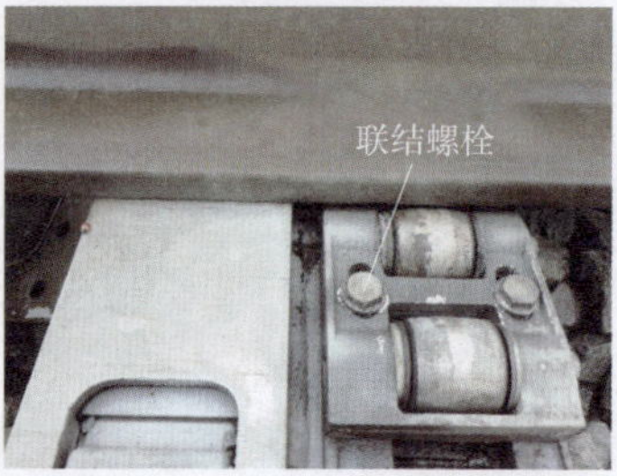

图 1—27 联结螺栓

(2)CN 道岔辊轮系统及其部件应满足以下要求：

①对于尖轨辊轮 CZr3e 及 CZr2e，尖轨处于斥离状态时，尖轨轨底与滑床台板之间的间隙为 0.7～3.0 mm，尖轨处于密贴状态时，尖轨轨底与滑床台板之间的间隙应为 0.5～1.0 mm，如图 1－28 和图 1－29 所示。

图 1－28　CZr3e(4 辊轮)

图 1－29　CZr2e(3 辊轮)

②对于尖轨辊轮 CZr1e，尖轨轨底与滑床台板之间的间隙为 0.5～1.0 mm，如图 1－30 所示。

图 1－30　CZr1e(2 辊轮)

5. 联结螺栓

(1)间隔铁、限位器的联结螺栓必须齐全，作用良好，折断时必须立即更换，如图 1－31 和图 1－32 所示。

图 1－31 间隔铁联结螺栓

图 1－32 限位器联结螺栓

(2)长短心轨联结螺栓、接头铁螺栓必须齐全，作用良好，折断时必须立即更换。同一部位同时有两条螺栓或接头铁螺栓有一条缺少或折损时，道岔应停止使用，如图 1－33 和图 1－34 所示。

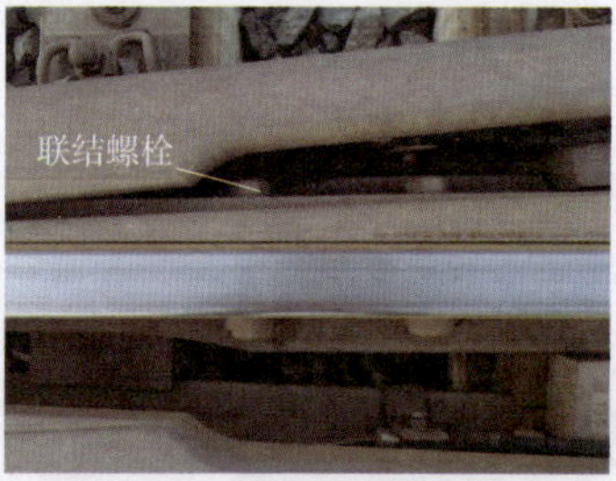

图 1－33 长短心轨联结螺栓

图 1－34 接头铁螺栓

(3)顶铁、心轨防跳铁、尖轨防跳限位装置等各部件的联结和固定螺栓变形、损坏或作用不良时应进行修理或更换，如图 1－35～图 1－38 所示。

6. 防跳限位装置、顶铁

尖轨防跳限位装置、心轨防跳顶铁和心轨防跳卡铁损坏或作用不良时应进行修理或更换，如图 1－39 和图 1－40 所示。

图 1—35　顶铁螺栓一

图 1—36　顶铁螺栓二

图 1—37　心轨防跳铁螺栓

图 1—38　尖轨防跳限位装置螺栓

图 1—39　尖轨防跳限位装置

图 1—40　心轨防跳顶铁

7. 滑床板

滑床板无焊缝开裂、损坏、变形或滑床台磨耗不大于 3 mm；不得对转辙器滑床台涂油，辙叉滑床台可涂固体润滑剂；各部位螺栓涂油时不得污染橡胶垫板、弹性铁垫板和调高垫板，如图 1—41 所示。

图 1—41 滑床板

二、道岔转换与锁闭设备技术标准

(1)联锁道岔转换与锁闭设备应保证道岔的正常转换、可靠锁闭和正确表示,如图 1—42 所示。

(2)转换设备的安装应方正,并符合下列要求:

①道岔转换设备应与单开道岔直股基本轨或直股延长线、双开对称道岔股道中心线相平行,如图 1—43 所示。各种类型转辙机及转换锁闭器外壳所属线路侧面的两端与基本轨或中心线垂直距离的偏差:内锁闭道岔不大于 10 mm;外锁闭道岔不大于 5 mm。

图 1—42 转换到位

图 1—43 与直股基本轨平行

②各种类型的道岔杆件均应与单开道岔直股基本轨或直股延长

线、双开对称道岔股道中心线相垂直，如图 1－44 和图 1－45 所示。各杆件的两端与基本轨或中心线的垂直偏差：内锁闭道岔的密贴调整杆、表示杆、尖端杆应不大于 20 mm；分动外锁闭道岔各牵引点的锁闭杆、表示杆应不大于 10 mm。

图 1－44　内锁闭道岔

图 1－45　外锁闭道岔

③道岔的密贴调整杆、表示杆、尖端杆、拉杆及外锁闭装置的锁闭杆、表示杆，其水平方向的两端高低偏差应不大于 5 mm（以两基本轨工作面为基准），如图 1－46 所示。

④连接轨枕的托板与两基本轨轨顶面的延长线平行，托板两端及两托板的高低偏差应不大于 5 mm，如图 1－47 所示。

图 1－46　两端高低

图 1－47　高低偏差

⑤道岔转换设备的锁闭及安装装置必须有足够的强度和刚度，安装装置宜有减振措施并采用防松螺栓、螺母；60 kg/m 及其以上钢轨的道岔采用角钢安装时，其转辙设备安装装置应采用 125 mm×80 mm×

12 mm 角钢，如图 1－48～图 1－50 所示。

图 1－48　安装装置

图 1－49　角钢安装

（3）密贴调整杆、各种动作拉杆及表示连接杆的螺纹牙形均应符合标准，且具有足够的强度。密贴调整杆的螺母应有防松措施，如图 1－51 所示。

图 1－50　减振措施

图 1－51　防松措施

（4）严禁采用焊接工艺接长各种道岔杆件和安装角钢等。带有弯度的杆件，其弯角不大于 30°，弯高不大于 100 mm，如图 1－52 和图 1－53 所示。

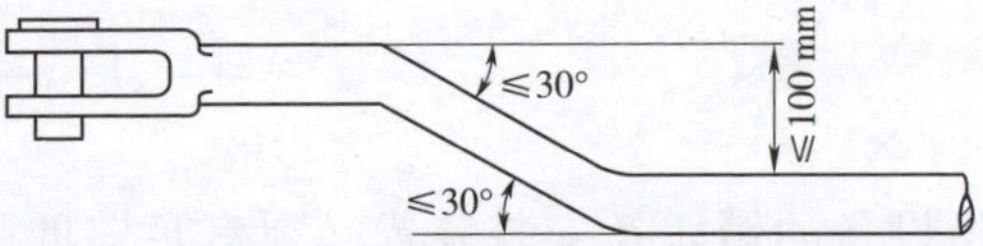

图 1－52　杆件弯度示意

图 1—53　杆件弯度

(5)道岔转换设备的各种杆件及导管等的螺纹部分内、外调整余量应不小于 10mm。表示杆的销孔旷量应不大于 0.5mm;其余部位的销孔旷量应不大于 1mm,如图 1—54 和图 1—55 所示。

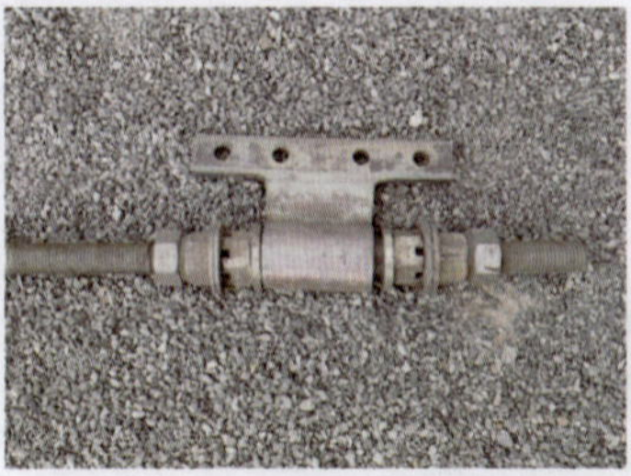

图 1—54　螺纹调整余量

图 1—55　销　孔

(6)密贴调整杆动作时,其空动距离应在 5mm 以上,如图 1—56 所示。

(7)穿越轨底的各种物件,距轨底的净距离应大于 10 mm,如图 1—57所示。

图 1—56　空动距离

图 1—57　穿越轨底物件

(8)多点(两点及以上)牵引的道岔,应采用多机牵引方式。单开可动心轨道岔,应采用外锁闭转换装置,如图 1—58 和图 1—59 所示。

图 1—58 多机牵引

图 1—59 外锁闭转换装置

(9)挤岔时,道岔转换设备(快速转辙机除外)应可靠断开道岔表示,如图 1—60 所示。

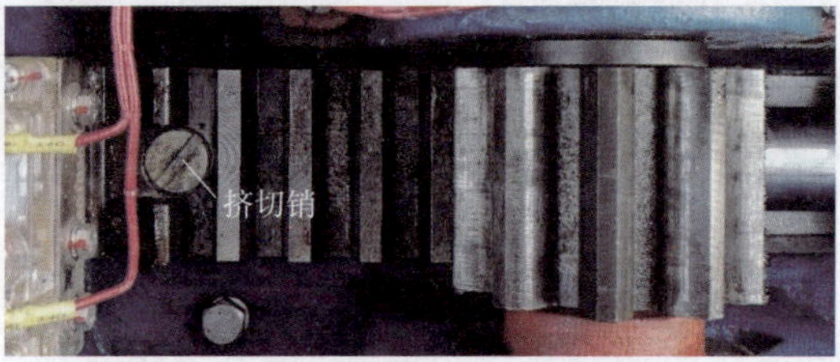

图 1—60 ZD6 型挤脱装置示意

(10)多机牵引道岔使用不同动程的转辙机,应满足道岔平稳动作、同步转换的要求,如图 1—61 所示。

图 1—61 多机牵引道岔

(11)凡用于正线道岔尖轨、心轨第一牵引点的转辙机,表示杆必须具备锁闭功能,如图 1—62 和图 1—63 所示。

图 1—62 内锁闭道岔

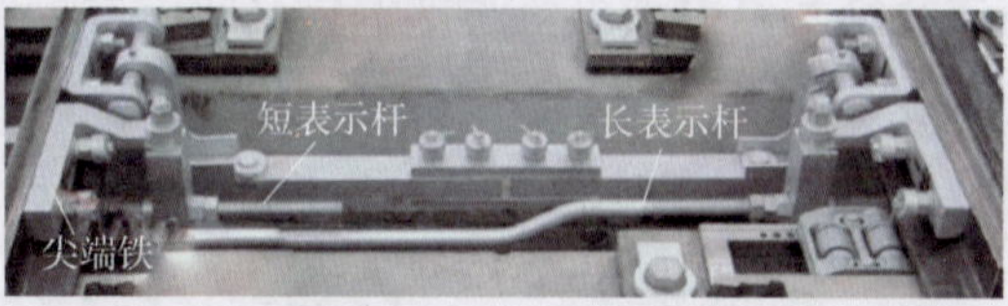

图 1—63 外锁闭道岔

(12)列车直向通过速度大于 120 km/h 线路上,道岔应采用外锁闭装置和三相交流转辙机,如图 1—64 和图 1—65 所示。

图 1—64 外锁闭装置

图 1—65 三相交流转辙机

(13)采用电动、电液转辙机牵引的道岔,道岔尖轨与基本轨、心轨与翼轨应密贴。牵引点(分动外锁闭锁闭杆处,联动尖轨牵引点尖轨

连接杆处)及密贴检查位置处,尖轨与基本轨、心轨与翼轨在下列情况下应满足的要求:

①单点牵引道岔牵引点及多点牵引道岔第一牵引点中心线处密贴尖轨(心轨)与基本轨(翼轨)间有 4 mm 及以上水平间隙时,其余密贴段牵引点中心线处有 6 mm 及以上水平间隙时,不应锁闭或接通表示。

②直向通过速度大于 120 km/h 且小于或等于 160 km/h 的道岔,尖轨牵引点间有 10 mm 及以上水平间隙时,不应接通道岔表示。

③直向通过速度大于 160 km/h 的道岔,尖轨密贴段在牵引点间设密贴检查器,有 5 mm 及以上水平间隙时,不应接通道岔表示。

(14)道岔尖轨(心轨)与基本轨(翼轨)的密贴力应符合下列要求:

①内锁闭道岔第一牵引点尖轨与基本轨之间应有 1 000 N 密贴力。

②外锁闭道岔在密贴状态下,第一牵引点尖轨(心轨)与基本轨(翼轨)的缝隙应不大于 1 mm,如图 1—66 和图 1—67 所示。

图 1—66 第一牵引点尖轨与基本轨缝隙

图 1—67 第一牵引点心轨与翼轨缝隙

(15)用于道岔表示系统的密贴检查装置,第一牵引点处尖轨与基本轨、心轨与翼轨密贴有 4 mm 及以上间隙时,不得接通道岔表示,如图 1—68 所示。

(16)附有绝缘的密贴调整杆、尖端杆、角形铁、角钢、分动道岔中的锁闭杆和带绝缘的销孔等,绝缘应装设完整、性能良好,如

图 1－69～图 1－71 所示。

图 1－68　密贴检查装置

图 1－69　绝 缘 一

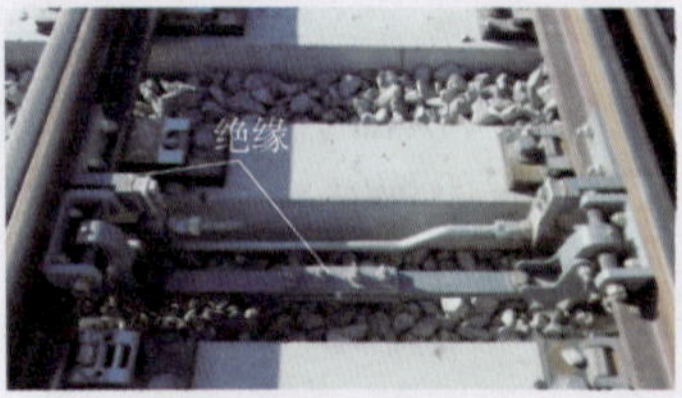

图 1－70　绝 缘 二

图 1－71　绝 缘 三

(17)各种类型的转辙机、转换锁闭器或道岔表示及密贴检查装置应符合下列要求：

①能可靠地转换道岔。在尖轨与基本轨密贴后，将道岔锁闭在规定位置，并给出道岔位置的表示。

②正常转换道岔时，挤切销、挤脱器或保持联结装置应保证不发生挤切或挤脱。当道岔被挤时，同一组道岔上的转辙机(采用不可挤型转辙机时除外)或转换锁闭器、密贴检查装置的表示接点必须断开。

③安全接点应接触良好。在插入手摇把或钥匙时，安全接点应可靠断开，非经人工恢复不得接通电路。

④齿轮装置的各齿轮啮合良好，传动不磨卡，无过大噪声。

⑤各种类型的电液转辙机油路系统不得出现渗漏和堵塞现象。

⑥整机密封性能良好,能有效防水、防尘。手摇把孔和钥匙孔处不漏水,不进尘土,机内无积水、粉尘及杂物。各种零部件无锈蚀。

⑦机内配线的接线片和接线端子的螺母无松脱、虚接和滑扣现象。配线的绝缘层无损伤。

(18)道岔工电结合部应满足下列要求:

①道岔各部框架轨距、牵引点处开程、锁闭量应符合标准。

②尖轨、心轨和基本轨爬行、窜动量不得超过 20 mm,限位铁两边应有间隙;尖轨、心轨和基本轨爬行、窜动不得影响道岔方正,造成杆件别劲、磨卡及外锁闭锁闭框调整孔无调整间隙。

③道岔的转换阻力不得大于电动(液)转辙机的牵引力,转辙机的牵引力应符合规定标准。

④尖轨、心轨无影响道岔转换、密贴的翘头、拱曲、侧弯、肥边和反弹;甩开转换道岔杆件,人工拨动尖轨、心轨,刨切部分应与基本轨、翼轨密贴。心轨、尖轨尖端至第一牵引点范围内其缝隙应不大于 0.5 mm,其余部位应不大于 1 mm。

⑤尖轨、心轨顶铁与轨腰的间隙均应不大于 1 mm,且间隙均匀。

⑥道岔转辙部位的轨枕间距符合标准,窜动不得造成杆件别劲、磨卡,影响道岔方正和正常转换。

⑦道岔转换时基本轨横移不得导致道岔的 4 mm 锁闭。道岔尖轨防跳限位器、各部轨距调整块作用良好,不得影响道岔正常转换,斥离轨游离不得造成道岔静态失去表示。

⑧尖轨、心轨底部与滑床台、辊轮间隙符合要求。

⑨滑床板无影响道岔转换的脱焊、断裂、塌陷、凹槽、侧斜等。

(19)外锁闭装置及安装装置的安装必须在道床水平、轨枕位置准确、轨距标准及尖轨、心轨宏观密贴等达到安装技术标准的条件下方可进行,如图 1-72 所示。

(20)外锁闭装置及安装装置应安装方正、平顺,可动部分在道岔转换过程中动作平稳、灵活,无别劲、卡阻现象,如图 1-73 和图 1-74 所示。

图 1－72　道岔状态

图 1－73　尖轨安装装置

图 1－74　心轨安装装置

(21)各牵引点和密贴检查部位的尖轨斥离位置与基本轨间动程和外锁闭装置的锁闭量定、反位两侧应均等，偏差应不大于 2 mm，如图 1—75 所示。

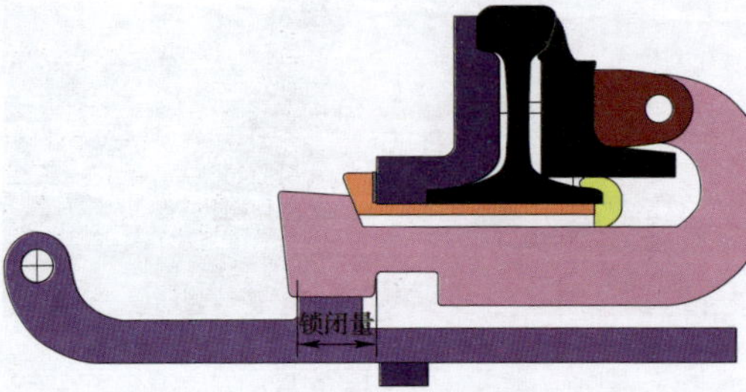

图 1—75 锁 闭 量

(22)装有电动(液)转辙机的分动外锁闭装置，在道岔开口符合要求时限位块与锁闭框间隙不大于 3 mm，如图 1—76 所示。

图 1—76 限位块与锁闭框

(23)钩型外锁闭装置除上述相关要求外，还应满足下列要求：

①两侧基本轨上锁闭框安装孔前后偏差不得大于 5 mm，如图 1—77 所示。

②锁闭杆连接应平直，与绝缘垫板、夹板配合良好。各牵引点两侧锁闭框中心及转辙机的动作杆应与锁闭杆成一直线，并与岔枕保持平行。在道岔转换过程中锁钩应动作平稳、灵活，并与锁闭铁吻合良好，无别劲、卡阻现象。

图 1—77 安装孔前后偏差

③安装装置及转辙机的安装如图 1—78 所示，基础托板应与道岔直股基本轨垂直，转辙机垫板与托板垂直，托板与岔枕联结牢固。

④锁闭框下部两侧的导向销(块)应有效地插入锁闭杆两侧导向槽内，不得松脱，不得接触锁闭杆，如图 1—79 所示。

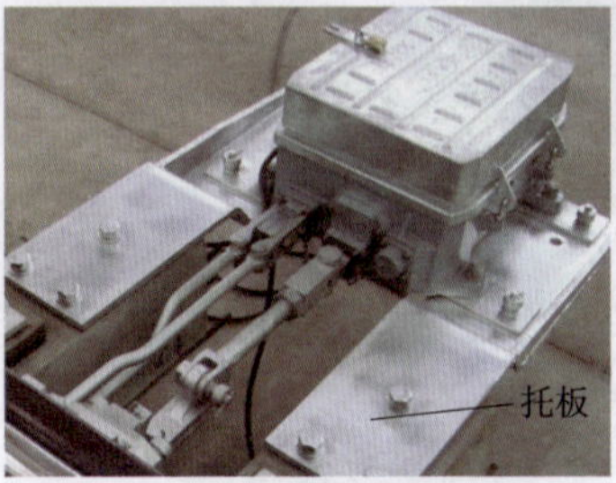

图 1—78 安装装置及转辙机安装

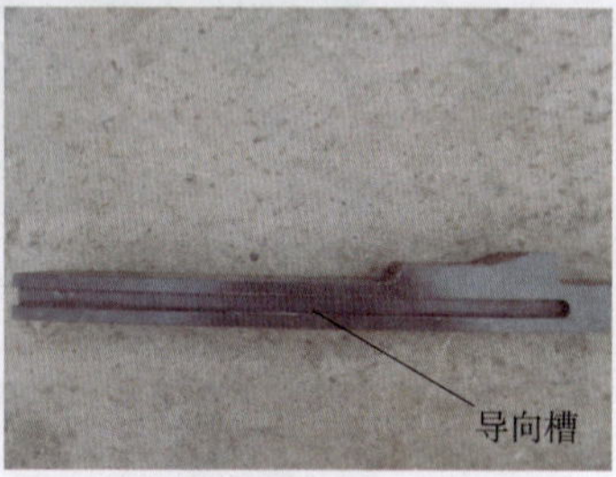

图 1—79 导向槽

⑤锁闭铁、锁钩与锁闭杆接触的摩擦面及运动范围内应保持清洁、油润、无锈蚀、无砂尘、无异物，运动灵活，无卡阻，如图 1—80 所示。

⑥锁钩头部孔内应注润滑油，保证道岔转换时，连接锁钩的销轴转动效果良好，能灵活调节锁钩转角，如图 1—81 所示。

⑦各处绝缘安装应正确、不遗漏，并保持完整、绝缘良好，如图 1—82 和图 1—83 所示。

图 1—80 摩擦面

图 1—81 锁钩头部孔

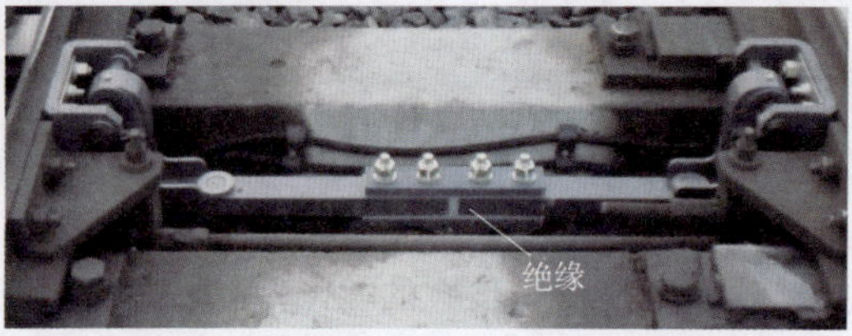

图 1—82 绝缘一

⑧表示拉杆的接头与尖端铁的连接应牢固、不松动，如图 1—84 所示。

⑨表示杆、动作杆连接要平顺，无别卡，各连接销应置入或退出顺畅，不得强行敲击，如图 1—85 所示。

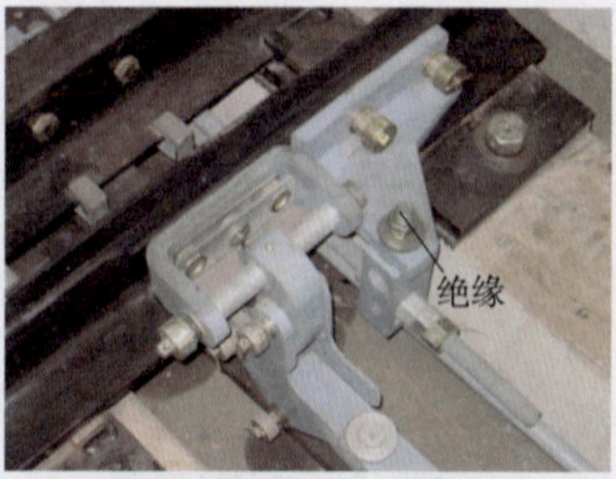

图 1－83　绝 缘 二

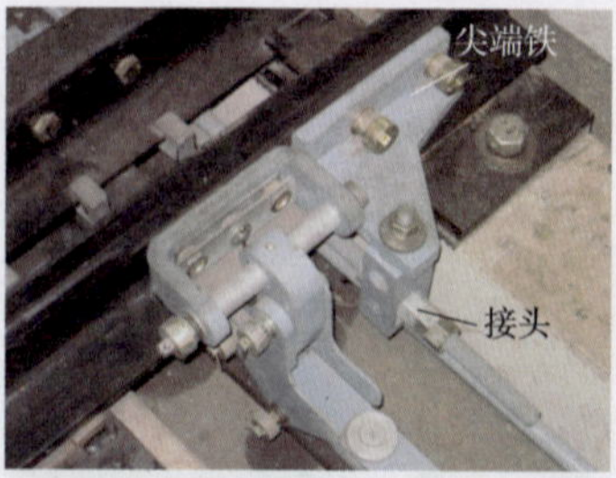

图 1－84　表示拉杆接头与尖端铁连接

⑩可动心轨钩型外锁闭装置及安装装置应按照道岔的开向，正确选择锁闭框进行安装，如图 1－86 所示。

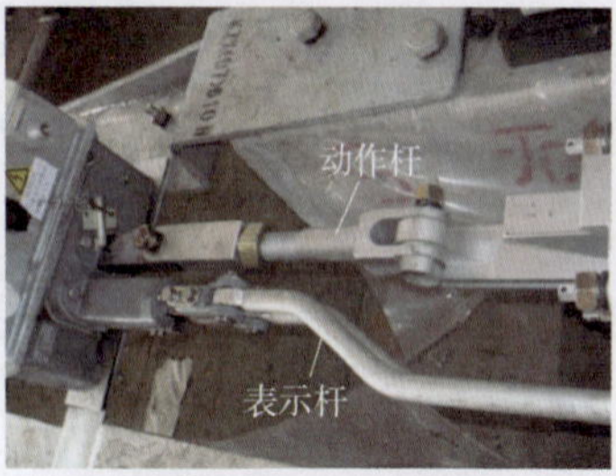

图 1－85　表示杆、动作杆连接

图 1－86　选择锁闭框

⑪道岔尖轨（心轨）与基本轨（翼轨）密贴应保持良好状态，如图 1－87 和图 1－88 所示。

图 1－87　尖轨与基本轨密贴状态

图 1－88　心轨与翼轨密贴状态

⑫在道岔转换过程中，锁钩两侧以及锁钩与锁闭铁的滑动面不能有异常磨痕，如图1－89和图1－90所示。

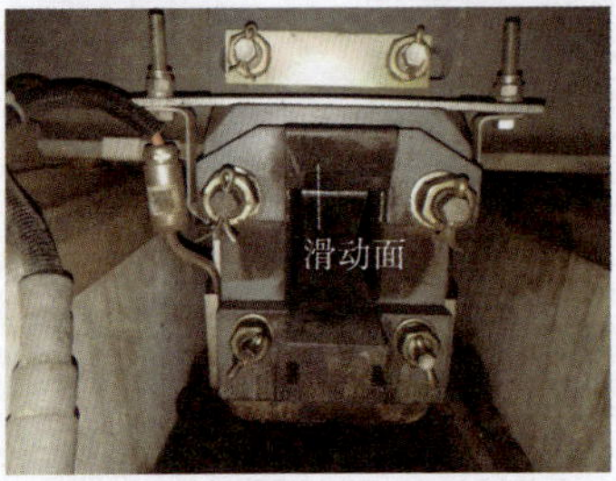

图1－89 滑动面一

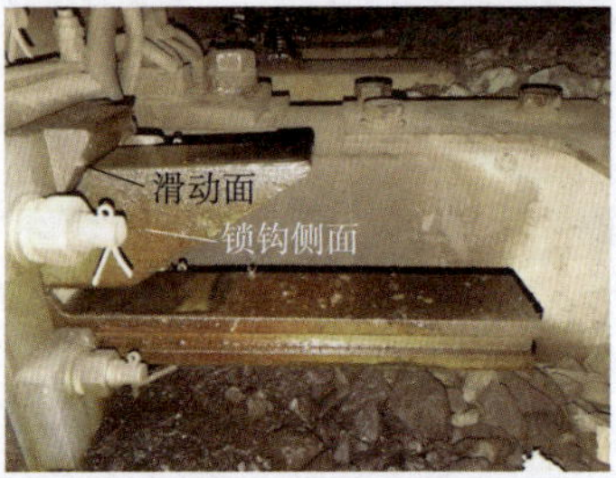

图1－90 滑动面二

(24)外锁闭、安装装置零件在使用过程中产生的磨耗，不应导致转换阻力增大影响道岔转换或不能调整尖（心）轨与基本（翼）轨的密贴，各部位磨耗和腐蚀量不应超过表1－1的规定。

表1－1 各部位磨耗和腐蚀量(mm)

零件名称	使用处所	磨耗位置	磨耗限值
锁 钩	尖 轨	锁钩锁闭斜面	≤3.0
		锁钩锁闭平面	≤1.0
		锁钩槽外摩擦面	≤1.0
		锁钩槽内摩擦面	≤1.0
		锁钩衬套	≤2.0
	心 轨	圆式锁钩和心轨摩擦面	≤3.0
		圆式锁钩锁闭面	≤2.0
		面式锁钩与心轨摩擦面	≤2.0
		锁钩下摩擦面	≤1.0
		锁钩槽外摩擦面	≤1.0
锁 闭 杆	尖轨、心轨	锁闭杆导向槽与导向销摩擦面	≤2.0
		锁闭杆导向槽与挡板摩擦面	≤1.0
		锁闭杆侧面与锁闭框摩擦面	≤1.0

续上表

零件名称	使用处所	磨耗位置	磨耗限值
锁闭杆	尖　轨	锁闭杆下摩擦面	≤0.5
		锁闭杆斥离位置时与锁钩摩擦面	≤2.0
		锁闭杆凸台推摩擦面	≤1.0
		锁闭杆凸台摩擦面	≤1.0
		锁闭杆凸台拉摩擦面	≤1.0
	心　轨	锁闭杆与挡板摩擦面	≤0.5
		锁闭杆凸台摩擦面	≤1.0
		锁闭杆支撑锁钩摩擦面	≤1.0
锁闭框	尖轨、心轨	锁闭框导向侧面	≤1.0
		锁闭框支撑面	≤2.0
锁闭铁	尖轨、心轨	锁闭铁锁闭面	≤3.0
锁闭框挡板	尖轨、心轨	挡板支撑面	≤1.0
销　轴	尖轨、心轨	销轴与尖轨连接铁摩擦面	≤1.0
		销轴与锁钩衬套摩擦面	≤1.0
连接铁	尖轨、心轨	连接铁孔	≤2.0
表示杆、动作连接杆、弯板(角钢)	尖轨、心轨	表示杆销孔	旷量总和≤0.5
		动作连接杆销孔	旷量总和≤2.0
		杆　件	锈蚀、磨耗量不大于杆件直径的1/10
		弯　板	锈蚀、磨耗量不大于弯板厚度的1/10

三、道岔联合整治项目及要求

1. 内锁闭装置

内锁闭装置道岔联合整治项目及要求见表1—2。

表 1－2　内锁闭装置联合整治项目及要求

类　别	项　　目	整治要求
几何尺寸	轨道几何尺寸	符合作业验收标准
	尖轨动程	符合《普速铁路线路修理规则》标准
	斥离尖轨非工作边与基本轨工作边的最小距离	65 mm 与轨距加宽值之和
钢　轨	基本轨上角钢安装孔位	两基本轨角钢安装孔相错量不影响角钢安装状态
	尖轨、基本轨肥边	肥边不大于 1 mm
	尖轨与基本轨密贴	尖轨尖端至第一牵引点处离缝不大于 0.5 mm，其他离缝不大于 1 mm
	尖轨与滑床台密贴	牵引点前后滑床台应与尖轨接触，其他滑床台与尖轨轨底缝隙小于 2 mm，不得有连续空吊
	尖轨反弹力	活接头尖轨跟部固定装置作用良好，不得使尖轨产生弹性
		手摇无过大反弹力、转辙机解锁时尖轨无明显反弹
配　件	轨　撑	轨撑齐全，作用良好，与钢轨离缝不大于 2 mm
	顶　铁	顶铁齐全，作用良好，与尖轨间隙大于零且小于等于 2 mm，且间隙均匀
	各类螺栓	螺栓齐全，作用良好，扭矩符合标准
	限位器	限位器齐全，作用良好
	扣　件	扣件齐全，扭矩达标，作用良好；轨距块作用良好，离缝不大于 1 mm
	调整片	调整片作用良好，防脱落措施良好
	滑床台板	滑床台板作用良好、平直、油润适量，无断裂、脱落，磨耗不大于 3 mm
	铁垫板、胶垫	铁垫板、胶垫齐全，作用良好
	连接销	道岔连接杆销子与孔旷动，合计磨耗不大于 1 mm
岔　枕	岔　枕	岔枕应方正，防爬设备齐全，作用良好
		牵引点处岔枕间距偏差不大于 10 mm，其他岔枕间距偏差不大于 20 mm，且宜采取加固措施
		无失效，无空吊（不大于 2 mm）

续上表

类　别	项　目	整治要求
绝缘接头	绝缘接头轨缝	绝缘接头轨缝大于 6 mm 且小于等于 15 mm，减少轨缝变化量
		绝缘接头采用高强度绝缘件和紧固件，螺栓紧固良好
	绝　缘	绝缘接头轨端肥边不大于 2 mm
		绝缘无破损，在线测试绝缘电阻值不小于 20 Ω
转换装置	密贴调整	尖轨第一牵引点处 2 mm 锁闭、4 mm 不锁闭，其他牵引点密贴符合标准
	开口销、销子	轨撑横穿螺栓、开口销齐全
		销子与孔径合计磨耗不大于 1 mm，表示拉杆销孔间隙不大于 0.5 mm
	各种连接杆件	工务各连接杆件安装应平直、撑紧
		电务各杆件安装应平直、无碰卡，活动部位无别劲，密贴调整杆空动距离大于 5 mm，动作杆、密贴调整杆应成一条直线，偏差小于 5 mm
		接头铁螺栓不缺少、不松动
		杆件调整丝扣余量不小于 10 mm，调整活动部位油润
	安装装置	安装应方正，偏差小于 10 mm
		角钢与轨底间隙大于 5 mm，角钢长边距枕木不小于 10 mm
		消除角形铁上端与基本轨轨头下颚、下端与基本轨轨底上面、小垫板与基本轨下端的缝隙
		安装装置绝缘良好、无破损
		安装弯板变形小于 10 mm，无锈蚀
其他设备	转 辙 机	动作电流、故障电流、拉力、溢流压力符合标准
	作业平台	硬面化不影响线路排水

2. GW 型外锁闭装置

GW 型外锁闭装置道岔联合整治项目及要求见表 1－3。

表 1—3　GW 型外锁闭装置道岔联合整治项目及要求

类　型	项　目	整治要求
几何尺寸	轨道几何尺寸	符合作业验收标准
	斥离尖轨非工作边与基本轨工作边的最小距离	65 mm 与轨距加宽值之和
钢　轨	基本轨上锁闭框安装孔位	两基本轨锁闭框安装孔相错量不大于 10 mm
	两尖轨相对位置	道岔两尖轨尖端相错量不大于 20 mm
	查照间隔	符合标准
	尖轨与基本轨、可动心轨与翼轨肥边	肥边不大于 1 mm
	尖轨(可动心轨)与基本轨(翼轨)密贴	尖轨第一牵引点前与基本轨、心轨第一牵引点前与翼轨的间隙小于 0.5 mm,其余部位间隙小于 1 mm
	尖(心)轨与滑床台	尖(心)轨轨底与滑床台间隙:160 km/h 以上区段小于 1 mm,160 km/h 及以下区段小于 2 mm,不得有连续空吊,牵引点前后滑床台应与尖(心)轨接触
	绝缘接头	120 km/h 以上区段应采用胶接绝缘接头
		绝缘接头轨端肥边不大于 2 mm
		绝缘无破损,在线测试绝缘电阻值不小于 20 Ω
配　件	轨　撑	轨撑齐全,作用良好,与钢轨离缝不大于 2 mm
	顶　铁	顶铁齐全,作用良好;与尖轨或心轨轨腰间隙:160 km/h 以上区段小于 1 mm,160 km/h 及以下区段小于 2 mm,且间隙均匀
	防跳限位装置	防跳限位装置作用良好,存在虚开时防跳限位装置铁卡与斥离尖轨轨底面接触
	限 位 器	限位器齐全,作用良好
	各类螺栓	螺栓齐全,作用良好,扭矩符合标准
	辊　轮	密贴状态下,尖轨轨底与辊轮间隙大于等于 1 mm 且小于 2 mm;斥离状态下,尖轨轨底与滑床板间隙大于等于 1 mm 且小于 3 mm,转换过程中辊轮与尖轨轨底接触
	扣　件	扣件齐全,扭矩达标,作用良好,无碰绝缘夹板等造成短路现象,轨距块离缝不大于 1 mm

续上表

类型	项目	整治要求
配件	调整片	调整片作用良好，防脱落措施良好
	滑床台板	滑床台板作用良好、平直，无断裂、脱落或磨耗超过3 mm现象
	铁垫板、胶垫	铁垫板、胶垫齐全，作用良好
岔枕	有砟道岔岔枕	岔枕应方正，防爬设备齐全，作用良好
		牵引点处岔枕间距偏差不大于10 mm，其他岔枕间距偏差不大于20 mm，且宜采取加固措施
		无失效，无空吊（不大于2 mm）
外锁闭和安装装置	安装装置	基础托板与岔枕垂直、平顺，道岔各部杆件安装偏移量不大于10 mm
		转辙机外壳边缘与基本轨直线距离偏差小于5 mm
	外锁闭装置	尖轨、心轨各牵引点动程和锁闭量不超标，尖轨各牵引点处开口值符合标准，两侧偏差不大于3 mm；心轨第一牵引点处开口值符合标准，偏差不大于2 mm
		尖轨、心轨各牵引点定反位锁闭量偏差不超标，且偏差位于同侧
		尖轨牵引点间有10 mm及以上间隙时（直向通过速度大于160 km/h道岔，密贴检查器处有5 mm间隙时）不应接通表示
		设表示杆的牵引点处密贴尖轨与基本轨、心轨与翼轨间有4 mm及以上水平间隙时，不应锁闭或接通道岔表示
		转换过程中，锁闭框与锁闭杆无卡阻；尖轨连接轴销与锁钩间灵活、无卡阻
		转换部件与钢岔枕或滑床台板的间隙大于10 mm
杆件	杆件	各表示杆与岔枕平行偏差不大于10 mm，长表示杆托架作用良好
		锁闭杆、连接杆、表示杆，其水平方向两端高低偏差小于5 mm（以基本轨工作面为基准），各连接杆连接平顺，无别卡现象
		各部绝缘良好、无单边短路
		各连接杆的连接销与销孔磨耗间隙小于1 mm，表示杆销孔间隙小于0.5 mm

续上表

类　型	项　目	整治要求
其他设备	转辙机	各部转辙机表示缺口符合标准
		液压转辙机主、副机宏观同步
		转辙机摩擦力(溢流压力)符合标准
		转辙机动作杆、连接杆、锁闭杆成一直线,偏差不大于5 mm
	作业平台	硬面化不影响线路排水

3. CN系列道岔

CN系列道岔联合整治项目及要求见表1－4。

表1－4　CN系列道岔联合整治项目及要求

类　别	项　目	整治要求
几何尺寸	轨道几何尺寸	符合作业验收标准
	斥离尖轨非工作边与基本轨工作边的最小距离	65 mm与轨距加宽值之和
钢　轨	基本轨上锁闭框安装孔位	两基本轨锁闭框安装孔相错量不大于10 mm
	两尖轨相对位置	道岔两尖轨尖端相错量不大于20 mm
	尖轨与基本轨、可动心轨与翼轨肥边	肥边不大于1 mm
	尖轨(可动心轨)与基本轨(翼轨)密贴	尖轨第一牵引点前与基本轨、心轨第一牵引点前与翼轨的间隙小于0.5 mm,其余部位间隙小于1 mm
	尖(心)轨与滑床板(台)	尖(心)轨轨底与滑床板(台)间隙小于1 mm
	绝缘接头	采用胶接绝缘接头
		绝缘接头轨端肥边不大于2 mm
		绝缘无破损,在线测试绝缘电阻值不小于20 Ω
配　件	轨　撑	轨撑齐全,作用良好,与钢轨离缝小于1 mm
	顶　铁	顶铁齐全,作用良好;与尖轨或心轨轨腰间隙大于零且小于等于1 mm,间隙均匀
	防跳限位装置	防跳限位装置作用良好

续上表

类　别	项　目	整治要求
配　件	限位器	限位器齐全,作用良好
	各类螺栓	螺栓齐全,作用良好,扭矩符合标准
	辊　轮	斥离状态下,尖轨轨底与滑床板间隙大于等于0.7 mm且小于2 mm
	扣　件	扣件齐全,扭矩达标,作用良好,无碰绝缘夹板等造成短路现象
	调整片	调整片作用良好,防脱落措施良好
	铁垫板	钢轨轨底与铁垫板挡肩的间隙不大于1 mm
	滑床台板	滑床台板作用良好、平直,无断裂、脱落或磨耗超过3 mm现象
	胶　垫	胶垫齐全,作用良好
岔　枕	有砟道岔岔枕	尖轨牵引点岔枕间距:620～640 mm;心轨牵引点岔枕间距:670～690 mm
		宜采取加固措施,无失效,无空吊(不大于2 mm)
外锁闭和安装装置	安装装置	拉连杆成一条直线并垂直于直基本轨,各部件安装偏移量不大于10 mm;辙叉区域拉连杆成一直线并垂直于辙叉角分线
		转辙机外壳边缘与基本轨直线距离偏差小于5 mm
	外锁闭装置	尖轨、心轨各牵引点定、反位锁闭量偏差不大于2 mm
		尖轨、心轨的密贴段范围内,各牵引点中心线处尖轨与基本轨、心轨与翼轨间有4 mm及以上间隙时,锁闭机构不得锁闭及接通道岔表示
		密贴检查器拉杆处尖轨与基本轨间有5 mm及以上间隙时,不能接通表示
		转换过程中,辊轮与锁闭杆、锁闭杆与锁闭框无卡阻;尖轨销接支架灵活,无卡阻
		锁闭辊轮弹性良好,锁闭机构磨耗不超限
		转换部件与轨枕或滑床板间隙大于10 mm
杆　件	杆　件	各表示杆垂直于基本轨,偏差不大于10 mm
		各部绝缘良好、无单边短路
		各连接杆的连接销与销孔磨耗间隙小于1 mm,表示杆销孔间隙小于0.5 mm

续上表

类　别	项　目	整治要求
其他设备	转 辙 机	转辙机摩擦力(溢流压力)符合标准
		转辙机动作杆、连接杆、锁闭杆成一直线,偏差不大于5 mm
	作业平台	硬面化不影响线路排水

4. CZ系列道岔

CZ系列道岔联合整治项目及要求见表1—5。

表1—5　CZ系列道岔联合整治项目及要求

类　别	项　目	整治要求
几何尺寸	轨道几何尺寸	符合作业验收标准
	斥离尖轨非工作边与基本轨工作边的最小距离	65 mm与轨距加宽值之和
钢　轨	查照间隔	符合标准
	尖轨与基本轨、可动心轨与翼轨肥边	肥边不大于1 mm
	尖轨(可动心轨)与基本轨(翼轨)密贴	尖轨第一牵引点前与基本轨、心轨第一牵引点前与翼轨的间隙小于0.5 mm,其余部位间隙小于1 mm
	尖(心)轨与滑床台	尖(心)轨轨底与滑床台间隙小于1 mm
	绝缘接头	采用胶接绝缘接头
		绝缘接头轨端肥边不大于2 mm
		绝缘无破损,在线测试绝缘电阻值不小于20 Ω
配　件	轨　撑	轨撑齐全,作用良好,与钢轨缝隙不大于2 mm
	顶　铁	顶铁齐全,作用良好;正线道岔与尖轨或心轨轨腰间隙大于零且小于等于0.5 mm,其他道岔与尖轨或心轨轨腰间隙大于零且小于等于1 mm,间隙均匀
	连 接 杆	各连接杆和连杆连接平顺,绝缘良好
		各连接销与销孔间的磨耗旷量不大于0.5 mm
	各类螺栓	螺栓齐全、紧固,扭矩符合要求

续上表

类　别	项　目	整治要求
配　件	辊　轮	密贴状态下，尖轨轨底与辊轮间隙大于等于 1 mm 且小于 2 mm；斥离状态下，尖轨轨底与滑床板间隙大于等于 1 mm 且小于 3 mm，转换过程中辊轮与尖轨轨底接触
	扣　件	扣件齐全，扭矩达标，作用良好，无碰卡绝缘夹板等造成短路现象
	轨距挡板	牵引点处轨距挡板与承轨槽挡肩密贴，钢轨与轨距挡板间隙不大于 1 mm
	滑床台板	滑床台板作用良好，平直、无断裂，无脱落或磨耗超过 3 mm 现象
	胶　垫	胶垫齐全，作用良好
岔　枕	有砟道岔岔枕	牵引点处岔枕间距偏差不大于 10 mm，其他岔枕间距偏差不大于 20 mm，且宜采取加固措施
		无失效，无空吊（不大于 2 mm）
外锁闭和安装装置	安装装置	基础托板安装与岔枕垂直、平顺，道岔各部件安装偏移量不大于 10 mm
		转辙机外壳边缘与基本轨垂直距离偏差小于 5 mm
		基础托板、导管装置、固定螺栓磨耗和锈蚀不超标
	外锁闭装置	尖轨、心轨锁闭检查器处、各连接杆中心处开口值符合标准，两侧偏差不大于 1 mm
		尖、心轨锁闭检查器处定反位锁闭量偏差不超标（不大于 2 mm）
		锁闭检查器、密贴检查器处尖轨与基本轨之间有 5 mm 间隙可接通道岔表示，6 mm 间隙不得接通道岔表示
		可动部分在道岔转换过程中动作平衡、灵活，无别劲卡阻
		转换部件与岔枕、滑床台板及石砟面的间隙大于 10 mm
	杆　件	各连接杆和连杆连接平顺，绝缘良好，无单边短路，绝缘电阻值不小于 20 Ω
		各部螺栓不松动；丝扣余量不小于 5 mm；开口销齐全，作用良好
		各连接销与销孔间的磨耗旷量不大于 1 mm
		尖轨处于中间动程位置（转辙机处于中间动程）时，各弯杆传力杆（拐肘长臂）和平衡梁（一字拐）与直基本轨垂直

续上表

类　别	项　目	整治要求
其他设备	转辙机	正常转换道岔时，转辙机内部电机组无异常声音，操纵时动作平稳
		转辙机安装螺栓无锈蚀
	作业平台	硬面化不影响线路排水

5. CTS2 型道岔转换设备

CTS2 型道岔转换设备联合整治项目及要求见表 1—6。

表 1—6　CTS2 型道岔转换设备联合整治项目及要求

类　别	项　目	整治要求
几何尺寸	轨道几何尺寸	符合作业验收标准
	斥离尖轨非工作边与基本轨工作边的最小距离	65 mm 与轨距加宽值之和
钢　轨	爬　行	尖轨爬行不大于 20 mm
	查照间隔	符合要求
	尖轨、基本轨肥边	肥边不大于 1 mm
	尖轨与基本轨密贴	尖轨尖端至第一牵引点处离缝不大于 0.5 mm，其他离缝不大于 1 mm
	尖轨与滑床台	各牵引点处四块滑床板离缝不大于 1 mm，其他处不大于 2 mm，且无连续空吊
	基本轨横移	基本轨横移不大于 1 mm
	接头无错牙	轨面或作用边错牙不大于 1 mm
	绝缘接头	绝缘接头轨端肥边不大于 2 mm
		绝缘无破损，在线测试绝缘电阻值不小于 20 Ω
配　件	轨　撑	轨撑齐全，作用良好，与钢轨轨头下颚或垫板挡肩离缝不大于 2 mm
	顶　铁	顶铁齐全，作用良好，与尖轨间隙大于零且小于等于 1.0 mm，间隙均匀
	各类螺栓	螺栓齐全，作用良好，扭矩符合标准
	扣　件	扣件齐全，扭矩达标，作用良好，无碰绝缘夹板等造成短路现象

续上表

类　别	项　目	整治要求
配　件	滑床板	滑床板作用良好、平直，无断裂、脱落或磨耗超过 3 mm 现象
	胶　垫	转辙部位胶垫窜动或歪斜不大于 10 mm
	其他配件	齐全，作用良好
钢岔枕（转辙机）	钢枕（转辙机）	钢枕（锁闭单元）的中心距两边基本轨的距离 75.25 mm
		钢岔枕起伏不超过 4 mm
		无失效，无空吊（不大于 2 mm）
		钢枕单元绝缘板固定良好、无窜出
		钢枕单元内部、外部清洁，排水孔通畅
	转辙机滑床板	转辙机滑床板齿板与钢枕齿板啮合平整
		转辙机自润塑料滑床板的厚度及高度符合标准
	道岔安装螺丝	安装螺丝紧固，无松动，备帽、开口销齐全
动程及尖轨开程	转辙机动程及尖轨开程的检查与调整	测量第一牵引点为：155～160 mm，第二牵引点为：75～80 mm 一点牵引的开程为 152～157 mm
道岔密贴	道岔密贴状态	第一牵引点 2 mm 锁闭，4 mm 不锁闭；第二牵引点 3 mm 锁闭，6 mm 不锁闭
		密贴力测试符合标准
作业平台	硬面化平台	硬面化不影响线路排水

第二节　道岔铺设作业

道岔铺设一般采用原位铺设法、原位换铺法和预铺移设法三种方法。

一、铺设准备

(1)道岔铺设前，应对铺设图和相关资料进行了解掌握，制定施工组织方案。应进行道岔施工方案的技术经济比较，选择铺设方法，确定施工方案，编制施工组织计划。

(2)根据确定的施工方案,落实施工机具设备,并做好铺设道岔基地、施工便道等临时工程的建设。

(3)开展作业人员的岗前培训,测量、道岔组装与精调、焊接、装卸、运输等特殊工种人员应持证上岗。

(4)就接口工程施工顺序、施工便道、施工场地、道岔运输与吊卸、道岔工电联调、跨区间无缝线路施工等事宜与有关单位做好沟通和协调,划分施工界面,明确各自的工作内容和配合事宜。

(5)采用原位法施工时,铺设道岔基地主要用于道岔轨料存放,其选址应靠近铺设道岔车站。铺设道岔基地应满足道岔组件、材料、工具分类存放的要求。

(6)道岔铺设前应用专用样板检查工电接口尺寸,确认无误后铺设道岔。

(7)铺设前路基填料、外形尺寸、压实度及工后沉降应符合相关技术要求。

(8)在完成道岔区路基或桥梁工程施工、工程质量验收合格后进行道岔铺设。

(9)铺设前应测设道岔中心、直股和侧股的控制基桩。道岔铺设应按测设的控制桩控制铺设位置。

(10)施工单位应具备表1—7所列检测器具。

表1—7 检测器具

序号	名称	用途	备注
1	轨距尺(道尺)	轨距、水平、查照间隔、护背距离测量	
2	支距尺	支距测量	
3	方尺	道岔始端钢轨对齐、枕木垂直度检查	
4	100 m 长钢卷尺	道岔全长、轨枕间距测量	2把
5	卷尺	局部长度、距离测量	
6	塞尺	轨头密贴、轨底与台板密贴、顶铁缝隙检查	
7	游标卡尺	间距测量、局部尺寸测量	

续上表

序　号	名　称	用　途	备　注
8	水平仪	高低测量	
9	1 m 平尺	轨顶和工作边直线度、平直度测量	
10	2 m 平尺	轨顶、工作边和轨底平直度测量，主要用于调整心轨尖端抗线测量	
11	绷线器(包括垫)	岔枕纵向对齐、工作边方向、轨顶高低、岔枕高低、直线度检查	

二、铺设条件

(1)道岔铺设应严格依照铺设图、铺设指南和铺设技术培训指导要求进行铺设。

(2)弹性夹安装、辊轮调整等应采用道岔组装和维修的专用工具，根据有关要求进行安装。

(3)应遵循“专业化、机械化、标准化”原则，采用专用机械设备按技术条件及铺设图进行铺设和检验。

(4)铺设混凝土岔枕，应用Ⅲ型混凝土枕过渡。

①道岔直向过渡枕，$v_{max}\leqslant 120$ km/h 时，两端均不得少于 50 根；$v_{max}>120$ km/h 时，两端均不得少于 75 根。

②道岔侧向过渡枕(含岔后长岔枕)，18 号道岔不得少于 38 根；30 号及以上道岔不得少于 65 根。

③同一岔区道岔与道岔之间应铺设与过渡枕同规格的轨枕。

(5)预铺前道砟应符合下列规定：

①道砟材料级配应符合《铁路碎石道砟》(TB/T 2140)中碎石道砟标准。

②道岔铺设前，道床底砟最小厚度 150 mm，偏差 0～+50 mm。

③应采用压强不小于 160 kPa 的机械分层碾压，密度不宜小于 1.7 g/cm^3，厚度宜比设计低 30 mm，砟面平整度用 3 m 直尺检查，各方向误差不应大于±5 mm，道岔前后 30 m 范围应做好顺坡并碾压。

三、原位铺设法

在道岔设计位置直接摆放岔枕，组装道岔，道岔拼装完毕检查道岔几何尺寸满足要求后，用起道机抬起道岔进行上砟整道，检查并精调道岔，使道岔各部分几何尺寸均达到要求，最后进行道岔与两端钢轨之间的锁定焊接或连接，从而完成道岔的铺设。

(一)普速有砟道岔原位铺设法

(1)摆放岔枕。按道岔中心定位，确定第一根岔枕的位置与方向，然后按顺序和间距逐根摆枕、调整。

①岔枕前期处理，确定岔枕中心线，拆除岔枕螺栓孔封盖，如图 1－91 所示。

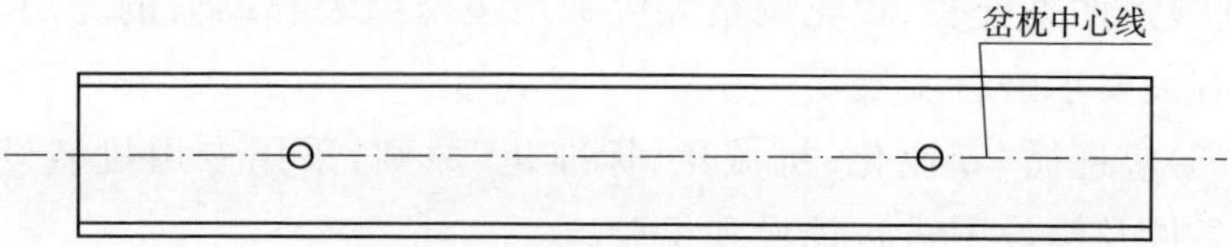

图 1－91　岔枕中心线示意

②第一根岔枕是整组道岔位置、方向的起点，需做到准确定位。

③岔枕调整时应特别注意方正与间距，要求在第一根岔枕两端同时采用两把长尺，按累计长度定位(600 mm，1 200 mm，1 800 mm，…)进行岔枕间距调整，需特别注意牵引点处岔枕间距，一般情况下不得小于设计尺寸，可动心轨第一牵引点岔枕间距可按＋5 mm 摆设，且只允许后一根岔枕后移(但要考虑护轨的安装)。

④以直股钉孔为基准拉钢丝线(或其他精确定位方法)进行岔枕横向定位。

⑤高低调整，按规定高程进行高低调整，应注意单根岔枕两端的水平。粗调高低，对高低差明显(一般以 10 mm 高差区分)的岔枕进行粗调。

⑥检查与确认，对岔枕的铺设状态经过确认后才可进行后续工作。

(2)摆放直基本轨＋曲尖轨组件，如图 1－92 所示。

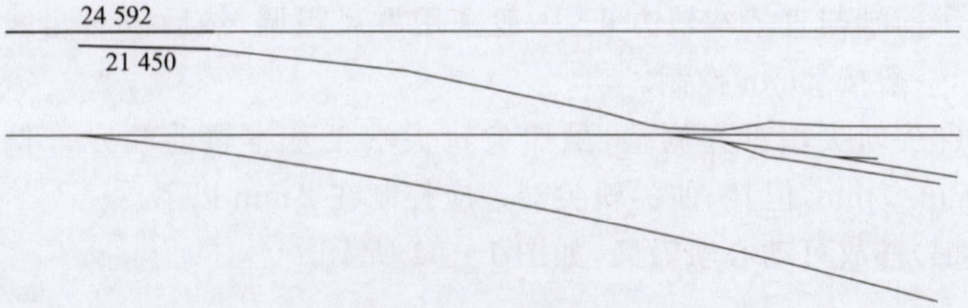

图 1－92 摆放直基本轨＋曲尖轨组件(单位:mm)

①摆放板下胶垫及垫板。

②注意起吊方式,严禁单点起吊。

③确定基本轨前端位置,确定基本轨方向。

④核实基本轨螺栓孔与牵引点岔枕间距。

⑤检测尖轨与基本轨密贴,测量尖轨尖端至基本轨前端距离(＋4 mm/0 mm),若不合格进行调整。

⑥确认基本轨范围内岔枕间距。钢轨组件的垫板位置及方向在道岔制造厂内已调好,一般情况下应以组件垫板确定岔枕位置及间隔,但是由于组件属于非完全刚体,可能会出现垫板的局部调整。

⑦确定直基本轨方向,若不合格应对岔枕进行横向移动。

⑧垫板与岔枕初连接,扣件系统紧固。

⑨确认基本轨范围内岔枕方正。

(3)摆放曲基本轨＋直尖轨组件。注意前端与直基本轨端头的方正与位置,其他参照按第(2)项顺序进行,如图 1－93 所示。

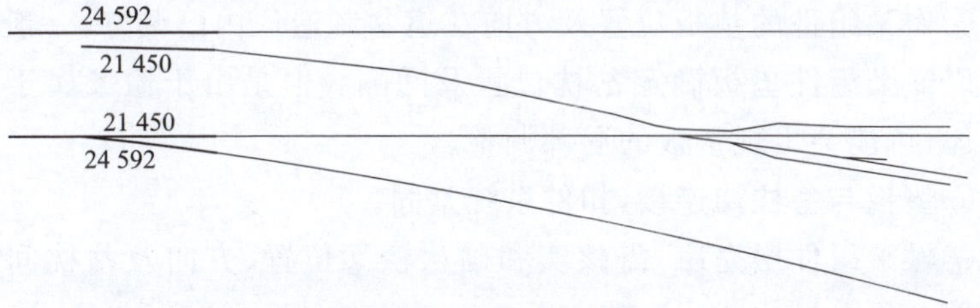

图 1－93 摆放曲基本轨＋直尖轨组件(单位:mm)

①前端与直基本轨方正，一般采用方尺粗调，然后以对角线长度找正，一般按 2 mm 控制。

②尖轨尖端对齐调整，虽然尖轨尖端至基本轨前端允许偏差为 +4 mm/0 mm，但直、曲尖轨尖端差应控制在 2 mm 以下。

(4)摆放可动心轨辙叉，如图 1－94 所示。

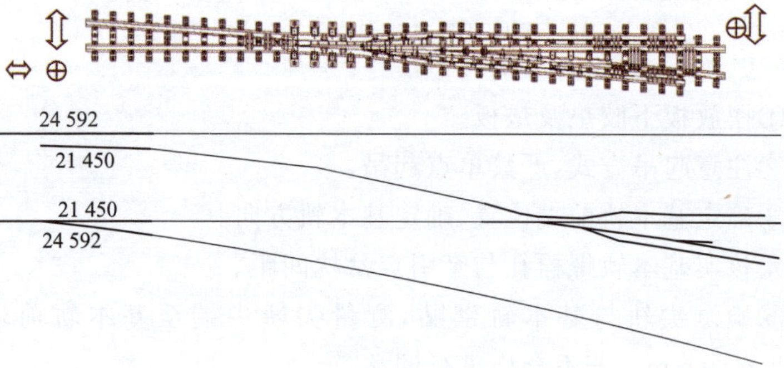

图 1－94 摆放可动心轨辙叉(单位:mm)

①拆除可动心轨辙叉组件中包装用件(固定心轨位置的包装暂不拆除)，并妥善保管；摆好板下橡胶垫板。

②吊运可动心轨辙叉组装件，注意不要突然落下。

③调整并确认可动心轨辙叉位置。

④采用辙叉直股趾端和预设桩位重合的方法定位，纵向偏差不超过 2 mm，横向偏差不超过 2 mm。辙叉直股跟端和预设的桩位横向偏差不超过 2 mm，并使直股直线度符合要求。

⑤辙叉组件的垫板位置及方向在道岔制造厂内已调好，一般情况下应以辙叉组件垫板确定岔枕位置及间隔。但是由于辙叉属于非完全刚体，可能会出现垫板的局部调整。

⑥垫板与岔枕初连接，扣件系统紧固。

⑦辙叉组件摆完后，需核实和确认辙叉位置、方向及岔枕间距的正确性。

(5)摆放和安装直基本轨股道上的垫板及胶垫，一直到辙叉跟端。

(6)摆放直股钢轨,如图 1—95 所示。

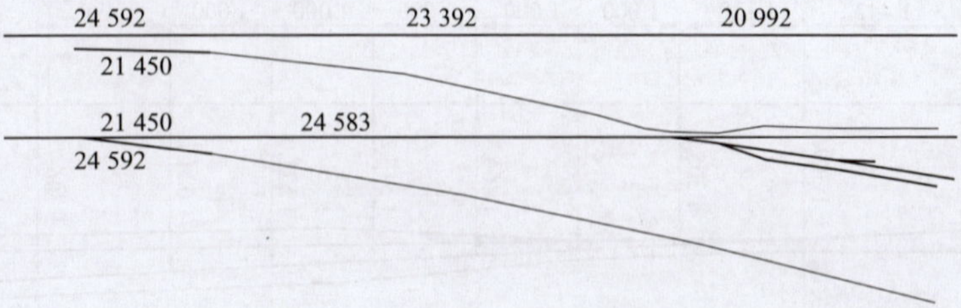

图 1—95 摆放直股钢轨(单位:mm)

①安装直股垫板的轨距块及扣件系统(按规定号数安装),达到连接及扣压作用。在此期间需做好直股方向和道岔全长的确认工作。

②以直股钢轨端头为基准,方正辙叉跟端尺寸及方向。

③测量长心轨股道的道岔全长,确定可动心轨辙叉纵向位置。

④依据直股方向确定可动心轨辙叉翼轨外侧轨距块的正确性(可做适当调整)。

⑤调整可动心轨辙叉范围轨距时,通过适当的拨道来确保辙叉直股的直线度。辙叉直股直线度调整好后,将心轨拨通到曲股,通过复检心轨曲股支距来验证辙叉摆放位置、方向的正确性,如不合适则重复上述步骤进行调整,如图 1—96 和图 1—97 所示。

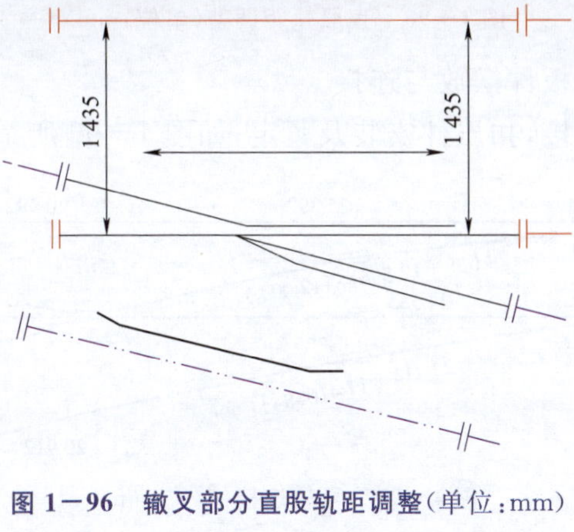

图 1—96 辙叉部分直股轨距调整(单位:mm)

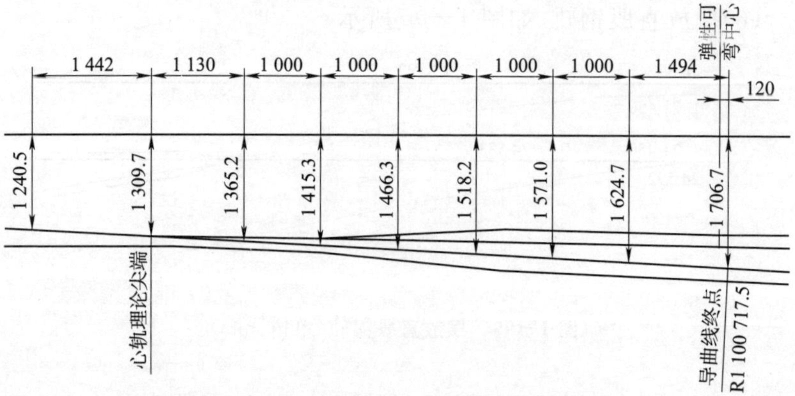

图 1－97　辙叉部分曲股支距复检(单位:mm)

⑥以直基本轨后续导轨为基准进行直股轨距调整与固定，如图 1－98 所示。

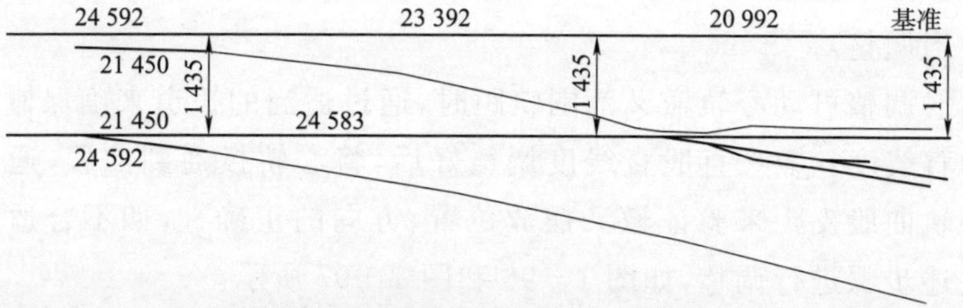

图 1－98　直股轨距调整(单位:mm)

(7)其余垫板件摆放与连接。

(8)导轨连接，扣压件安装及紧定，如图 1－99 所示。

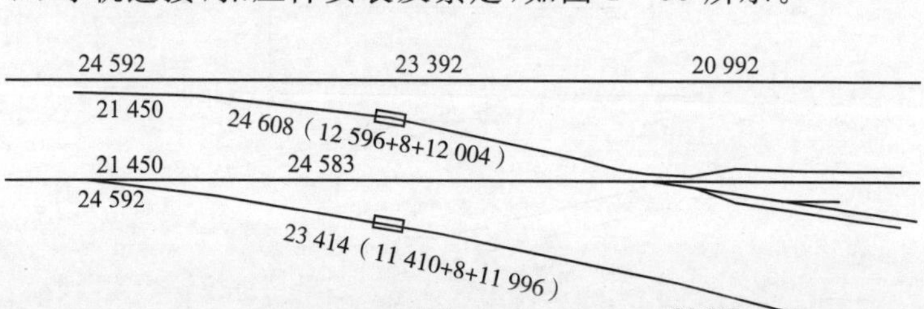

图 1－99　导轨连接(单位:mm)

(9)精调高低，不大于 2 mm/10 m。

(10)转辙器部分轨距调整、密贴调整(属于初调)。

一般可按下述标准掌握：轨距符合要求，尖轨前端(尖端至第一牵引点范围)密贴缝隙不大于 0.5 mm，其余缝隙不大于 1 mm。

①确认曲尖轨和直尖轨的质量状态，若发现问题预先顶调。

②以直基本轨为基准进行轨距、密贴调整。

a. 首先确定框架尺寸(尖轨尖端处轨距和直尖轨轨头切削起点轨距或基本轨间距离)，如图 1—100 所示。

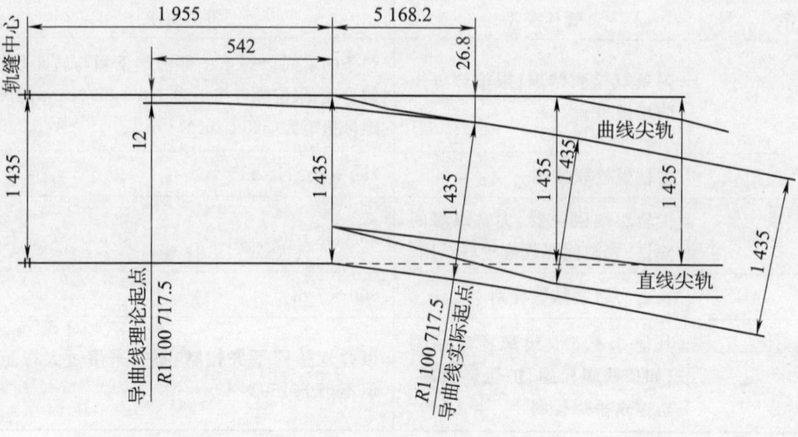

图 1—100　转辙器部分轨距示意(单位：mm)

b. 确定直尖轨固定端及跟端轨距，调整好转辙器方向。

c. 调整直尖轨直线度。

d. 对直基本轨＋曲尖轨组件的密贴、支距、线形进行调整。

e. 调整曲基本轨＋直尖轨组件跟端支距。

f. 结合轨距调整、尖轨直线度调整，调整直尖轨与曲基本轨密贴。

g. 调整密贴段以后的直、侧股轨距。

h. 调整尖轨轨底与滑床台板密贴(粗调)，使间隙不大于 1.0 mm。

(11)支距、轨距调整。首先进行曲外股支距调整，支距调整可通过轨距块实现；曲外股支距调整完毕后进行侧股轨距调整。

(12)可动心轨辙叉密贴及轨距调整。注意线形先于密贴,密贴调整必须与长心轨直线度同时进行。

(13)护轨安装与调整,需特别注意查照间隔和护背距离的调整。

(14)总体水平、方向调整,达到技术要求。

(15)尖轨密贴、心轨密贴及各部轨距精调,达到技术要求。

(16)滑床台板与尖轨(心轨)密贴调整,达到技术要求。

(17)扣件连接紧固到位,螺栓扭矩要求见表1—8和表1—9。

表1—8 GLC系列道岔螺栓扭矩要求

序　号	螺栓类型	扭矩要求
1	弹条螺栓联结副(限位螺母+防松螺母)	弹条的紧固以弹条中部前端下颚与轨距块接触为准;限位螺母扭矩为120～150 N·m;防松螺母扭矩为(300±30)N·m
2	岔枕螺栓联结副	250～300 N·m
3	尖轨跟端限位器、尖轨跟端间隔铁、翼轨间隔铁螺栓联结副	1100 N·m
4	长短心轨联结螺栓副	600 N·m
5	其他4.8、5.6级螺栓联结副(如顶铁螺栓副、护轨螺栓副、轨撑水平螺栓副)	以弹性垫圈平齐控制,不宜采用过大扭矩,但不小于150 N·m

表1—9 提速改进系列道岔螺栓扭矩要求

序　号	螺栓类型	扭矩要求
1	弹条螺栓联结副(限位螺母+防松螺母)	弹条的紧固以弹条中部前端下颚与轨距块接触为准;限位螺母扭矩为120～150 N·m;防松螺母扭矩为(300±30) N·m
2	岔枕螺栓联结副	250～300 N·m
3	M24高强度螺栓联结副	≥780 N·m
4	M27高强度螺栓联结副	≥980 N·m
5	其他4.8、5.6级螺栓联结副(如顶铁螺栓副、护轨螺栓副、轨撑水平螺栓副)	以弹性垫圈平齐控制,不宜采用过大扭矩,但不小于150 N·m

(18)工务系统整体检测与质量评估、局部调整。

(19)电务转换装置安装与调试。

(20)各项密贴检查、调整与电务测试。

(21)标记及现场清理。

(22)产品最终检查、验收或审查。

(二)高速有砟道岔原位铺设法

(1)道砟纵、横向调整完毕后，放支撑方钢(中空的方形钢，长度为5～7 m)，支撑方钢上标记所放岔枕的位置标号(1,2,…)。

(2)摆放混凝土岔枕，如图1－101所示。

①岔枕装卸时应使用起重机械，装卸时应轻吊慢放，避免互相碰撞，发生磕角、掉块、碰伤或折断，如图1－102所示。

图1－101　摆放岔枕

图1－102　卸岔枕

②岔枕吊运时，不要突起突降，对长岔枕应缩短吊点的距离防止岔枕变形过大。

③铺设混凝土岔枕时，应按支撑方钢上标记所放岔枕的位置标号(1,2,…)摆放，如图1－103所示。

④将转辙器第一根岔枕至可动心轨辙叉跟端前一根岔枕，从前至后按顺序摆放；方正岔枕，以第一根岔枕为基准方正岔枕，调整岔枕间隔，注意使用长尺，不得以岔枕间距累积测量，牵引点处岔枕间距一般情况下不得小于设计尺寸。

图 1—103 平整的道床及其上组装平台

⑤岔枕摆放调整时，严禁用撬棍插入岔枕螺栓套管内撬拨岔枕（图 1—104），并且注意保持混凝土岔枕的清洁，特别是对岔枕螺栓孔要严加保护。严禁使用硬物直接敲击，以免损伤，如图 1—105 所示。

图 1—104 不得将撬棍插入岔枕螺栓孔

图 1—105 不得锤击岔枕调整岔枕间隔

⑥拉钢弦线控制道岔岔枕直股端螺栓孔在一条直线上，带编号一侧铺设在道岔直股外侧，侧股辙后短岔枕带编号一侧铺设在道岔侧股外侧，如图 1—106 所示。

⑦以第一根岔枕为基准方正岔枕，并与间隔调整配合进行。岔枕方正应按岔枕间距找正。调整岔枕时应用 2 把长钢尺置于岔枕两端精调，避免公差积累，如图 1—107 所示。

（3）垫板安装。

①严格按照垫板的标记和施工图中的铺设位置进行辙后支距垫板、叉前垫板、叉后垫板安装。

图 1—106　拉钢弦线控制

图 1—107　岔枕摆放就位

②按设计要求安装轨距块、缓冲调距块、橡胶垫板、弹性夹、T 形螺栓及弹条等。预紧 T 形螺栓至扭矩 250 N·m，垫板用 M30 螺栓扭矩为 300～350 N·m。

③三孔长垫板的中间孔不安装缓冲调距块。

④缓冲调距块设计安装位置：9 号一侧均朝向线路中心外侧，6 号一侧均朝向线路中心线。

⑤根据需要调整轨距量，结合布置图中“轨距块配置表”进行轨距调整。

⑥垫板安装过程：

a. 安放弹性铁垫板，并使轨底坡朝向轨道内侧，螺栓孔中心与预埋绝缘套管孔对正，如图 1—108 所示。

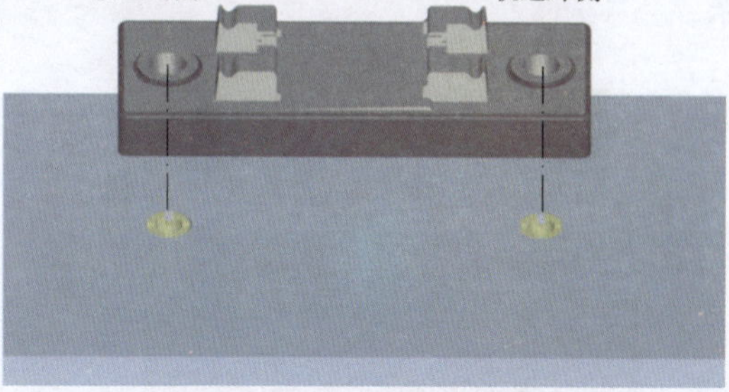

图 1—108　安放弹性铁垫板

b. 选择适当型号的缓冲调距块安放到弹性铁垫板的复合定位套

内,缓冲调距块有四个沟槽面朝下,并保证其下表面与复合定位套下表面齐平,如图 1—109 和图 1—110 所示。

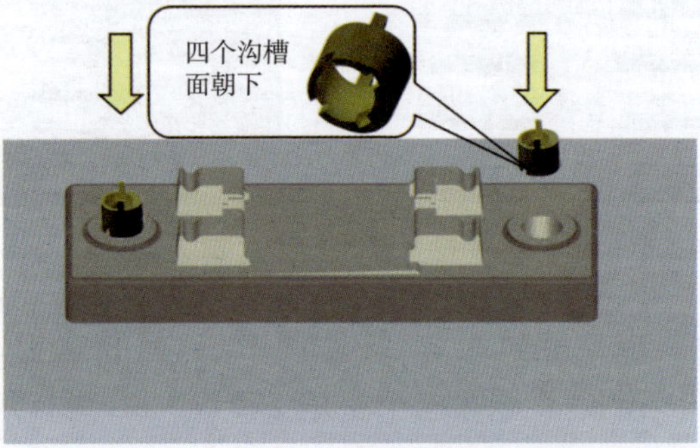

图 1—109 安放缓冲调距块前

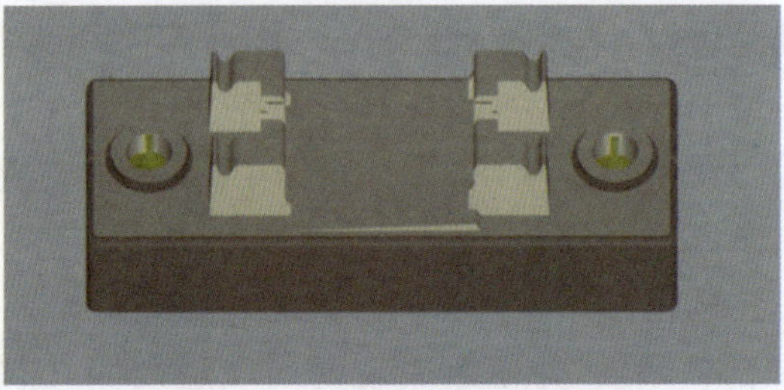

图 1—110 安放缓冲调距块后

c. 将盖板安放在弹性铁垫板上,装有橡胶垫圈一面朝下,如图 1—112 所示。

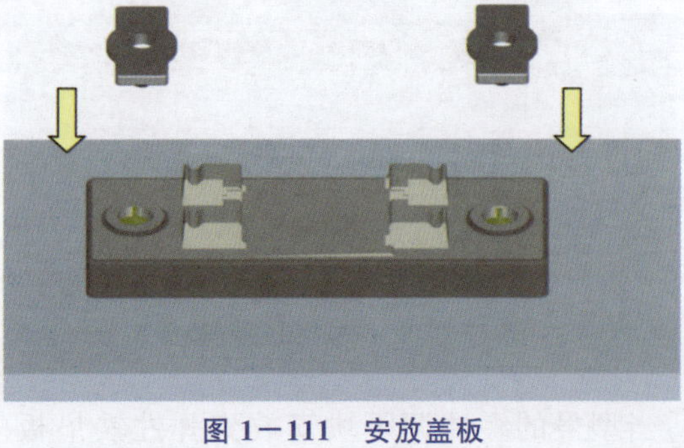

图 1—111 安放盖板

d. 选择适当型号的垫板螺栓，套上弹簧垫圈，并将螺纹部分涂满铁路专用油脂，穿过盖板旋入预埋绝缘套管中，如图 1－112 所示。

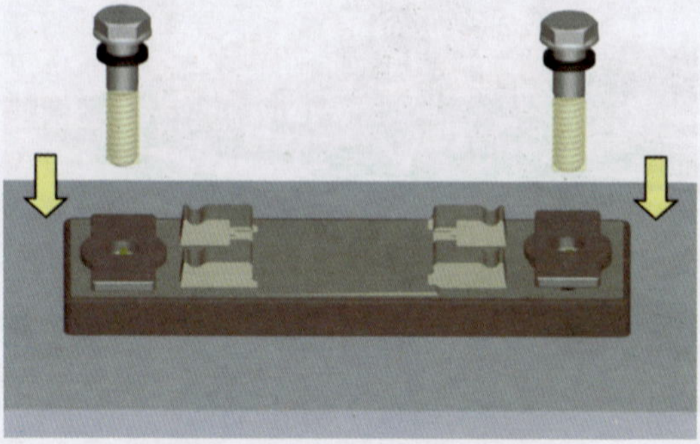

图 1－112　安放垫板螺栓

e. 放置轨下橡胶垫板于铁垫板承轨面上，如图 1－113 所示。

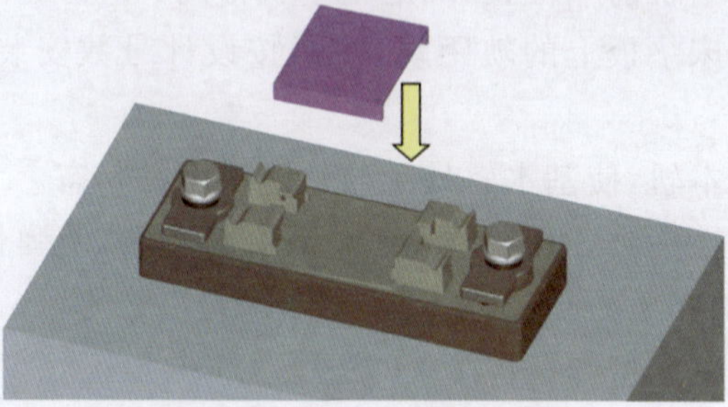

图 1－113　安放轨下橡胶垫板

(4)摆放直基本轨＋曲尖轨组件。

①确认跟端支距垫板状态良好，拆除垫板防护罩。

②注意尖轨与基本轨组装件的起吊位置与方法，严禁快速起落，严禁单点起吊，人工作业时需注意岔枕位置的保持，特别注意平稳安放，最后确定基本轨前端位置，确定基本轨方向，如图 1－114 所示。

③打开基本轨尖轨包装及包装带。

④基本轨入垫板承轨槽，注意后端滑床垫板入槽困难，可拆下前

图 1－114 吊卸钢轨件

移，依次安装。因跟端固定垫板支距已在厂内完成调整，所以不应采用拆卸跟端垫板方式安装。

⑤确定基本轨前端位置，确定基本轨方向。

⑥安装滑床垫板上的轨距块，注意按设计号数安装，但不要锤击砸入。

⑦外拨基本轨，使基本轨处于与轨距块密贴状态。

⑧安装弹性夹到扣压位置，但不要抬起后端（使弹性夹扣压上基本轨，但不施加扣压力）。

⑨安装外侧Ⅱ型弹条。

⑩弹性夹扣压到位。

⑪确定基本轨的方向及岔枕方正，尽量不采用缓冲轨距块调整。

⑫紧固岔枕螺栓及弹条Ⅱ型扣件系统。

⑬重新确认直基本轨前端位置和方向、岔枕间距及方正。

⑭固定转辙器部分岔枕。

(5)摆放直股钢轨。

(6)摆放曲基本轨＋直尖轨组件，注意前端与直基本轨端头的方正与位置，其他参照第(4)项顺序进行。对尖轨尖端、基本轨端头、牵引点处岔枕等的方正调整，如图 1－115 和图 1－116 所示。

图 1－115　尖轨尖端方正调整

图 1－116　基本轨接头方正调整

(7)摆放可动心轨辙叉。

①拆除可动心轨辙叉组件中包装用件(固定心轨位置的包装暂不拆除)。

②确认垫板组件安装良好。

③吊运可动心轨辙叉组装件,采用人工搬运时,注意不要突然落下。

④调整并确认可动心轨辙叉位置,并与岔枕连接。辙叉组件的垫板位置及方向在道岔制造厂内已调好,没有特殊情况应以辙叉组件垫板确定岔枕位置及间隔。

(8)安装直股普通垫板的轨距块及弹条Ⅱ型扣件系统(不要紧定),达到连接及扣压作用。在此期间要做好直股方向和道岔全长的确认工作,不满足要求时应进行调换或磨修。

(9)方正辙叉跟端尺寸及方向。

(10)测量长心轨股道的道岔全长,确定可动心轨辙叉纵向位置。依据直股方向确定可动心轨辙叉翼轨外侧轨距块的正确性(可做适当调整)。

(11)其余垫板件摆放与连接。

(12)导轨连接,扣压件安装及紧定。

(13)转辙器部分轨距调整、密贴调整。

①确认曲尖轨和直尖轨的质量状态,若发现问题预先顶调。

②对滑床垫板位置进行顶调,一般情况下使垫板外调至极限位置。

③确定框架尺寸(尖轨尖端处轨距和直尖轨轨头切削起点轨距或

基本轨间距离)。

④确定直尖轨固定端及跟端轨距,调整好转辙器方向。

⑤调整曲尖轨与直基本轨密贴。

⑥调整直尖轨直线度。

⑦调整曲尖轨密贴段至尖轨跟端支距。

⑧结合轨距调整、尖轨直线度调整,调整直尖轨与曲基本轨密贴。

⑨调整密贴段以后的直、侧股轨距。

⑩调整尖轨轨底与滑床台板密贴。

(14)其余部位支距调整,轨距调整。

(15)可动心轨辙叉密贴及轨距调整,注意密贴调整必须与长心轨直线度同时进行。

(16)护轨安装与调整(42号、62号不设护轨)。

(17)总体水平、方向调整,达到技术要求。

(18)工电联调。

(19)防跳限位装置初安装,如图1—117所示。

图1—117 防跳限位装置安装

(20)尖轨密贴、心轨密贴及各部轨距精调,达到技术要求。

(21)滑床台板与尖轨(心轨)密贴调整,符合技术要求。

(22)辊轮系统安装与调整。

①尖轨轨底与辊轮滑床台板密贴调整,具体步骤及注意事项如下:

a. 检验辊轮是否准确就位，以及靠近基本轨侧的第一个辊轮是否能自由滚动。

b. 调整辊轮不要在转辙器闭合状态下进行，要将基本轨、尖轨适当分离，用 0.5 mm 塞尺检查尖轨轨底与每一块滑床板的间隙。

c. 在辊轮高度调整完成后，将在尖轨轨脚处剩下的自由螺纹孔螺栓卸掉。

②辊轮的调试应在尖轨密贴状态下进行，此时要求尖轨轨底与滑床台面接触。

(23)扣件连接紧定到位。

(24)标记及现场清理。

(25)产品最终检查、验收或审查。

(三)枕式无砟道岔原位铺设法

运输到现场的道岔，具备直接吊卸条件的，可以使用专用吊架将道岔从运输平板车吊到铺设位置；不具备直接吊卸条件的，就近放置，避免和减少多次转运对道岔产生变形的影响。

1. 道岔组装平台

(1)道岔原位组装平台(图 1－118)安装前，先根据道岔线路中心线控制，放样定出组装平台纵梁位置，纵梁顶面标高值按设计线路标高值反算确定。纵梁顶面标高调整到位后，进行固定。

(2)在纵梁上按岔枕间隔作标记，根据道岔岔首、岔心、岔尾的控制点，定出各个无砟岔枕的位置，依此布置道岔的组装调试平台，如图 1－119 所示。

(3)组装平台直股一侧边线与道岔直股中心线平行，并预留岔枕调整量。

(4)组装平台安装高程与道岔的设计坡度相适应，并使岔枕就位后与设计高程一致。

(5)组装平台安装时使各部位的调整丝杆居中，保证平台的设计调整量。

图 1—118 原位组装平台

图 1—119 无砟岔枕位置

(6)组装平台安装到位后,使各支撑点支撑牢固,防止倾斜。

(7)支撑钢梁采用分段的方式,便于道岔粗调后撤出而不影响道岔。

(8)使用工装设备,可以使一部分所需的长钢筋能提前放置在基础道床板上,方便后期的绑扎工作,不会由于穿绑长钢筋等作业,影响道岔形位。

2. 岔枕与扣件垫板安装

(1)在道岔原位组装平台上安装混凝土岔枕。按照设计顺序安放岔枕,拉弦线控制道岔中线,确保 1 号岔枕的位置和方向,调整组装平台限位调整机构,使岔枕安装到位,如图 1—120 和图 1—121 所示。

图 1—120 安装混凝土岔枕

图 1—121 散布岔枕

(2)按照从前至后的顺序对号摆放岔枕,用水准仪测量控制,初调每根岔枕高低,消除明显高低差。

(3)岔枕间隔用钢尺控制并按设计调整。控制牵引点处岔枕间距,不得小于设计尺寸。

(4)以 1 号岔枕为基准方正岔枕，并与间隔调整配合进行。岔枕定位以直股外侧第一个岔枕螺栓孔为基准拉线确定，岔枕方正采用两把长尺平行放置，按岔枕间距找正，如图 1—122 所示。

(5)调整时严禁用撬棍插入岔枕扣件螺栓套管内撬拨岔枕。

(6)岔枕基本调整到位后安装道岔扣件普通垫板和滑床垫板。先按照装配号码配齐零部件，再由下至上依次组装垫板，最后整体安装到岔枕对应位置。

①组装道岔扣件垫板时须严格区分不同使用部位的静刚度、左右开向及安装方向，如图 1—123 所示。

图 1—122　方正岔枕

图 1—123　组装道岔扣件垫板

②确认螺栓孔对中，并按标记位置确定内外股摆放方向正确后，才可用螺栓联结垫板和岔枕，如图 1—124 和图 1—125 所示。

图 1—124　垫板摆放方向

图 1—125　螺栓联结

③垫板组装时，保持岔枕位置及方向不变。

3. 道岔钢轨件的吊装与连接

(1)吊车配合专用吊具吊装道岔钢轨件。吊车根据现场实际情况,按照预先制定吊装顺序吊装钢轨件,吊车及吊装轨排如图 1—126 所示。

(2)一般吊装顺序是按道岔图纸分段从前至后依次完成;在条件不允许的情况下,可按照钢轨件运输到场顺序吊装,现场使用模板、缆绳等,辅助钢轨件到位,并预留一定空间,如图 1—127 所示。

图 1—126 吊车及吊装轨排

图 1—127 吊 装

(3)在吊装时,首先满足辙叉位置,然后以此为控制基础,吊装前后钢轨组件;在条件不允许情况下,必须预留出一定空间,保证叉心的位置,如图 1—128 和图 1—129 所示。

图 1—128 吊装辙叉

图 1—129 辙叉对位

(4)钢轨件组装前对钢轨质量进行检查,严格控制钢轨弯曲(包括高低和水平)。

(5)调整、紧固道岔。吊装就位后,逐段拨正钢轨,使钢轨落槽,然后进行方向、轨距、密贴调整,如图 1－130 所示。调整基本到位后紧固扣件,扣件螺栓采用测力扳手终拧,紧固力矩符合设计规定。

(6)钢轨连接严格按照厂内标记的接头顺序和设计预留轨缝值进行作业。钢轨连接接头采用应急夹板,使用 U 型夹夹紧;尖轨除转辙器锁紧外,使用 F 型夹辅助锁紧。

4. 道岔初步定位

(1)使用全站仪及水准仪进行道岔定位。

(2)每隔两根岔枕安装一个竖向调整螺杆;心轨部分采用特制支撑结构进行支撑;采用通过支撑架的螺杆进行顶升作业,逐步将道岔顶升到高程位置－5 mm/0 mm 范围内,竖向调整系统如图 1－131～图 1－133 所示。

图 1－130 安放钢轨

图 1－131 辙叉部位竖向调整螺杆

图 1－132 转辙部位竖向调整螺杆

图 1－133 辙叉后部竖向调整螺杆

(3)粗调之后,保证每根调整螺杆都承力,然后拆除组装平台,在道岔下方抽出平台组件。

(4)每隔两根岔枕将侧向调节锚具埋入支承层中，并连接在轨枕的钢筋桁架上，进行侧向调节，道岔方向调整到±2 mm，横向拉杆调整装置如图1－134和图1－135所示。

图1－134 路基上(隧道中)横向调节装置

图1－135 桥上横向调节装置

(5)无砟轨道道岔区的精调和最后固定采用道岔竖向/侧向支撑调整系统实现。道岔竖向/侧向支撑调整系统包括竖向支撑调整装置和侧向辅助拉杆调整装置，同道岔区专用测量系统配合使用；支撑体系安装完成后，拆除岔枕安装平台，调整支撑体系使道岔轨排达到初步精调的水平。

5. 道岔一次精调

(1)道岔一次精调测量工作采用轨检小车和配套的全站仪完成。根据无砟轨道道岔区测量基准网以及设置的加密桩进行测量控制。测量基准网使用前，应进行控制桩复测。

(2)使用轨检小车对道岔进行高低和方向上的精调。

(3)道岔水平调整：调整竖向支撑螺杆丝杆高度，精调起平道岔；轨面标高精调后，道岔高低、水平不超过设计限值；滑床台板坐实坐平，垫板与台板的间隙不超标。

(4)道岔方向调整：调整侧向支撑丝杆使道岔满足设计限值。

(5)道岔精调到位后，线路几何形位指标应符合表1－10的规定。

表 1—10　无砟道岔平顺度铺设精度标准(静态)

	高　低	轨　向	水　平	轨　距	
幅值(mm)	2	1	2(无反超高)	±1(直股)	$^{+2.0}_{-1.0}$(侧股)
弦长(m)	10				

6. 道岔电务转换设备安装、调试与拆除

(1)道岔转辙机安装前,对电气、机械性能进行测试,满足设备设计性能指标后,方可安装。

(2)应严格按照设计图安装道岔电务转换设备。

①以垂直于道岔直股基本轨定位,在各牵引点分别安装转换装置和锁闭装置。

②以各牵引点动程控制,调整连接杆件定位。

③各部螺栓应紧固,开口销应齐全。各部绝缘安装正确,不遗漏,不破损。

④电动转辙机通电后,检测各牵引点动程和牵引力,检查转换机构工作状态,检查锁闭装置锁闭到位和表示状态,分别调试到位。

(3)电务转换设备安装调试完成后,由工务和电务技术人员相互配合进行道岔调整。细调轨距、支距和轨向,重点对尖轨和可动心轨密贴段检查调整,使允许偏差符合设计要求。

(4)道岔电务转换设备在道岔系统工电联调结束后拆除。复测线路高程、方向,对因拆除作业产生的偏移及时调整复位,精调道岔。

7. 道岔二次精调

(1)道床板混凝土浇筑施工前,对道岔系统进行二次精调。采用轨检小车检测道岔方向、高低、水平、轨距等几何形位指标,根据轨检小车检测反馈数值逐点对道岔水平、方向进行微调定位,确定精调数值。

①调整支撑螺杆高度,精调起平道岔。道岔高低、水平不超过设计限值;滑床台板坐实坐平,垫板与台板的间隙不超标。

②调整侧向支撑丝杆,对道岔方向超限点作局部精调。直股工作

边直线度符合规定指标、曲股工作边曲线段应圆顺无硬弯。

③调整轨距、支距。使尖轨检测点支距和导曲线支距允许偏差符合设计要求。

④调整尖轨、可动心轨密贴和顶铁间隙。保证密贴段密贴良好、间隙值不超限。

(2)整组道岔调试完毕后,应对弹条螺栓、岔枕螺栓、限位器螺栓、翼轨间隔铁螺栓副、长短心轨间隔铁螺栓副进行复拧,复拧扭矩达到设计值。

8. 道床板混凝土浇筑及养护

(1)准备工作

①道床板混凝土施工前采用自制木盒对钢轨螺栓进行保护,并对道岔钢轨进行包裹,避免因混凝土施工污染螺栓及钢轨,如图1—136所示。混凝土施工过程中,安排专人对轨枕、螺栓、钢轨进行及时清理。

②对支撑螺栓涂刷油脂,便于混凝土浇筑后拆除。

③对岔枕基础顶面和岔枕底面喷水预湿,且表面不得有积水。

(2)道床板混凝土浇筑

道床板混凝土浇筑方向选择从道岔叉心位置向两边灌注。混凝土在搅拌站内严格按配合比拌制,混凝土罐车运输到施工现场,现场坍落度测试满足要求后,泵送入模。混凝土入模温度控制在5℃~30℃之间。自枕盒中间向两侧灌注混凝土,以使混凝土在岔枕下方自由流动填满岔枕底部。用插入式振捣棒将混凝土振捣密实,人工用抹子将混凝土表面抹平,如图1—137所示。

(3)混凝土浇筑后工作

①一旦混凝土初凝,应松开调整螺栓半圈到一圈,以确保其不被混凝土固定,同时松开道岔钢轨扣件,如图1—138所示。环境温度与混凝土配合比影响初凝时间,要确保调整螺栓松开时间合适。混凝土终凝后取出调整螺栓。

②混凝土达到强度后拆除模板,对新浇筑的混凝土用养护剂养护,如图1—139所示。

图 1—136 包 裹

图 1—137 混凝土浇筑

图 1—138 松扣件

图 1—139 养 护

③采用无收缩砂浆填补调整螺栓取出后留下的孔眼。

(4)竣工测量

道床板混凝土养护作业完成后,应对道岔的几何线形再行检查。一是对比检查道岔在混凝土浇筑前后是否发生变化,对整个支撑体系的稳定性进行评估;二是发现道岔内部是否存在超限点,为制定道岔修正方案提供数据支持。

道岔方向修正作业一般是通过更换偏心锥(缓冲调距块)来完成;水平修正作业一般是通过更换调高垫板来实现。

四、原位换铺法

原位换铺法是在封锁时间内,立即对旧道岔拆除,然后在原位摆放新道岔岔枕及安装道岔各部位垫板。根据道岔组装顺序,先组装直基本轨、曲尖轨、直基本轨后连接轨(直外股)、直股护轨部分,然后利用轨距组装曲基本轨、直尖轨、直尖轨后连接轨(直内股)、辙叉、曲股护轨部分,利用支距组装导曲线上股钢轨,利用轨距组装导曲线下股钢轨。最后通过后续对新道岔位置的复核调整、道砟回填、恢复道床等达到更换道岔的目的。

五、预铺移设法

预铺移设法是既有线更换道岔施工中常用办法,是事先在距需更换道岔线路外侧,空闲位置搭设木枕预铺平台,进行新道岔组装成型,在封锁时间内,立即对旧道岔拆除,将预先组装好的道岔通过横移或纵移就位,再通过后续对新道岔位置的复核调整、道砟回填、恢复道床等达到完成更换道岔的目的。

1. 搭建预铺平台

预铺平台必须牢固可靠,基础必须夯拍平整密实,枕木垛必须保证每组不少于 5 个,间距均匀,其上用两股钢轨找平,轨顶标高与线路标高的误差在 3～5 cm 为宜,如图 1－140 所示。

图 1－140　预铺平台

2. 抬摆轨枕,挂线方枕

按图纸上编号顺序逐根摆放,然后挂线方枕,严格轨枕间距,如图 1－141～图 1－144 所示。

图 1－141　利用轨道车摆放岔枕

图 1－142　挂线方枕

图 1－143　方　　枕

图 1－144　摆放完毕的岔枕

3. 架轨上扣件

按图纸配轨架轨后，根据设计轨缝进行调整（注意焊接道岔的轨缝预留量），然后边查照各部尺寸，边上扣件，进行拼装，如图 1－145 和图 1－146 所示。

图 1－145　摆放钢轨

图 1－146　摆放轨件进行组装

4. 分项检查

拼装完毕，按道岔分项检查验收规定逐组填写工程检查证，不合格者必须立即整改直至分项评定合格后，给电务部门提供转辙机安装调试条件，在转辙机安装及调试过程中，工电部门应密切配合，各项指标数据调试正确后，才算达到预铺组装结束的标准，如图 1－147 和图 1－148 所示。

图 1－147 转辙机安装

图 1－148 预铺组装完毕

第三节 转换设备安装作业

一、电务转换设备安装

1. 钢轨钻孔要求

钢轨钻孔位置应在螺栓孔中心线上，且必须倒棱，如图 1－149～图 1－152 所示。两螺栓孔的净距不得小于大孔径的 2 倍。其他部门需在钢轨上钻孔或加装设备时，必须征得工务设备管理单位的同意，并有工务人员现场监督。

图 1－149 钢轨钻孔

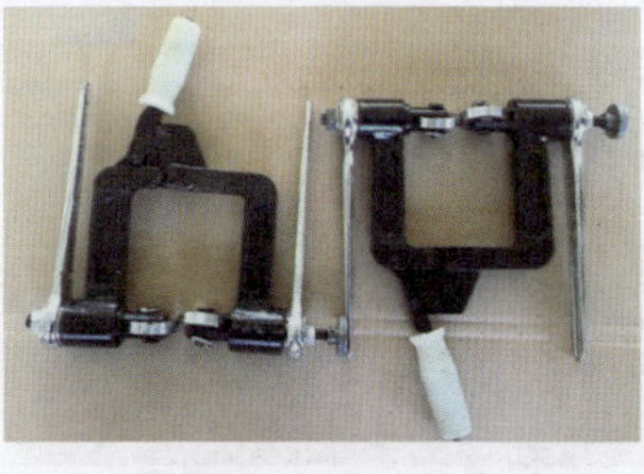
图 1－150 双边钢轨倒棱器

图 1－151　钢轨倒棱

图 1－152　导线孔倒棱

2. 一般规定

(1)道岔轨距及岔枕位置调整合格后方可安装外锁闭装置。

(2)尖轨与基本轨、心轨与翼轨密贴应符合相关技术条件规定。

(3)转换设备零部件数量齐全,质量合格。

(4)转换设备零部件的防腐层应保持完好。

(5)各部螺栓应按规定的扭矩紧固,螺栓防松部件、开口销应安装正确。

(6)各绝缘件应正确安装,转换设备安装调试完毕后,用 500 V 兆欧表检查系统绝缘性能,电阻值不应小于 25 MΩ。

(7)道岔移位前宜解锁外锁闭装置,拆下转辙机,待道岔就位后再重新安装、调整。

(8)电气配线应整齐、美观,端子紧固,接点状态良好。

(9)转辙机、密贴检查器安装位置应排水良好,必要时应设置排水沟槽。

3. 转辙器外锁闭装置安装

(1)锁闭杆连接后两锁闭杆应保持平直,与绝缘垫板、夹板配合良好,各螺栓、螺母、垫圈紧固联结。

(2)尖轨连接铁与尖轨间应预置 3 mm 调整片,当尖轨开口出现偏差时可进行增减,以调整尖轨开口。

(3)锁闭框安装后,同一牵引点处左右侧两锁闭框方孔中心应同轴,允许偏差为±3 mm。

(4)安装时锁闭铁与锁闭框之间预置5 mm调整片,并根据尖轨与基本轨的密贴进行增减。锁闭铁与锁闭框紧固后,应保证锁闭铁内侧上顶面与锁闭框方孔面接触。

(5)外锁闭安装后,转换过程中,锁闭杆、锁钩应动作平稳,准确到位。转换到位后,尖轨与基本轨应密贴良好。

4. 辙叉外锁闭装置安装

(1)锁闭框与翼轨连接后,锁闭框应与翼轨的轨头和轨底侧面贴靠,同时保证锁闭框与锁闭杆的接触面水平。

(2)安装时锁闭铁与锁闭框之间预置5 mm调整片,调整片可根据心轨与翼轨的密贴进行增减。锁闭铁与锁闭框紧固后,应保证锁闭铁内侧上顶面与锁闭框方孔面接触。

(3)外锁闭安装后,转换过程中,锁闭杆、锁钩应动作平稳,准确到位。转换到位后,心轨与翼轨应密贴良好。

5. 转辙机安装

(1)转辙机可以安装在道岔左右任意一侧,安装时根据实际电缆走线安装在左侧或右侧。

(2)转辙机基础弯板与岔枕固定后,基础弯板组件方正,保持弯板与道岔直基本轨垂直。转辙机垫板应与弯板垂直并安装牢固。

(3)转辙机及其垫板安装后保持水平。当基本轨与岔枕进行高低调整时,基础弯板应做同样调整,以满足转辙机与外锁闭装置高低变化的需要。

(4)连接杆件应平顺,无别卡,连接销应易于置入或退出,不应强行敲击。

(5)调整动作连接杆使尖轨开口、外锁闭锁闭量符合指标要求。

(6)调整表示连接杆长度,在道岔定、反位时,转辙机的检测柱落入表示(锁闭)杆缺口,并使缺口内两侧间隙相等。

(7)转辙机安装后,转辙机动作杆应与道岔直基本轨垂直。

6. 密贴检查器安装

(1)密贴检查器安装后,应保证两侧调整连接杆件在同一轴线。

(2)调整连接杆件，检查尖轨与基本轨密贴状态，满足 5 mm 无表示、4 mm 有表示要求。

7. 道岔转换设备静态验收

(1)检查各紧固件齐全，各部螺栓紧固并达到规定的拧紧力矩，丝扣露出螺帽外的余量应为 5～10 mm，并采取防松措施，开口销张开至规定角度。

(2)各部绝缘安装正确，不遗漏，不破损，用 500 V 兆欧表测量电阻不小于 25 MΩ。

(3)零件无异常现象(意外损坏、异常磨损)。连接销与绝缘件、绝缘件与孔的磨损旷量不大于 1 mm。

(4)托板应与岔枕联结牢固，并与道岔直基本轨垂直。

(5)锁闭铁、锁钩与锁闭杆接触的摩擦面及运动范围内应保持清洁，无异物。

(6)锁钩孔内应注润滑油，保证锁钩能沿销轴自由窜动。

(7)表示拉杆接头与尖端铁的连接应牢固、不松动。

8. 道岔转换设备转换验收

(1)道岔转换过程中，锁钩应动作平稳，与锁闭铁结合良好，无别劲、卡阻现象。

(2)道岔定位和反位时，在密贴段的牵引点位置，尖轨(心轨)与基本轨(翼轨)间有 4 mm 及以上间隙时不锁闭。

(3)道岔定位和反位时，在密贴检查器位置，尖轨与基本轨间有 5 mm 及以上间隙时无表示。

(4)测试转换阻力是否满足转辙机输出力要求。

二、道岔铺设状态验证

在安装转换设备前，验证道岔铺设状态是否符合道岔铺设有关技术要求，着重验证以下几点并做好相关记录。

1. 道岔初始状态

道岔铺设完成经过检测、验收后，检查各牵引点处岔枕间距，检查牵引点中心线(基本轨上两孔中心)距前一岔枕中心线距离,检查牵引点基本轨两孔中心与尖轨安装连接铁的两孔中心是否对中。

若为无砟道岔,道岔铺设完成经过检测、验收后,检查各牵引点处转辙基坑深度,检验标准为误差不大于+5 mm;检查各牵引点处转辙基坑宽度,检验标准为误差不大于+5 mm;检查转辙基坑轴线位置,检验标准为误差不大于2 mm;检查转辙基坑平整度,检验标准为误差不大于2 mm/m;检查牵引点中心线(基本轨上两孔中心)距前一岔枕中心线距离,检查牵引点基本轨两孔中心与尖轨安装连接铁的两孔中心是否对中。

若道岔初始状态不满足以上要求,需重新调整道岔及岔枕等满足要求。

2. 轨距

检查转辙器各牵引点处框架尺寸、轨距。

3. 道岔初始密贴状态

在安装转换设备前,不用撬棍拨动,密贴段的直、曲尖轨原始状态分别与曲、直基本轨基本宏观密贴;用撬棍拨动,尖轨、心轨应动作平顺,没有明显阻滞。

若道岔原始密贴状态不满足以上要求,需重新调整至满足要求。

4. 密贴状态

在尖轨各牵引点处用撬棍或钩锁器使直、曲尖轨分别与曲、直基本轨密贴,检查直、曲尖轨第一牵引点后整个密贴段的密贴情况,检验标准为误差不大于1 mm;满足要求后,检查直、曲尖轨第一牵引点前与曲、直基本轨密贴,检验标准为误差不大于0.5 mm。

在心轨第一牵引点处用撬棍或钩锁器使心轨与翼轨密贴,用撬棍使第二牵引点心轨至规定动程,检查心轨第一牵引点处密贴,检验标准为误差不大于1 mm;满足要求后,检查心轨尖端至第一牵引点密贴,检验标准为误差不大于0.5 mm。

若密贴状态不满足以上要求,需重新调整至满足要求。

三、转辙机安装

转辙机安装根据安装方式包括角钢基础安装、钢岔枕安装、弯板基础安装。

(一)角钢基础安装方式

角钢基础安装方式如图 1－153 所示，它是将转辙机安装于角钢及垫板上，是角钢与基本轨直接连接安装的方式，该方式是为了保证轨距稳定而设计，优点是与道岔安装的整体性较好，能不受铺设量影响；但占用枕木空当较多，不利于道床捣固，而且转换设备会承受较强的振动、冲击，我国早期低速道岔和城市轨道交通道岔普遍采用这种方式。

(1)各部螺栓应紧固，开口销应齐全：各种连接杆调整丝扣的余量，不得小于 10 mm。各部绝缘应安装正确，不遗漏，不破损，用 500 V 兆欧表测量电阻不应小于 25 MΩ。道岔尖轨与基本轨间有4 mm及以上间隙时道岔不得锁闭。固定长基础角钢的角形铁应与钢轨腰部密贴(轨腰中部除外)。长基础角钢应与单开道岔直基本轨或对称道岔中心线垂直，其偏移不得大于 20 mm。固定道岔转换设备的短基础角钢应与长基础角钢垂直。密贴调整杆、表示杆或锁闭杆、尖端杆、第一连接杆与长基础角钢之间应平行，其前后偏差各不大于 20 mm。转辙设备与单开道岔直基本轨或对称道岔中心线的平行线偏差不得大于 10 mm。密贴调整杆动作时，其空动距离不得小于5 mm；调整丝扣的露出螺母部分，两边长度应大致相等。

(2)转辙装置安装前用方尺测量道岔是否方正，测量轨距是否符合标准：尖轨尖端轨距允许偏差为±1 mm，轨头刨切起点处轨距允许偏差为±1 mm。测量枕木是否方正，间距满足安装要求。测量开程满足安装要求，尖轨应能与基本轨密贴。

(3)安装角形铁：划线时以直基本轨为准，用方尺沿第一连接杆中心用红铅笔(或划针)在直基本轨轨面上划一基准线，以此基准线向岔尖方向量划一标记线(此为岔前长角钢第一座铁中心),再从基准线向岔后方向量划一标记线(此为岔后长角钢第三座铁中心),然后用方尺将另一侧基本轨(弯股)上对应的第二、四个座铁的中心标记线划出。最后将各座铁孔中心对准标记线,分别在基本轨腰部用划针将座铁孔划出,并打下样冲眼,以 ϕ21 mm 钻头钻孔后,用 ϕ20 mm×70 mm螺栓将座铁固定于基本轨上,如图 1－154 所示。

图 1－153 角钢基础安装

图 1－154 角 形 铁

(4)长基础角钢的划线与钻孔:长基础角钢全长 3 150 mm,如图 1－155 所示。在现场座铁安装完毕后,应先实地将每组道岔的两对座铁内孔之间距离测量好,分清岔前、岔后做好记录,同时记清楚该道岔的电动转辙机装在线路的左侧,还是右侧,(面对岔尖看)是直股侧还是弯股侧;然后根据记录对每组道岔的基础角钢进行划线、打眼和集中钻孔。

图 1－155 长基础角钢

(5)短基础角钢的划线与钻孔:短基础角钢长度为 1 055 mm,如图 1－156 所示。划线时将两根短角钢背靠背放稳,小面朝上,两端的四孔对齐,关键是只要确定第一连接杆的中心线,就可以确定固定电动转辙机的四个孔。

图 1－156　短基础角钢

(6)安装长基础角钢：基础角钢按各自的道岔号码及前后位置对号穿过轨底，与左右角形铁连接，如图 1－157 所示。

图 1－157　基础角钢、转辙机安装完毕

(7)安装短基础角钢：两根短基础角钢横架在基础角钢上，竖边朝里，短基础角钢与基础角钢连接的孔眼已预先钻好，用 M20×60 mm 螺栓由下往上穿，加弹簧垫圈略拧紧，检查基础角钢方正，利用眼孔余量适当调整基础角钢位置，直到尺寸完全合适，将螺母充分拧紧，如图 1－157 所示。

(8)安装电动转辙机：短基础角钢固定后，将转辙机放在短基础角钢上，转辙机用 M20×70 mm 螺栓由上往下穿，加弹簧垫圈后拧紧螺母，如图 1－157 所示。

(9)安装表示杆、密贴调整杆、尖端杆：电动转辙机安装完毕后，进行三杆(表示杆、密贴调整杆、尖端杆)连接，先调整密贴，后调整表示，在第一连接杆处有 4 mm 及以上间隙时，道岔不得锁闭。

(10)密贴调整：暂不连接表示杆，先调动作杆的伸出位置，密贴程度以动作杆停止移动，尖轨密贴基本轨，手摇把再空摇 3～4 圈转辙机方才锁闭(即自动开闭器的第二次变位)为好；转辙机锁闭后，继续摇动手摇把，检查一下摩擦联结器松动程度，在调整故障电流之前，一般以一只手稍用力摇动为好，如尖轨已密贴，转辙机无法锁闭，摩擦联结器空转，说明密贴调整太紧；如尖轨尚未密贴，转辙机即已锁闭，说明密贴调整太松，调整轴套可使密贴变紧，过松现象消除，密贴调整良好后，再复查开程距离，摇动电机使转辙机解锁，让密贴调整杆轴套在不受力的情况下紧固螺母，因为这样才能真正拧紧，然后试一下密贴有无变化，不合适需重新调整，表示杆尚未调整时，用手拉动转辙机表示杆使其随动作杆移动。在密贴全部调整完毕，来回试验几次，在第一连接杆处与基本轨之间加入 4 mm 厚铁板，转辙机无法构成内锁闭。

(11)表示杆调整：连接表示杆先调整伸出位置，调整尖端杆上舌铁的位置，即可使表示杆左右移动，使检查柱落入检查块缺口，自动开闭器第二次变位，间隙调整到 1.5 mm±0.5 mm，充分拧紧舌铁固定螺母。摇动道岔复查几次，然后在尖轨第一连接杆与基本轨之间夹入 4 mm 铁板，检查柱不能落入检查块缺口内，转辙机不能内锁闭。

转辙机处于定、反位时，其动接点均打入两静接点片内小于4 mm，与静接点座边缘之间不少于 3 mm。用大螺丝刀别住速动爪背部上的螺钉，用扳手松开速动爪调整架上的紧固螺母，拧动速动爪上的螺钉，即可调整接点的打入深度，调整合适后用螺丝刀别住螺钉，用扳手拧紧螺母。全部调试完毕，来回试验几次，检查动作杆、表示杆与直基本轨垂直，与第一连接杆平行，且不别劲，置于水平位置，经过轨底部位，距轨底面净距离 20 mm 以上，在达到技术要求后，用小铁线在密贴调整杆、表示杆固定螺母根部扎紧，防动装置用开口销固定。

(二)钢枕安装方式

钢枕安装方式为道岔采用钢岔枕，转辙机基础托板与钢岔枕连接，便于工务大型养路机械施工，如图 1－158 所示。

图 1－158　钢枕安装

国内从 1992 年开始在广深铁路道岔研究过程中设计了钢岔枕，但未推广使用。1996 年研制的提速道岔普遍采用了钢岔枕，包括 12 号、18 号和 30 号提速道岔。提速道岔转辙机安装在钢枕端头，内部采用钢板焊接。

提速道岔上道后，出现了转换设备卡阻（尖轨位移较大时，钢枕耳板与转换杆相碰）、钢枕绝缘不良、钢枕稳定性差容易串动等问题，造成现场养护维修工作量很大。虽然后来对钢岔枕进行改进，加大钢枕宽度，但后期上道的提速道岔逐步取消了钢岔枕。

2001 年，广深线采用了钢岔枕，并对钢岔枕进行了改进，钢枕仍采用焊接垫饭，重点是提高了钢枕的稳定性。

（三）弯板基础安装方式

弯板基础安装方式是转辙机通过弯板安装在混凝土岔枕上的一种方式，如图 1－159 所示。其优点在于转换设备承受列车通过产生的振动、冲击比角钢基础安装方式显著减小，转辙机安装较低，减少受列车下垂物碰坏的可能，转辙机动作杆、表示杆可用直杆，增加强度。不足之处是杆件仍要占用轨枕空当，无法捣固。针对无砟轨道的结构特点，为了适应道床基础的变化，轨下垫板可以调整钢轨高度，为此基础弯板也应作相应调整，以满足转辙机、杆件、外锁闭与基本轨和尖轨的相对位置要求。本节以 ZY[ZY(J)]7 型电动液压转辙机为例进行说明。

图 1—159 弯板基础安装方式

1. 安装装置

ZY[ZY(J)]7 型电动液压转辙机在尖轨带钩形外锁闭装置的安装示意如图 1—160 所示,在心轨带燕尾形外锁闭装置的安装示意如图 1—161 所示。

图 1—160 尖轨带钩形外锁闭装置的安装

图 1—161 心轨带燕尾形外锁闭装置的安装

2. 电液转辙机安装

安装好钩形外锁闭装置后进行安装装置与电液转辙机的安装。

第一步:安装前要进行检查,工务部分符合道岔技术要求后方可进行外锁闭装置及电液转辙机等电务设备的安装(以下安装要求仅供参考,具体安装要求请参考各型号道岔安装要求)。对工务主要有以下要求:

(1)两岔枕中心距为 650 mm。

(2)基本轨上外锁闭框连接孔中心距前一个岔枕中心均为 350 mm。

(3)岔枕头部预埋螺栓孔距钢轨内侧分别为 390 mm 和 570 mm。

第二步:按标记安装各牵引点处基础托板。

(1)基础托板与岔枕上平面间应装 5 mm 厚橡胶板。

(2)横连接板与弯板间应装橡胶垫,必要时还应加装调整垫,以调整转辙机的高低。

(3)安装连接板时,一定注意转辙机安装孔的方向。一动单孔在前,二动近距两孔在前。

第三步:安装表示拉杆。注意有扣轴套永远位于尖轨下方。

第四步:分别将转辙机和转换锁闭器安装就位,如图 1—162 所示。

第五步:安装就位后,连接主副机油管。油管安装有地面安装和地下铺设两种,油管安装时的弯曲半径不小于 100 mm,进出槽钢和地面应留有一定余量,并用橡胶防护管防护,以防止油管损坏,如图 1—163 所示。地面安装时用管卡紧固牢靠,地下铺设时铺设深度应符合要求。注意油管的排气方法。

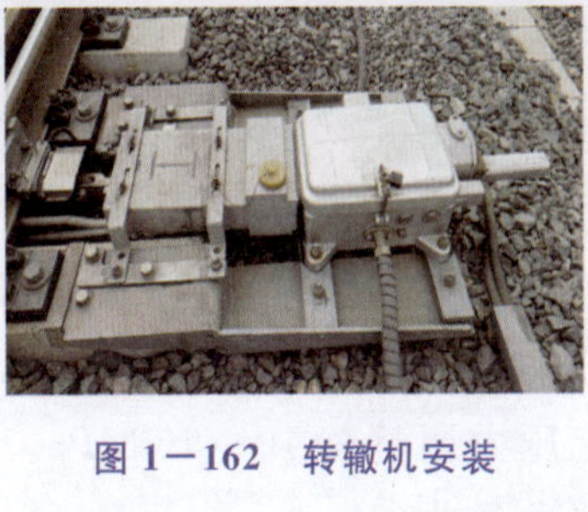

图 1—162　转辙机安装

图 1—163　油管防护

第六步:用专用注油器,将 YH-10 号航空液压油由注油孔注入油箱至油标上限,打开遮断器用手摇把摇动电液转辙机转换数次,排掉系统中的空气(排气方法:松开油标螺栓,在手摇电机时松紧溢流阀,使空气从油箱中排出),同时检查油箱内油量,补至油标上限。

第七步:分别连接动作拉杆及表示拉杆,如图 1—164 所示。手摇或电动使牵引点到位，检查道岔开口，两侧应基本相同且符合规定要求。若不符合应根据两侧开口差除以 2 去调整动作拉杆长短即可。动作拉杆上齿距为 3 mm。

图 1—164　安装杆件

第八步：道岔密贴的调整。根据到位的尖轨与基本轨的间隙，增减锁闭铁与锁闭框的调整垫片。

第九步：调整安装装置的长、短表示杆使密贴轨（尖轨、心轨第一牵引点）的锁闭柱与锁闭杆缺口间隙为 2 mm±0.5 mm，密贴轨（尖轨第二牵引点）的检查栓与表示杆的缺口间隙为 4 mm±1.5 mm。

第十步：手摇道岔往复动作检查缺口无误，道岔开口正确，定反位密贴良好后，拔出手摇把，合上遮断器。

第十一步：电动操作道岔试验。

(1)用转辙机综合测试仪或专用仪表检查，正常转换油路系统两侧压力小于等于 9 MPa，道岔转换力定反位第一牵引点不大于 1 800 N，第二牵引点不大于 4 200 N，并将两侧溢流压力调整至 10～15 MPa。电液转辙机有关电气特性应符合产品的技术要求。

(2)电操电液转辙机，在尖轨第一、第二牵引点，心轨第一牵引点外锁闭装置锁闭杆中心处的尖轨与基本轨、可动心轨和翼轨间插入 4 mm厚、20 mm 宽的铁板，在尖轨第一、第二牵引点间的尖轨与基本轨间任一点间插入 10 mm 厚、20 mm 宽的铁板时，外锁闭装置和电液转辙机不锁闭且不得接通机内表示接点。

四、外锁闭安装

1. 尖轨部分

(1)在各牵引点分别连接两锁闭杆,要求两锁闭杆连接平直,与绝缘垫板、连板配合良好,螺栓、螺母、垫圈联结牢固,如图 1—165 和图 1—166 所示。

图 1—165　绝缘垫板连接

图 1—166　联结后的锁闭杆

(2)用撬棍将两侧尖轨撬开,分别安装各牵引点处的尖轨连接铁,连接铁与尖轨间预置 3 mm 调整片,如图 1—167 所示。

(3)将一锁闭框安装在一侧基本轨上,锁闭框安装螺栓应在锁闭框安装长孔的中心位置,并暂不拧紧;将锁闭杆从另一侧基本轨轨底套入锁闭框,并使锁闭框组件挡板的凸台进入锁闭杆的凹槽,将另一锁闭框安装在另一侧基本轨上,如图 1—168 所示。

(4)调整两侧锁闭框位置,使锁闭杆在锁闭框内摆放平顺。

(5)将一锁钩放在锁闭杆上,锁钩缺口卡在锁闭杆凸台上,保持锁

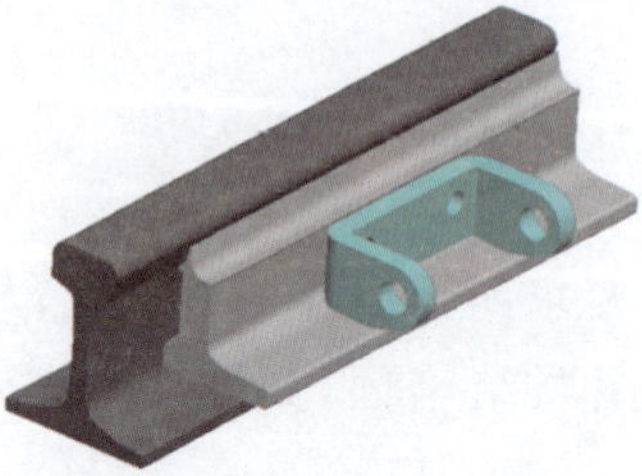

图 1－167 尖轨连接铁安装

图 1－168 锁闭框组件、锁闭杆安装

钩孔内清洁无异物并润滑均匀，推动锁闭杆，使锁钩孔对齐尖轨连接铁的销轴孔，由前向后穿入销轴（销轴螺纹端远离尖端铁），紧固销轴，如图 1－169 和图 1－170 所示。

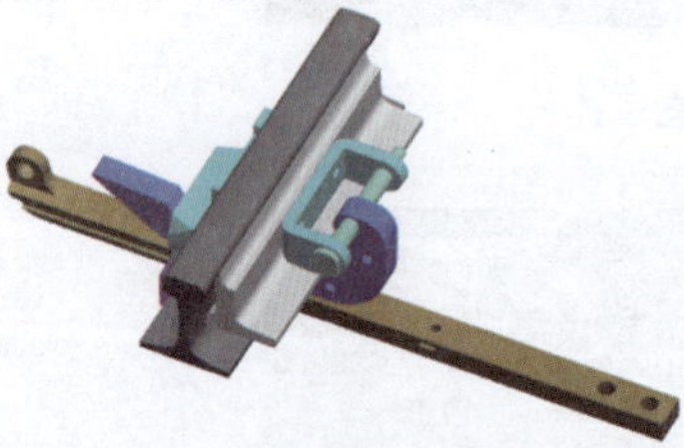

图 1－169 锁钩安装

图 1－170 锁钩安装完毕

（6）安装两侧锁闭铁，如图 1－171 和图 1－172 所示。锁闭铁与锁闭框之间预置 5 mm 调整片，穿入固定螺栓，暂不紧固。

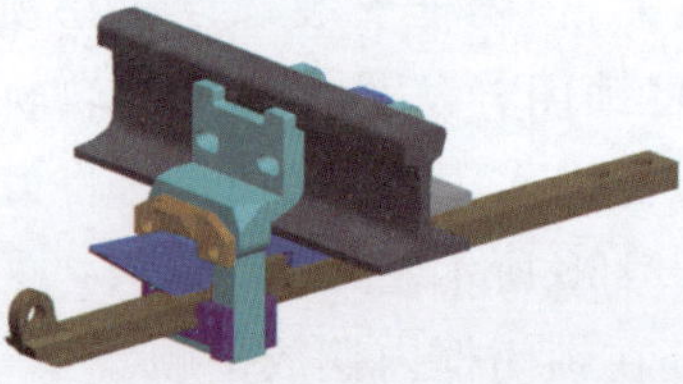

图 1－171 尖轨锁闭铁安装

图 1－172 锁闭铁安装完毕

(7)安装锁钩夹板,如图 1—173 和图 1—174 所示。

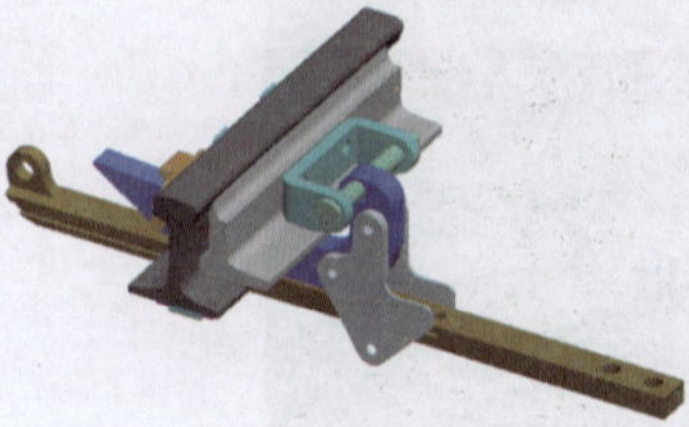

图 1—173　锁钩夹板安装

图 1—174　锁钩夹板安装完毕

2. 心轨部分

(1)将心轨锁钩放置在锁闭杆上,使锁钩的尾部分别在锁闭杆两凸台外侧,如图 1—175 和图 1—176 所示。

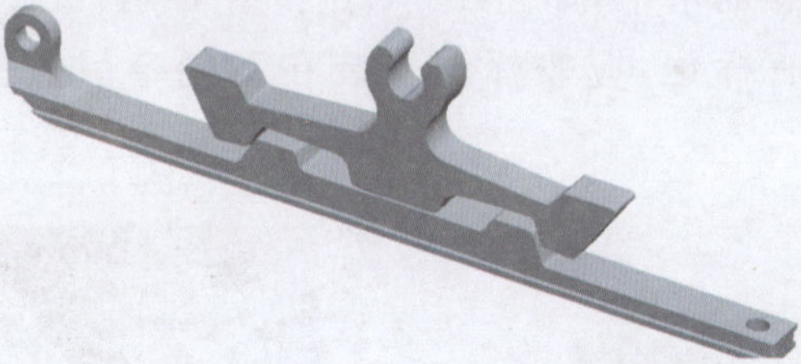

图 1—175　心轨一动外锁闭杆和锁钩组件

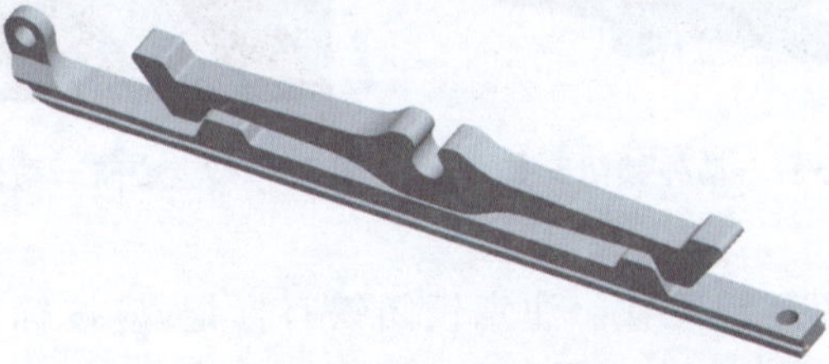

图 1—176　心轨二动外锁闭杆和锁钩组件

(2)将锁闭杆钩置于心轨下,使锁钩缺口对准心轨,如图 1—177 所示。

图 1—177 锁钩缺口对准心轨

(3)将锁闭杆钩抬起,从两侧安装锁闭框,将锁闭框用螺栓固定在翼轨上,锁闭框应与翼轨轨头和轨底侧面贴靠,同时保证锁闭框与锁闭杆的接触面水平,如图 1—178 和图 1—179 所示。注意锁闭框、挡板上均有标记,应按标记安装在不同牵引点的直股侧或曲股侧。

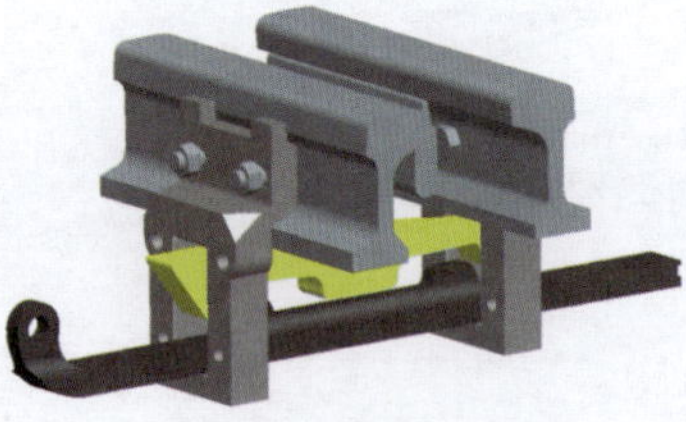

图 1—178 心轨一动外锁闭安装

图 1—179 心轨一动外锁闭安装完毕

(4)安装两侧锁闭铁。注意锁闭铁有标记,应按标记安装在不同牵引点的直股侧或曲股侧,如图 1—180 所示。

(5)安装客专系列 42 号道岔心轨二动、三动外锁闭时,先在长短心轨两侧分别安装连接铁,并将锁钩穿在销轴上,如图 1—181 和图 1—182 所示。

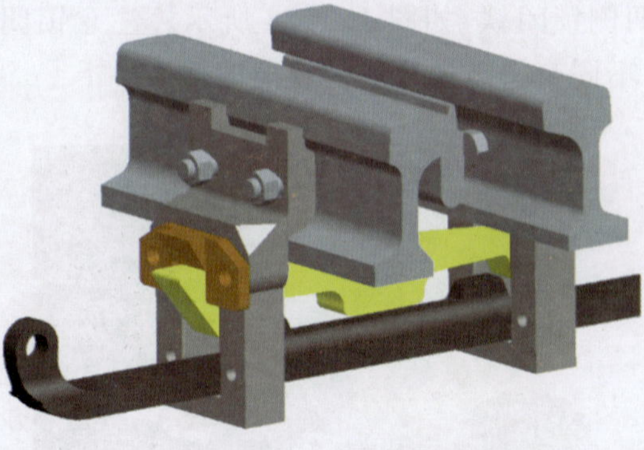

图 1—180　心轨锁闭铁安装

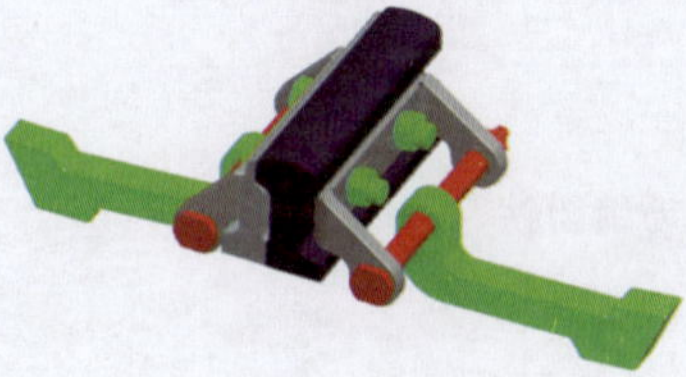

图 1—181　心轨二动连接铁和锁钩

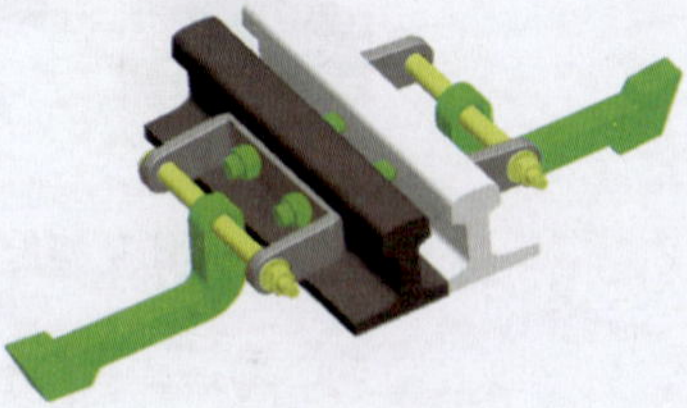

图 1—182　心轨三动连接铁和锁钩

(6)抬起锁闭杆,从两侧安装锁闭框,将锁闭框用螺栓固定在翼轨上,锁闭框应与翼轨轨头和轨底侧面贴靠,同时保证锁闭框与锁闭杆的接触面水平,如图 1—183 和图 1—184 所示。注意锁闭框、挡板上均有标记,应按标记安装在不同牵引点的直股侧或曲股侧。

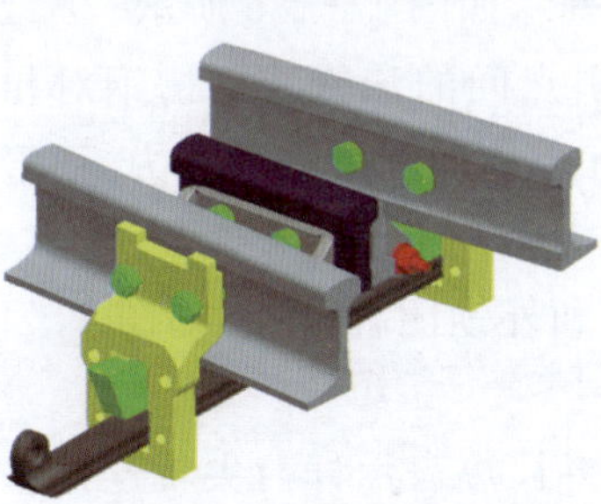

图 1—183　心轨二动锁闭框

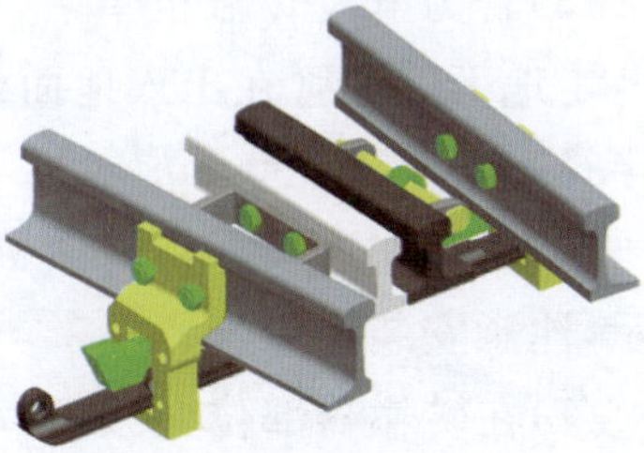

图 1—184　心轨三动锁闭框

(7)安装两侧锁闭铁，如图 1－185 所示。注意锁闭铁有标记，应按标记安装在不同牵引点的直股侧或曲股侧。

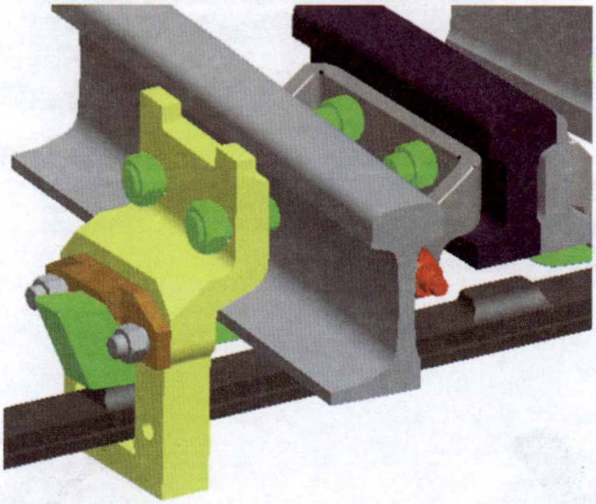

图 1－185 心轨二动锁闭铁

五、安装装置安装

(1)检查转辙机安装位置的道床排水是否良好。

(2)检查外锁闭装置是否满足技术条件要求。

(3)连接基础托板，但不紧固各部螺栓。

(4)将转辙机就位，转辙机通常应安装在道岔正线一侧，并与道岔正线基本轨平行，其偏移量在转辙机外壳两端的距离内不大于 5 mm，在正线一侧无法安装时可在侧线一侧安装，如图 1－186 所示。

(5)若为电液转辙机牵引，在两牵引点间的油管采用槽钢对扣防护并走地下。油管在出入地面处应留有余量以减缓振动受力，油管弯曲半径不得小于 100 mm。

(6)用动作连接杆将转辙机动作杆和外锁闭杆连接，如图 1－187 所示，注意安装绝缘管。

(7)在转辙器部位，安装尖端铁后，将长短表示杆与尖轨连接铁连接，如图 1－188 所示，并注意按照图纸正确安装绝缘件。

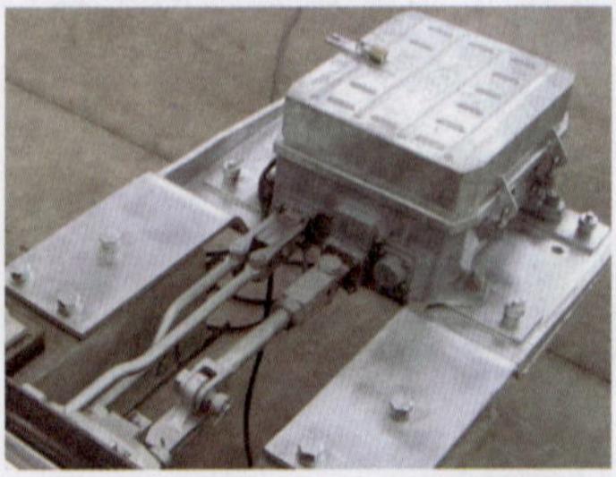

图 1—186　转辙机安装

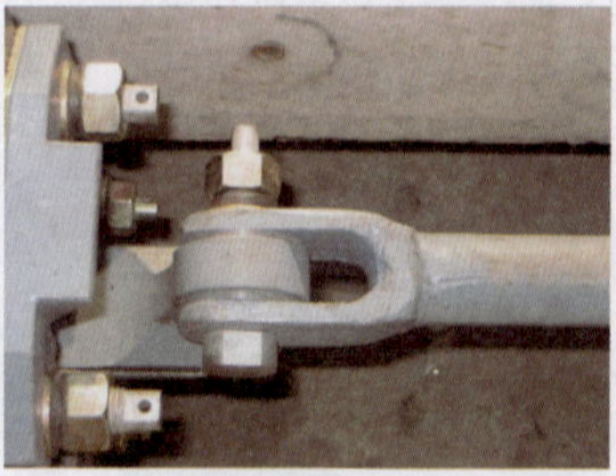

图 1—187　连接动作杆和外锁闭杆

(8)在辙叉部位，安装接头弯板，将心轨表示杆与接头弯板相连，如图 1—189 所示，接头弯板有转辙机左右装之分，需根据现场选用，并注意按照图纸正确安装绝缘件。

图 1—188　长短表示杆安装

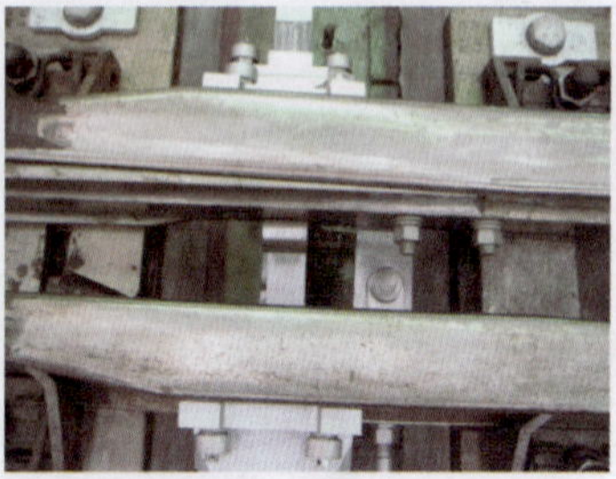

图 1—189　心轨表示杆安装

六、密贴检查器安装

以 JM-A 型密贴检查器为例，在道岔上的安装如图 1—190 和图 1—191 所示，表示杆通过一个接头连杆组件与尖轨相连，线路两侧以同样方式安装，并应使密贴检查器处于安装岔枕的后一个轨枕空位置。

安装时，可先将接头连杆组件、固定板和密贴检查器连接紧固，再通过 M24 螺栓将固定板、调高垫板和橡胶垫板固定在岔枕上(当使用于无砟道床时，需根据基本轨下调高垫板的厚度，在密贴检查器固定底板下选配 2 mm、3 mm、5 mm、6 mm 厚度的密贴检查器调高垫板)，用 M20 螺栓将接头连杆组件和尖轨连接。

图 1－190 JM-A 型密贴检查器道岔安装

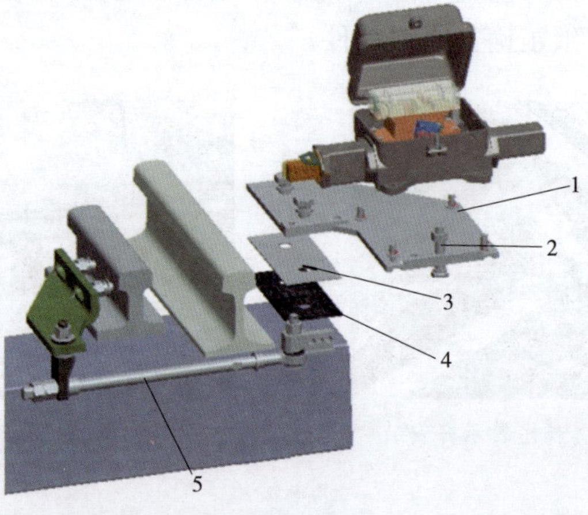

图 1－191 JM-A 型密贴检查器道岔安装分解

1—固定底板；2—密贴检查器支撑；3—调高垫板；4—橡胶垫板；5—接头连杆组件

为了达到检查密贴的灵敏度，密贴检查器的连接杆取消了销孔配合的间隙，采用了关节轴承的结构。当在温度变化或受车辆走行的影响，尖轨相对基本轨有爬行时，对密贴的变化也比较小。

当密贴检查器安装于整体道床时还增设了密贴检查器支撑，调整支撑杆的高度，使支撑杆头部与道床可靠接触后，备紧固定底板上方的螺母(当固定底板上方空间不足时将螺母紧固在底板下方)。

调试时，将待调整密贴检查器一侧的尖轨转换到密贴位置。用扳手转动无扣轴套使表示杆上出厂时电刻的标记与移位标方孔外侧对齐，此时密贴检查器接点组上的起动片从表示杆内的速动片上掉下，接通密贴表示，视情况而定将标记再向内移动 1～4 mm（标记与移位标方孔外侧的距离即为尖轨密贴的间隙）。

七、道岔融雪安装

（1）道岔融雪装置施工前应按程序对土建等相关工程施工的接口、作业面验收交接，并检查是否符合下列进场条件：

①预留的电缆槽、过轨管道应符合电缆施工要求。

②预留的道岔融雪控制柜基础、隔离变压器基础符合限界要求。基础螺栓相互间的距离、螺栓露出基础的高度应符合设备安装要求。

③在无砟轨道地段，两线路间预留的过轨管道应齐全。

（2）单根加热条电缆直接接入隔离变压器的作业标准：

①截取 ϕ18.5 mm 波纹管 900 mm 套在加热条电缆上至加热条把手根部，如图 1－192 所示。

图 1－192　加热条电缆上至加热条把手根部

②截取 100 mm 热缩管穿（可直接在多进一出热缩管上截取）套在波纹管与把手的接头处，热缩管头部套在把手卡槽的边缘用喷灯进行热缩。

③把橡胶堵头套在波纹管上，橡胶套的小头朝向内径 ϕ25 mm 胶管。

④将内径 ϕ25 mm 胶管按照横平竖直的走向原则比划至隔离变压器法兰口，并将胶管用喉箍固定在法兰口上。

(3)多根电缆汇入一根胶管的作业标准：

①加热条把手一侧的作业与"单根加热条电缆直接接入隔离变压器的标准"一致。

②根据汇入电缆根数的多少选择多进一出热缩管，即三进一出或四进一出，如图 1—193 所示。

图 1—193 多根电缆汇入一根胶管

③将需要汇入的加热条电缆线按照现场情况预先排列整齐并用 ϕ25 mm 胶管防护至同一长度(距隔离变压器的法兰口距离一样长)抽出加热线电缆。在电缆线上套上 400 mm 的 ϕ18.5 mm 波纹管，再在波纹管上套上橡胶堵头，并连同波纹管一并塞入 ϕ25 mm 胶管直到堵头与胶管口齐平，同时在堵头外侧预留 200 mm 波纹管。

④把所有要汇入的电缆按上述防护完毕后，将多进一出热缩管套在远离胶管端的波纹管上，并统一留出 200 mm 波纹管，同时把所有电缆线汇集穿入内径 ϕ32 mm 胶管。

⑤根据现场变压器的安装情况截取适当长度的内径 ϕ32 mm 胶管，原则是自变压器法兰口自然弯曲后平放于道床上且伸出基础硬面化 500 mm，并且能够插入到热缩管的分支处。

⑥用汽油喷灯进行热缩，如图 1—194 所示。

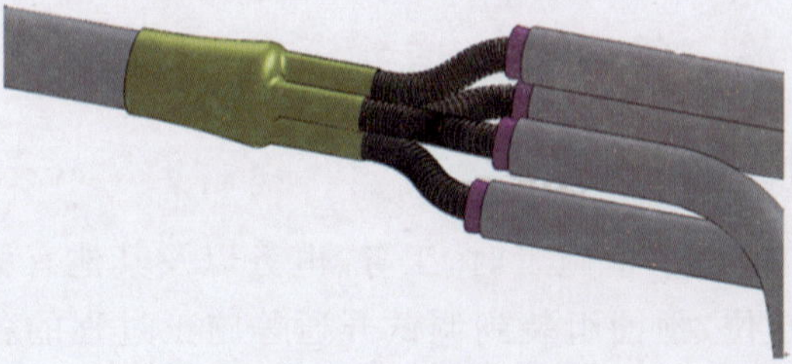

图 1—194　热　缩

⑦热缩处理完毕后，抽出电源线接入变压器内，并将内径 ϕ32 mm 胶管套在法兰口上，用喉箍固定紧固。

(4)各种类型道岔尖轨部分、心轨部分、外锁闭部分加热长度及部位可参照以下原则。

①尖轨部分：原则上加热长度过最后一个顶铁，在特殊情况下，至少过最后一个牵引点，如图 1—195 所示。

②心轨部分：原则上加热长度过最后一个顶铁，在特殊情况下，至少过最后一个牵引点，如图 1—196 所示。

③外锁闭部分：无砟道床加热长度兼顾到整个外锁闭部分及连接杆处，有砟道床兼顾到两侧外锁闭部分，如图 1—197 所示。

图 1—195　尖轨部分安装

图 1—196　心轨部分安装

图 1—197　外锁闭装置安装

第四节　道岔调整作业

一、更换和铺设道岔

在更换和铺设道岔施工时，工务、电务以及其他有关部门应密切配合，从设计定位、预铺组装到调试开通等施工过程的各个阶段都要加强协作。工电配合最关键的是道岔转换设备的施工配合。

道岔转换设备应能保证道岔转换灵活、锁闭可靠、表示正确。道岔铺设、更换、整治后，工务和电务人员应对转辙部分和转辙设备进行反复调试和检查，包括尖轨密贴、电动转辙机表示缺口、摩擦电流、轨道电路绝缘性能等。

1. 工务人员配合项目和要求

安装转辙机以前，必须进行一次全面的检查，如道岔型号、基本轨类型、轨距、尖轨开程、岔枕位置、道岔方正、新设道岔铺设情况、原转辙设备情况等。通过调查，做好记录，不符合要求者由工务人员进行调整。

(1)道岔型号及轨距：道岔型号不同，尖轨的长度和尖轨理论尖端处的轨距也不同。在测量电动转辙机基础角钢尺寸时应引起注意。

(2)道岔钢轨类型：采用角钢基础安装时应根据钢轨类型选定角形铁。

(3)尖轨动程(信号称为开程)：转辙机主要技术参数见表1—11～表1—16。

(4)整组道岔调整方正：在安装电动转辙机之前，必须使整组道岔调整方正，一是尖轨第一连接杆改造；二是尖轨和基本轨密贴调整；三是尖轨方正；四是消灭尖轨反弹。

(5)轨枕位置调整：普通单开道岔安装ZD6型电动转辙机时，尖轨第一连接杆中心与尖轨端轨枕中心的距离以330 mm为宜；与岔心端轨枕中心的距离以285 mm为宜，如图1—198所示。外锁闭道岔外锁闭框连接孔中心距前一个岔枕中心均为350 mm，如图1—199所示。

表 1－11　ZD6 系列电动转辙机主要技术参数

型　号	额定电压(DC V)	额定转换力(N)	动作杆动程(mm)	表示杆动程(mm)	转换时间(s)	工作电流(A)	动作杆主、副销抗剪切力(N)	表示杆销的抗剪切力(N)	备　注
ZD6-A165/250	160	2 450	165＋20	135～185	≤3.8	≤2.0	主销 29 420±1 961 副销 29 420±1 961	—	采用主、副杆同时与接头铁连接，双杆同时承担作用力的加强表示杆
ZD6-D165/350	160	3 430	165＋20	135～185	≤5.5	≤2.0	主销 29 420±1 961 副销 29 420±1 961	14 700～17 600	采用主、副杆同时与接头铁连接，双杆同时承担作用力的加强表示杆
ZD6-E190/600	160	5 884	190＋20	140～190	≤9	≤2.0	主销 49 033±3 266 副销＞88 254	设固定检查缺口≥20 000	采用主、副杆同时与接头铁连接，双杆同时承担作用力的加强表示杆
ZD6-F130/450	160	4 410	130＋20	80～130	≤6.5	≤2.0	主销 29 420±1 961 副销 49 033±3 266	14 700～17 600	采用主、副杆同时与接头铁连接，双杆同时承担作用力的加强表示杆
ZD6-G165/600	160	5 884	165＋20	135～185	≤9	≤2.0	主销 29 420±1 961 副销 49 033±3 266	14 700～17 600	采用主、副杆同时与接头铁连接，双杆同时承担作用力的加强表示杆
ZD6-H165/350	160	3 430	165＋20	80～185	≤5.5	≤2.0	主销 29 420±1 961 副销 29 420±1 961	—	采用主、副杆同时与接头铁连接，双杆同时承担作用力的加强表示杆
ZD6-J165/600	160	5 884	165＋20	50～130	≤9	≤2.0	主销 29 420±1 961 副销 29 420±1 961	—	采用主、副杆同时与接头铁连接，双杆同时承担作用力的加强表示杆
ZD6-K190/350	160	3 430	165＋20	80～130	≤7.5	≤2.0	主销 29 420±1 961 副销 49 033±3 266	—	采用主、副杆同时与接头铁连接，双杆同时承担作用力的加强表示杆

注：用于多机牵引，包括第二及其以后各点的转辙机，应具备挤岔保护功能。

表 1—12　ZD(J)9 系列交流电动转辙机主要技术参数

型　　号	电源电压(V)	动作杆动程(mm)	锁闭(表示)杆动程(mm)	额定转换力(kN)	工作电流(A)	动作时间(s)	单线电阻(Ω)	挤脱力(kN)	适用道岔类型
ZDJ9-170/4k	380	170±2	152±4	4	≤2	≤5.8	≤54	28±2	尖轨动程 152 mm 以下的道岔；可挤，双杆内锁
ZDJ9-A220/2.5k	380	220±2	160±4	2.5	≤2	≤5.8	≤54	—	分动外锁闭双机牵引第一牵引点，三机牵引第一点，心轨第一点；不可挤，双杆内锁
ZDJ9-B150/4.5k	380	150±2	75±4	4.5	≤2	≤5.8	≤54	28±2	分动外锁闭双机牵引第二牵引点，三机牵引第三点，心轨第二点；可挤，单杆内锁
ZDJ9-C220/2.5k	380	220±2	160±20	2.5	≤2	≤5.8	≤54	—	分动外锁闭多机牵引道岔第一牵引点；不可挤，双杆内锁
ZDJ9-D150/4.5k	380	150±2	75±20	4.5	≤2	≤5.8	≤54	28±2	联动道岔第二牵引点；可挤，单杆内锁

注：应根据道岔类型选用锁闭(表示)杆。

表 1－13　**ZD(J)9 系列直流电动转辙机主要技术参数**

型　号	电源电压（V）	动作杆动程（mm）	锁闭（表示）杆动程（mm）	额定转换力（kN）	工作电流（A）	动作时间（s）	挤脱力（kN）	适用道岔类型
ZD9-170/4k	160	170±2	152±4	4	≤2	≤8	28±2	尖轨动程 152 mm 以下的道岔；可挤，双杆内锁
ZD9-A220/2.5k	160	220±2	160±4	2.5	≤2	≤8	—	分动外锁闭双机牵引第一牵引点，三机牵引第一点，心轨第一点；不可挤，双杆内锁
ZD9-B150/4.5k	160	150±2	75±4	4.5	≤2	≤8	28±2	分动外锁闭双机牵引第二牵引点，三机牵引第三点，心轨第二点；可挤，单杆内锁
ZD9-C220/2.5k	160	220±2	160±20	2.5	≤2	≤8	—	联动道岔第一牵引点；不可挤，双杆内锁
ZD9-D150/4.5k	160	150±2	75±20	4.5	≤2	≤8	28±2	联动道岔第二牵引点；可挤，单杆内锁

注：锁闭（表示）杆动程在用于不同的道岔时有所不同，应根据具体道岔来确定。

表 1－14　ZY(J)7 系列电液转辙机主要技术参数

型　号	电源电压(V)	额定转换力(kN)	动程(mm)	工作电流(A)	动作时间(s)	单线电阻(Ω)	最大溢流压力(MPa)
ZYJ7	380	2.5	220±2	≤2.0	≤5.5	≤54	14
ZYJ7-A	380	2.5	220±2	≤2.0	≤5.5	≤54	14
ZYJ7-B	380	4.2	220±2	≤2.0	≤7.0	≤54	14
ZYJ7-C	380	4.2	220±2	≤2.0	≤7.0	≤54	14
ZYJ7-D	380	2.5	220±2	≤2.0	≤5.5	≤54	14
ZYJ7-F	380	2.5	200±2	≤2.0	≤5.5	≤54	14
ZYJ7-H	380	2.5	190±2	≤2.0	≤5.5	≤54	14
ZYJ7-J	380	3.5	190±2	≤2.0	≤5.5	≤54	14
ZYJ7-K	380	2.5	180±2	≤2.0	≤5.5	≤54	14
ZYJ7-L	380	4.0	180±2	≤2.0	≤6.5	≤54	14
ZYJ7-M	380	3.5	170±2	≤2.0	≤5.5	≤54	14
ZYJ7-N	380	4.2	170±2	≤2.0	≤6.5	≤54	14
ZYJ7-P	380	4.2	170±2	≤2.0	≤6.5	≤54	14
ZYJ7-R	380	4.2	150±2	≤2.0	≤5.5	≤54	14
ZYJ7-T	380	5.0	150±2	≤2.0	≤8.0	≤54	14
ZYJ7-U	380	4.2	140±2	≤2.0	≤5.0	≤54	14
ZYJ7-V	380	4.2	130±2	≤2.0	≤5.5	≤54	14
ZYJ7-W	380	4.2	120±2	≤2.0	≤5.0	≤54	14
ZYJ7-X	380	4.2	100±2	≤2.0	≤5.5	≤54	14
ZYJ7-Y	380	4.2	80±2	≤2.0	≤5.5	≤54	14
ZYJ7-Z	380	2.5	240±2	≤2.0	≤5.5	≤54	14

表1－15　SH6 转换锁闭器主要技术参数

型　号	额定转换力(kN)	动程(mm)
SH6	2.5	200±2
SH6-A	2.5	190±2
SH6-B	2.5	170±2
SH6-C	4.2	170±2
SH6-E	4.2	150±2
SH6-F	2.5	150±2
SH6-H	5.0	150±2
SH6-J	4.2	140±2
SH6-K	4.0	130±2
SH6-L	4.2	120±2
SH6-M	4.2	100±2
SH6-N	4.2	80±2

表 1－16　S700K 电动转辙机主要技术参数

型　号（C25106-A202-左装/右装）	动程（mm）	检测行程（mm）	额定转换力（N）	动作时间（s）	是否可挤	检测杆（C25106-A202-左装/右装）	用　途
A9/A10	220	120	6 000	≤6.6	不	C47/C48	第一牵引点
A13/A14	220	160	3 000	≤6.6	不	C45/C46	第一牵引点
A15/A16	150	75	4 500	≤6.6	是	C73/C74	双机
A17/A18	220	120	3 000	≤6.6	不	C119/C120	多机
A19/A20	220	110	3 000	≤6.6	不	C71/C72	多机
A21/A22	220	100	2 500	≤6.6	不	C41/C42	第一牵引点
A23/A24	150	85	4 500	≤6.6	不	C81/C82	多机
A27/A28	220	75	3 000	≤6.6	不	C73/C74	多机
A29/A30	150	85	4 500	≤6.6	是	C81/C82	双机
A31/A32	220	100	3 000	≤6.6	不	C123/C124	多机
A33/A34	150	65	4 500	≤6.6	不	C91/C92	多机
A35/A36	150	—	6 000	≤6.6	不	—	多机
A39/A40	220	140	3 000	≤6.6	不	C117/C118	多机
A41/A42	220	110	2 500	≤6.6	不	C121/C122	第一牵引点
A43/A44	220	—	3000	≤6.6	不	—	多机
A45/A46	150	100	4 500	≤6.6	不	C123/C124	多机
A47/A48	150	75	4 500	≤6.6	不	C73/C74	多机
A49/A50	220	120	2 500	≤6.6	不	C47/C48	第一牵引点
A63/A64	220	130	2 500	≤6.6	不	C165/C166	第一牵引点
A69/A70	220	140	4 500	≤6.6	不	C167/C168	第一牵引点

续上表

型号（C25106-A202-左装/右装）	动程（mm）	检测行程（mm）	额定转换力（N）	动作时间（s）	是否可挤	检测杆（C25106-A202-左装/右装）	用途
A71/A72	220	85	3 000	≤6.6	不	C169/C170	第一牵引点
A91/A92	220	120	4 000	≤6.6	不	C191/C192	多机
A95/A96	220	75	4 000	≤6.6	不	C73/C74	多机
A101/A102	240	110	6 000	≤7.2	不	C71/C72	多机
A103/A104	220	75	6 000	≤6.6	不	C73/C74	多机
A105/A106	240	120	4 000	≤7.2	不	C119/C120	多机
A121/A122	190	140	3 000	≤6.6	不	C117/C118	多机
A123/A124	165	110	3 000	≤6.6	不	C71/C72	多机
A125/A126	140	85	4 500	≤6.6	不	C81/C82	多机
A127/A128	120	—	4 500	≤6.6	不	—	多机
A129/A130	190	—	4 500	≤6.6	不	—	多机
A135/A136	240	100	4 000	≤7.2	不	C41/C42	第一牵引点
A141/A142	170	120	3 000	≤6.6	不	C119/C120	多机
A143/A144	120	65	4 500	≤6.6	不	C91/C92	多机
A145/A146	190	—	2 500	≤6.6	不	—	多机
A147/A148	170	—	4 500	≤6.6	不	—	多机
A149/A150	140	—	4 500	≤6.6	不	—	多机
A151/A152	220	110	3 000	≤6.6	是	C71/C72	多机
A153/A154	150	—	6 000	≤6.6	不	—	多机

注：特殊规格 S700K-C 型转辙机，按系统设计要求制造。

图 1－198　连接杆中心与尖轨端轨枕中心距离

图 1－199　外锁闭框连接孔中心距前一个岔枕中心距离

(6)新设道岔按设计铺设到位,部件完整。

(7)原有转辙设备安装情况:原有的转辙设备占据电动转辙机安装位置时,应根据现场情况拟定移设方案。

2. 电务人员配合项目和要求

(1)转辙设备的安装应符合定型安装图要求。

(2)检查道岔岔尖前后爬行量最大不超过 20 mm。轨枕应不影响基础角钢、密贴调整杆及表示杆的安装和调整。

(3)电动转辙机的动作杆与密贴调整杆安装在一直线上,与表示杆、道岔第一连接杆平行。

(4)基础角钢应与直股轨道垂直,角钢垂直一边要尽量靠近轨枕,转辙机应与基础角钢垂直。

(5)基础角钢应平直无弯,有足够的强度,角形铁应与钢轨密贴(腹部除外)。

(6)密贴调整杆动作时,空动距离应大于 5 mm;各种连接杆的调整螺扣露出螺帽外的余量不小于 10 mm。

(7)所有通过轨底的杆件,距离轨底面的净距离不应小于 10 mm。

(8)各部绝缘安装正确,无遗漏、无破损;各部螺栓应紧固。

3. 工电配合两个关键问题

(1)调整道岔尖轨轨距及电动转辙机安装装置的安装。

(2)调整道岔动程和密贴调整杆拉杆空动距离。道岔动程由工务人员调整，密贴调整杆拉杆空动距离由电务人员调整。尖轨动程是指尖轨在道岔拉杆中心位置上的移动距离，它应保证具有最不利条件的轮对（轮背距最小、车轮轮缘最薄、轮缘紧贴另一侧基本轨运行）顺利通过而不挤压或碰撞尖轨。

二、几何尺寸调整

（一）轨向调整

1. 客专线系列高速道岔

(1)直上股钢轨轨向的调整以调换轨距块和缓冲调距块实现。

(2)直下股钢轨轨向通过调换轨距块和缓冲调距块控制轨距实现。

(3)曲上股钢轨轨向通过调换轨距块或缓冲调距块控制支距实现。

(4)曲下股钢轨轨向通过调换轨距块和缓冲调距块控制轨距实现。

2. GLC 系列道岔

(1)直上股轨向通过调换轨距块或复合偏心套实现。

(2)直下股轨向通过调换轨距块或复合偏心套控制轨距实现。

(3)曲上股轨向通过调换轨距块或复合偏心套控制支距实现。

(4)曲下股轨向通过调换轨距块或复合偏心套控制轨距实现。

（二）高低、水平调整

1. 客专线系列有砟高速道岔

需要调整个别扣件位置钢轨的高低时（如轨枕平直度不符合要求引起水平超限时），可以采用更换调高垫板的方式进行调整。高低、水平也可以通过起道、扒砟落道等方式进行调整，调整后需要进行捣固。

2. 客专线系列无砟高速道岔

(1)通过更换铁垫板与岔枕之间的调高垫板，调高量为－4～

+26 mm,实现钢轨上下位置的调整。

(2)调高垫板分为 1 mm,2 mm,4 mm,8 mm,10 mm 五种厚度,用以调整钢轨高低位置。

(3)道岔初始铺设时,每块铁垫板下设置 1 片 4 mm 厚调高垫板。

(4)调高量大于 15 mm 垫板螺栓采用 B 型岔枕螺栓。

(5)导曲线下股不得高于上股。

3. GLC 系列有砟道岔

高低、水平可以通过起道、扒砟落道等方式进行调整,调整后需要进行捣固。

4. GLC 系列无砟道岔

高低、水平可以通过采用不同规格的调高垫板或组合来实现。

(三)轨距、支距调整

1. 客专线系列高速道岔

(1)扣件系统具有−8~+4 mm 轨距调整量,通过调整轨距块可实现−2~+4 mm 的轨距调整,辅以缓冲调距块的调边可实现−8~+4 mm 的轨距调整,轨距调整的具体配置见表 1−17。

表 1−17 轨距块及缓冲调距块配置

单股钢轨位置(mm)	钢轨内侧			钢轨外侧		
	缓冲调距块		轨距块	轨距块	缓冲调距块	
	外 侧	内 侧			内 侧	外 侧
0	6	9	10	11	6	9
+1	6	9	11	10	6	9
+2	6	9	12	9	6	9
−1	6	9	9	12	6	9
−2	9	6	11	10	9	6
−3	9	6	10	11	9	6
−4	9	6	9	12	9	6

(2)对于滑床板和护轨垫板,由于钢轨一侧为滑床台,不能通过钢轨另一侧与铁垫板挡肩间的轨距块进行钢轨左右位置的调整,只能通过移动滑床板和护轨垫板来进行轨距调整。具体调整可通过更换不同号码的缓冲调距块来实现,轨距调整的具体配置见表1—18。

表1—18 滑床板和护轨垫板处缓冲调距块配置

单股钢轨位置(mm)	钢轨内侧缓冲调距块		钢轨外侧缓冲调距块	
	外侧	内侧	内侧	外侧
0	6	9	6	9
+1	5	10	5	10
+2	4	11	4	11
−1	7	8	7	8
−2	8	7	8	7
−3	9	6	9	6
−4	10	5	10	5

(3)缓冲调距块初始配置为6-9型,轨距块的初始配置为9-11型的11号、10-12型的10号。

(4)垫板孔中心与螺栓中心不重合,偏离1.5 mm。

(5)轨距块分为9-11型、10-12型和8-13型三种型号,用于调整钢轨左右位置。

(6)缓冲调距块分为4-11型、5-10型、6-9型和7-8型四种型号,用于调整垫板位置。

(7)通过更换不同型号钢轨两侧轨距块来调整支距垫板处支距,对于其他部位支距,还可以辅以缓冲调距块进行调整。

2. GLC系列道岔

(1)扣件系统具有−12～+8 mm轨距调整量,通过调整轨距块(9-11型、13-15型、7-17型)实现轨距调整,表1—19为轨距调整的具体配置。

表 1—19 轨距块配置

轨距偏差（mm）	一股钢轨轨距块		另一股钢轨轨距块	
	非工作边	工作边	工作边	非工作边
0	11	13	13	11
－2	13	11	13	11
－4	13	11	11	13
－6	15	9	11	13
－8	15	9	9	15
－10	17	7	9	15
－12	17	7	7	17
＋2	9	15	13	11
＋4	9	15	15	9
＋6	7	17	15	9
＋8	7	17	17	7

(2)对滑床板和护轨垫板，由于钢轨一侧为滑床台，不能通过钢轨另一侧与铁垫板挡肩间的轨距块进行钢轨左右位置的调整，只能通过整体移动滑床板和护轨垫板进行轨距调整，具体调整可通过更换不同号码的复合偏心套(11-13 型、9-15 型)实现。表 1—20 为滑床板和护轨垫板处复合偏心套的具体配置。

表 1—20 复合偏心套配置

单股钢轨位置(mm)	钢轨内侧复合偏心套		钢轨外侧复合偏心套	
	外 侧	内 侧	内 侧	外 侧
0	11	13	11	13
－2	13	11	13	11
－4	15	9	15	9
＋2	9	15	9	15

(3)复合偏心套初始配置为 11-13 型，轨距块初始配置为 9-11 型的 11 号轨距块。

三、特殊零部件安装与调整

1. 滑床垫板

滑床垫板扣压型式有刚性扣压、销钉弹片扣压、二次增压弹片结构和弹性夹扣压等。

(1)按普通垫板安装方式，对齐岔枕螺栓孔。

(2)若采用偏心套时，直基本轨用滑床垫板的偏心套必须按图中规定安装，曲基本轨用滑床垫板的偏心套初始安装仍按设计规定进行，在轨距及密贴调整时可做适当调整。

(3)直股外侧轨距块必须按规定号数安装。

销钉弹片扣压安装顺序如图 1－200 所示：紧定岔枕螺栓系统→安装非工作边轨距块→安装弹片(注意正反面)→外拨基本轨使其与轨距块密靠→销钉安装→外侧弹条扣压。

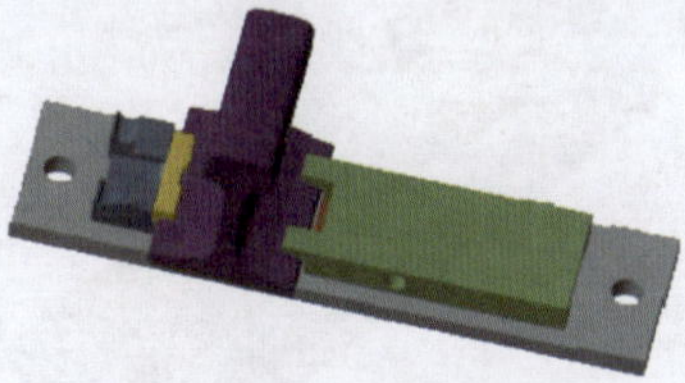

(a) 安装非工作边轨距块

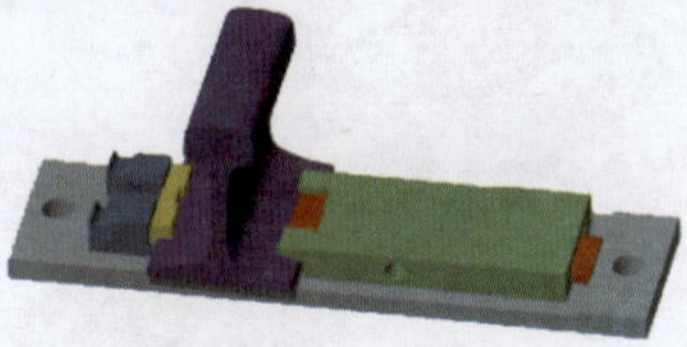

(b) 安装弹片

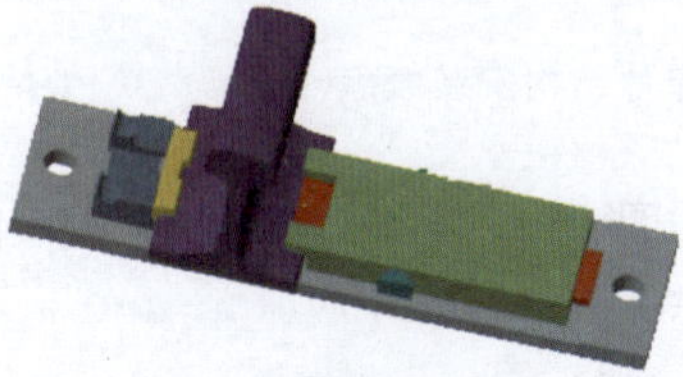

(c) 安装销钉

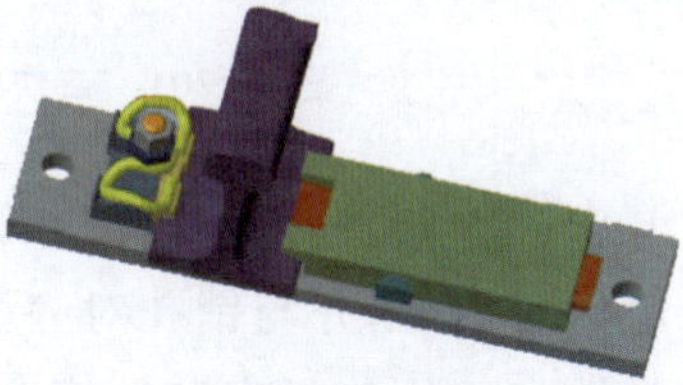

(d) 安装弹性扣件

图 1－200　销钉弹片扣压安装顺序

二次增压弹片结构是将弹片插入后，从后部打入带有斜梢的锁闭装置。采用复合偏心套调整滑床板可左右移动，从而实现轨距可调。

安装顺序如图 1—201 所示：紧定岔枕螺栓系统→安装非工作边轨距块安装→弹片（注意正反面）→外拨基本轨使其与轨距块密靠→楔形调整块安装→外侧弹条扣压→限位销钉安装。

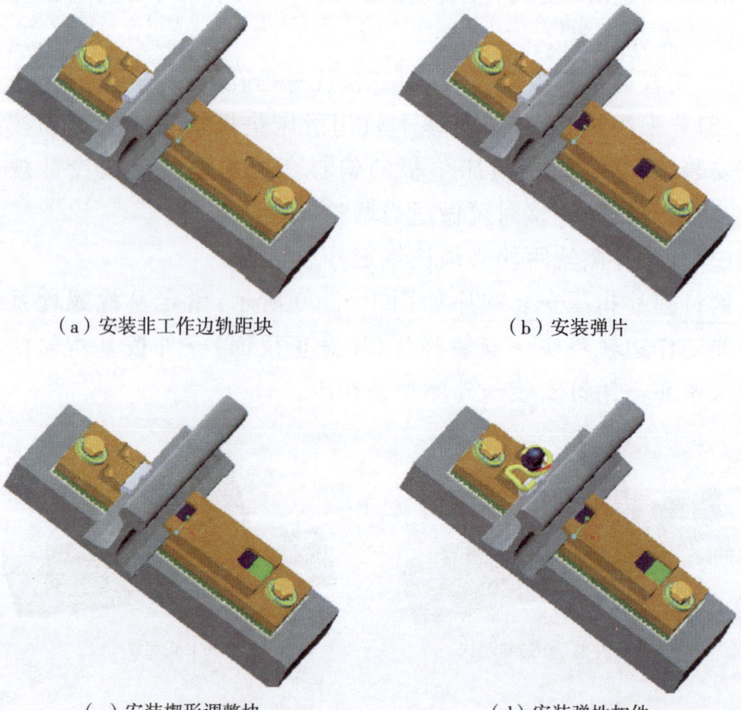

（a）安装非工作边轨距块　（b）安装弹片

（c）安装楔形调整块　（d）安装弹性扣件

图 1—201　二次增压弹片结构安装顺序

其中楔形调整块安装时由弹片后部楔入，轻敲调整块后部，使之进入滑床台内部，并与销孔对齐。

弹性夹扣压垫板安装顺序与弹片结构相似，只需将弹片换成弹性夹即可。

普通滑床板在滑床台两侧钻同轴的通孔，通过销钉和开口销将锁闭装置固定；防跳限位滑床板上，只在滑床台的一侧钻螺纹孔，用 M12 螺栓来固定锁闭装置，如图 1—202 和图 1—203 所示。

图 1－202　销钉固定

图 1－203　螺栓固定

2. 轨撑

轨撑安装顺序如图 1－204 所示：安装 T 形螺栓→安装轨撑→安装调整楔→安装弹条螺母。

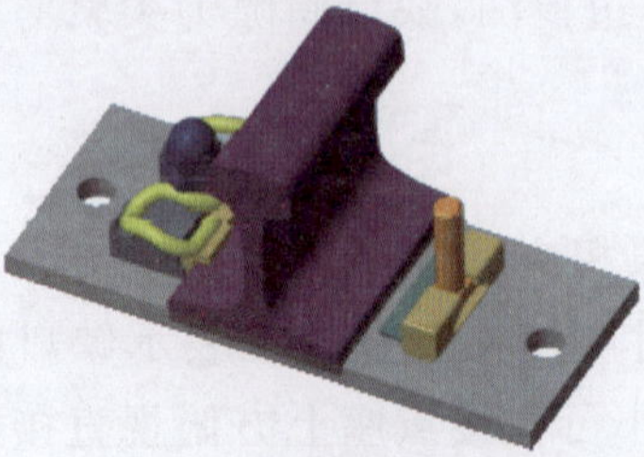

（a）安装T形螺栓

（b）安装轨撑

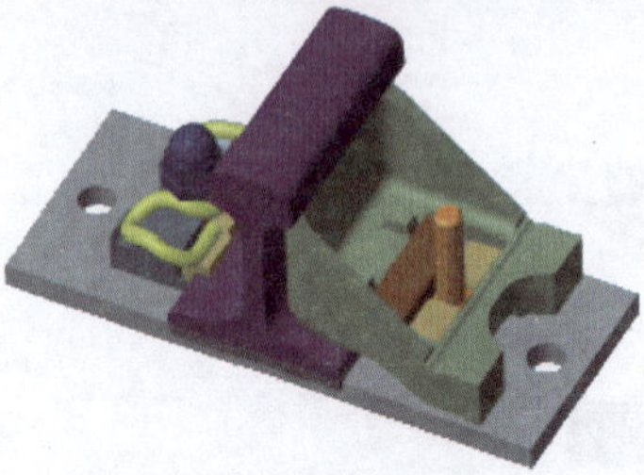

（c）安装调整楔

（d）安装扣件

图 1－204　轨撑安装顺序

轨撑安装时调整可利用调整楔的高度或大小面进行调整。调整楔安装后其底部应与垫板有一定的间隙。轨撑可根据实际情况进行现场打磨和配装。

可动心轨辙叉轨撑在辙叉组装时已调整到位,一般情况下不应拆下调整,但在线形、密贴调整时可以对轨撑进行调整。

四、转辙机调试

(一)ZD6系列电动转辙机

1. 表示缺口调整

(1)技术标准

检查块的上平面应低于表示杆或锁闭表示杆的上平面0.2～0.8 mm;检查柱落入检查块缺口内,两侧间隙为1.5 mm±0.5 mm(ZD6-E型转辙机锁闭表示杆不设检查块,但仍设检查缺口;ZD6-J型转辙机表示杆检查块的检查缺口为单边检测,缺口间隙为尖轨与基本轨的间隙之和,不应大于7 mm)。

(2)调整方法

在道岔尖轨密贴调整好后应按照相应标准调整检查柱与表示缺口的间隙,如图1—205所示。调整时应使检查柱处在表示缺口的中间,两侧间隙应均匀。缺口间隙的大小可在接点座上方俯视直接进行观察。缺口间隙的调整顺序为先调整伸出位的表示缺口,再调整拉入位的表示缺口。

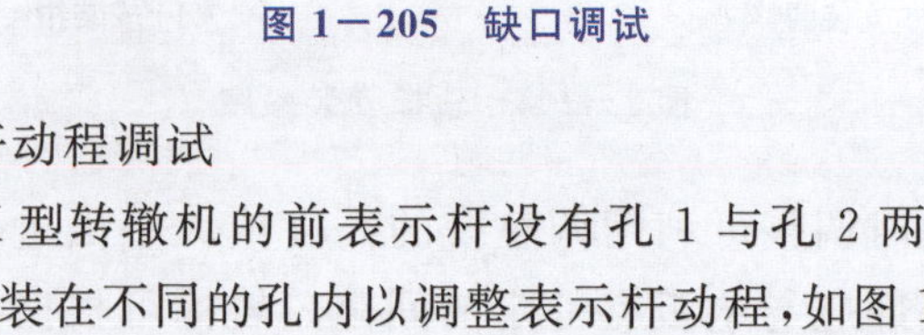

图1—205 缺口调试

2. 表示杆动程调试

F、H、J、K型转辙机的前表示杆设有孔1与孔2两个孔,根据需要将调整母安装在不同的孔内以调整表示杆动程,如图1—206所示。

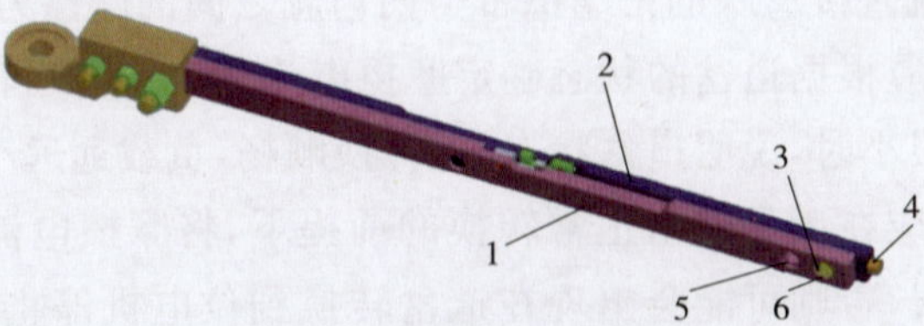

图 1－206　表示杆动程调试

1—前表示杆；2—后表示杆；3—调整螺母；4—调整杆；5—孔 2；6—孔 1

F、K 型转辙机：调整母安装在孔 1 时表示杆动程范围 80～115 mm；调整母安装在孔 2 时表示杆动程范围 105～130 mm。

H 型转辙机：调整母安装在孔 1 时表示杆动程范围 80～135 mm；调整母安装在孔 2 时表示杆动程范围 135～185 mm。

J 型转辙机：调整母安装在孔 1 时表示杆动程范围 50～100 mm；调整母安装在孔 2 时表示杆动程范围 85～130 mm。

A、D、E、G 型转辙机前表示杆只有一个调整母安装孔。

3. 摩擦电流调试

转辙机在出厂时，摩擦电流已按照出厂标准调试完毕，但现场使用时允许根据现场情况重新调试，调试方法为拧紧或松开图 1－207 中所示两侧的螺母。拧紧螺母时摩擦电流上升，松开螺母时摩擦电流下降。

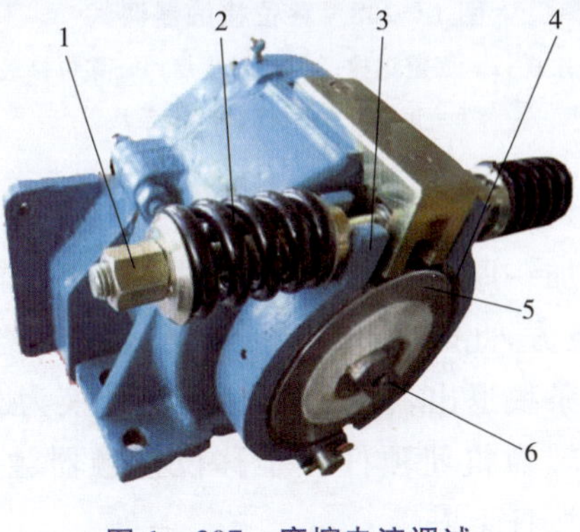

图 1－207　摩擦电流调试

1—螺母；2—弹簧；3—夹板；4—摩擦带；5—内齿轮；6—输出轴

摩擦电流直接反映的是摩擦带与内齿轮之间的摩擦力，它是一个范围，在调整时应根据道岔的状态确定摩擦电流的大小。当转换中转辙机的工作电流很小时，说明道岔状态好，转换顺畅，负载远远小于转辙机的额定值，此时应在满足道岔正常转换的前提下，将摩擦电流调整至接近标准值的下限，否则可能会出现在道岔转换到位电机停止转动时，由于转辙机内部的转动惯量大且无法瞬间靠摩擦带与内齿轮表面的滑动摩擦来吸收，而导致减速器反向旋转，引起接点断开，影响正常行车。

4. 移位接触器调试

移位接触器调试是调整移位接触器触头与顶杆之间的距离，使之符合标准要求，如图 1—208 所示。

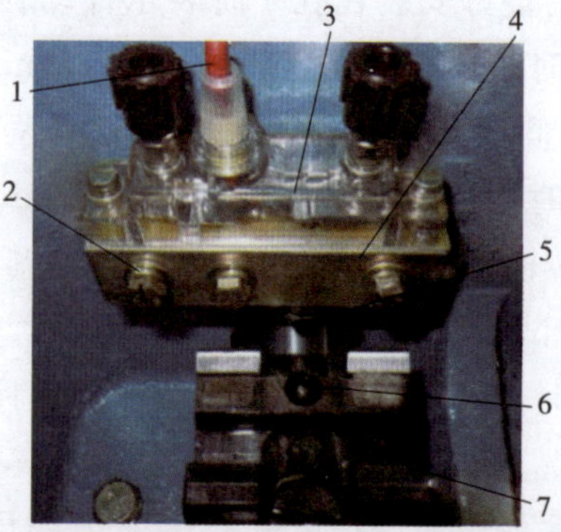

图 1—208 移位接触器调试

1—按杆；2—固定螺栓；3—常闭接点；4—移位接触器；5—触头；6—顶杆；7—齿条块

(1)按下按杆，常闭接点闭合。

(2)在顶杆上加一厚度为 1.5 mm 的垫片，手摇转辙机使顶杆位于移位接触器触头下方，此时常闭接点必须仍处于闭合状态。

(3)手摇使齿条块退出，将 1.5 mm 厚垫片换为 2.5 mm 厚垫片。

(4)再次手摇转辙机使顶杆位于移位接触器触头下方，此时常闭接点应可靠断开，按杆上升。

(5)调整时可以松开固定螺栓，调整好后必须将固定螺栓拧紧并将按杆按下。

(二)ZD(J)9 系列电动转辙机

1. 表示缺口调整

(1)技术标准

转辙机的检查(锁闭)柱与表示杆之间应符合下列要求:检查(锁闭)柱的下平面在接点组动作位时,离杆上平面应不小于 1 mm,在检查(锁闭)位时进入表示杆检查块缺口应不小于 6 mm,并不打底面。当检查(锁闭)柱因故落在杆上平面时,动接点环的断电距离应大于 2.5 mm。检查(锁闭)柱与表示杆检查块缺口之间间隙之和:B、D、E 型机为 8 mm;其他型机为 4 mm,且锁闭柱与锁闭杆直缺口两侧的间隙调整为 2 mm±0.5 mm,检查柱与表示杆检查块缺口两侧的间隙调整为 4 mm±0.5 mm。

(2)调整方法

锁闭杆锁闭表示缺口与锁闭柱的间隙为每侧 2 mm,其调整量为 0～4 mm,如图 1－209 所示,可从转辙机上方直接观察到缺口。第二牵引点用的 B 和 D 型表示杆内检查块与检查柱的间隙为每侧 4 mm,其调整量为 0～8 mm,正常检查表示缺口与检查柱的间隙为每侧 2 mm,为了在第二牵引点因尖轨变形而允许在密贴时留有 4 mm 间隙也可以调整使用。

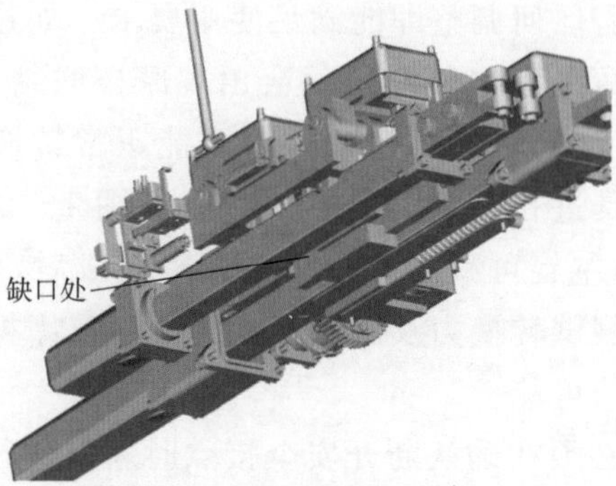

图 1－209 表示缺口调整

①联动表示杆(联动锁闭杆)的调整方法

由于联动表示杆(联动锁闭杆)两片表示杆(锁闭杆)互相没有联结,因此只需调整外部连接杆件,当转辙机拉入锁闭(伸出锁闭)后,调整和表示杆(锁闭杆)相连接的外部连接杆件至锁闭柱(检查柱)落入检查缺口,且密贴检查侧间隙满足 4 mm±0.5 mm(联动锁闭杆为 2 mm±0.5 mm)要求,然后锁紧调节部位即可,并且左、右两片的调整不分先后。

②分动表示杆(分动锁闭杆)的调整方法

由于分动表示杆(分动锁闭杆)的两片表示杆(锁闭杆)互相联结,因此调整时必须分先后,先使转辙机处于拉入锁闭状态,调整和表示杆(锁闭杆)相连接的外部连接杆件至锁闭柱(检查柱)落入检查缺口,且密贴检查一侧间隙满足 4 mm±0.5 mm(分动锁闭杆为 2 mm±0.5 mm)要求,然后锁紧外部连接杆件调节部位,再使转辙机处于伸出锁闭状态,旋下表示杆(锁闭杆)外的保护管,用工具旋转调整杆头部,至锁闭柱(检查柱)落入另一个检查缺口,且密贴检查一侧间隙满足 4 mm±0.5 mm(分动锁闭杆为 2 mm±0.5 mm)要求。调整完毕旋上表示杆(锁闭杆)处的保护管。

2. 转辙机摩擦联结器的调整

转辙机摩擦联结器在出厂时,按照转辙机技术条件规定的不同型号的标准值已调整好。对符合标准的道岔,其转换力不超过标准值,摩擦联结器不需任何调整即能满足使用要求。如道岔转换力过大(或有其他非正常情况)时,转辙机就会出现摩擦联结器打滑。确认各部件工作正常,仅道岔转换力过大导致不能正常转换时,此时可用本机附带的专用工具进行调整,如图 1－210 和图 1－211 所示,右旋调节可增大摩擦力,左旋可减小摩擦力。调整完成后,可用销式或无销式转辙机测力仪测试转换力及摩擦转换力。建议摩擦转换力不宜过大,否则有烧电机的可能。

上述调整必须在确认断开安全接点时才可进行,现场调整时必须有两人以上方可进行。

图 1－210　摩擦联结器

图 1－211　摩擦联结器位置

3. 挤脱器挤脱后恢复(挤脱后现场可以自行恢复)调整螺母

松开调整螺母,取出调整垫调整垫圈锁闭铁(恢复后状态)圈,取出挤脱柱(连带碟簧一起取出),然后用手摇把把转辙机摇到解锁位置,轻敲锁闭铁一端,使其恢复到挤脱前的状态,装入挤脱柱,调整垫圈,并旋紧调整螺母,用摇把把转辙机恢复到终点位置,最后按相反次序恢复,如图 1－212 所示。

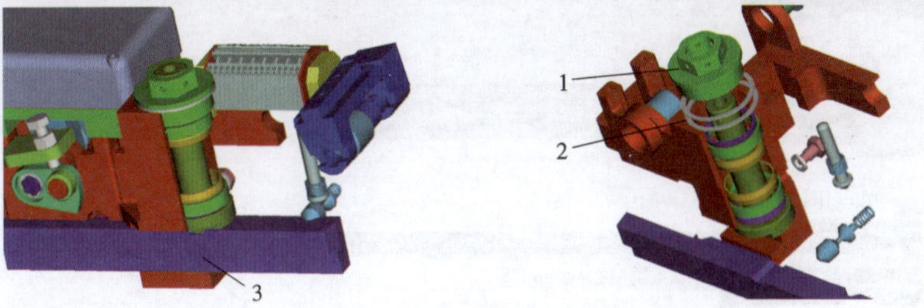

图 1－212　挤脱器挤脱调整

1—调整螺母;2—调整垫圈;3—锁闭铁(恢复后状态)

恢复时如果挤脱发生在转辙机的拉入状态,恢复时轻敲锁闭铁不能使锁闭铁移动,则有可能是挤岔时锁闭铁移动量过大,造成锁闭铁一端移动超过水平顶杆,此种情况恢复时,必须把接点座卸下后才能恢复。

(三)ZY(J)7 系列电液转辙机

1. 表示缺口调整

(1)技术标准

锁闭柱与锁闭杆缺口两侧的间隙，外锁闭为 2 mm±0.5 mm，内锁闭为 1.5 mm±0.5 mm；检查柱与表示杆检查块缺口为 4 mm±1.5 mm。

(2)锁闭杆或表示杆的使用及类型

外锁闭道岔：尖轨第一牵引点转辙机使用分动锁闭杆，心轨第一牵引点为联动锁闭杆，其余牵引点为分动表示杆，如图 1－213 所示。

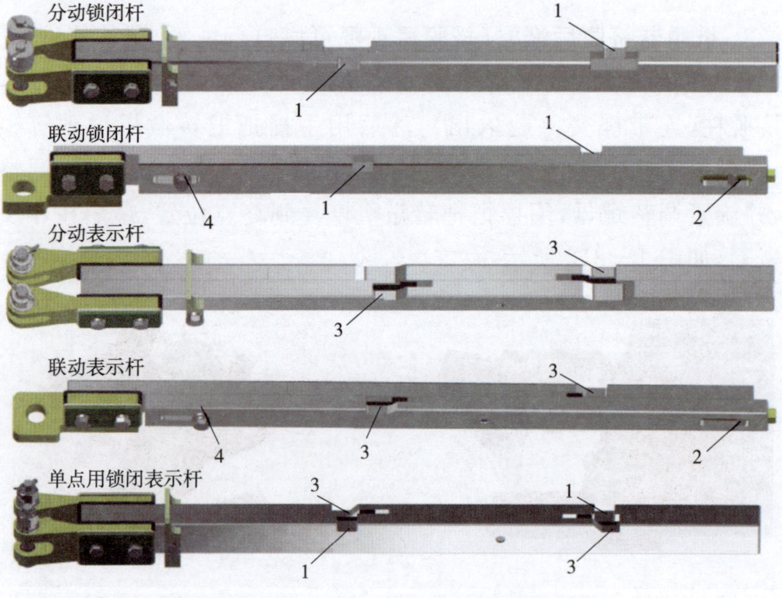

图 1－213 锁闭杆或表示杆类型

1—锁闭口；2—调整杆；3—表示口；4—联结螺栓

内锁闭道岔：单点牵引道岔转辙机使用锁闭表示杆；多点牵引道岔时第一点为联动锁闭杆，其余牵引点为联动表示杆。

锁闭杆或表示杆因道岔不同、使用位置不同，其长度或缺口尺寸会不同。

(3)分动锁闭杆或表示杆的调整

使转辙机转换到拉入位或伸出位;调整密贴轨的外部连接杆件;调整直至锁闭柱(主检查柱)落入检查缺口,且密贴检查一侧间隙满足要求(锁闭柱在锁闭杆缺口内的间隙,用于内锁闭道岔时为 1.5 mm±0.5 mm,用于外锁闭道岔时为 2 mm±0.5 mm;主检查柱在表示杆缺口内的间隙为 4 mm±1.5 mm;单点转辙机时锁闭柱在锁闭缺口内的间隙为 1.5 mm ± 0.5 mm;检查柱在检查表示缺口内的适应范围为 ±6 mm,即可适应的开口变化范围为±6 mm);锁紧外部连接杆件的调整部位。

(4)联动锁闭杆或表示杆调整

①将转辙机或转换锁闭器处于伸出状态,调整外部连接杆件至锁闭柱(主检查柱)落入缺口,且调整间隙满足要求(内锁闭道岔锁闭杆为 1.5 mm±0.5 mm,外锁闭道岔锁闭杆为 2 mm±0.5 mm,表示杆为 4 mm±1.5 mm),然后锁紧外部连接杆件调整螺母。

②将转辙机或转换锁闭器处于拉入状态,松开联结螺栓,拆下联动锁闭杆(表示杆)外的保护管螺盖,用套筒或螺丝刀旋转锁闭杆或表示杆尾部的调整杆,顺时针旋调整杆,两缺口间距增大,逆时针旋调整杆,两缺口间距减小,旋转调整杆至锁闭柱(主检查柱)落入另一个检查缺口,且调整间隙满足要求(内锁闭道岔锁闭杆为 1.5 mm ± 0.5 mm,外锁闭道岔锁闭杆为 2 mm ± 0.5 mm,表示杆为 4 mm ± 1.5 mm),锁紧联结螺栓并旋上保护管螺盖。

2. 挤脱后恢复

挤岔断表示型转辙机或转换锁闭器因故挤脱后需要恢复时(若转辙机或转换锁闭器已与道岔联结,应先使道岔处于四开位置),正确的操作方法为:调整螺母在压紧调整垫的状态下,取下开口销,松开调整螺母,然后用长螺丝刀等工具将锁闭铁复位,复位条件为锁闭铁位于挤脱接点组中间,同时挤脱块会落下约 3 mm,之后再将调整螺母紧固至压紧调整垫(不应随意增减调整垫),最后穿入开口销,如图 1－214 所示。

注意不可使盖形螺母完全松脱,也不应将挤脱块连同环簧拿出,

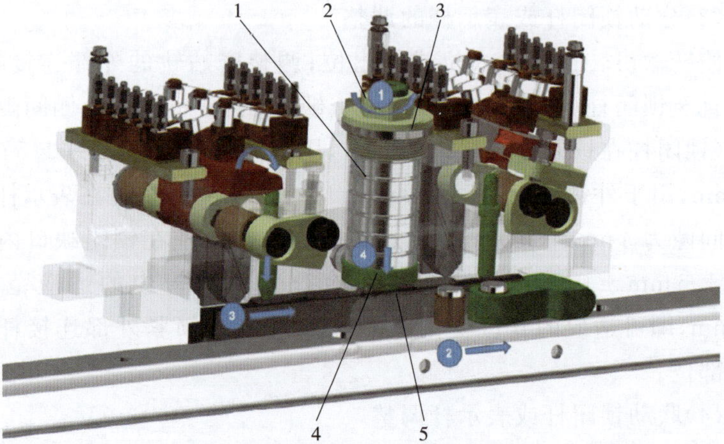

图 1－214　挤脱恢复示意

1—环簧组；2—调整螺母；3—调整垫；4—挤脱块；5—锁闭铁

因环簧长期处于受压状态，可能会有压力不能完全释放，从而对人身造成伤害；若必须将环簧取出时应在松开调整螺母后使其与环簧不再有作用力，但不可完全松脱，之后用重物（如手锤等）敲击调整螺母和挤脱块，使环簧的作用力完全释放后，方可取出挤脱块和环簧。

3. 转辙机溢流阀调整与标定

转辙机在出厂时已将溢流阀最高压力标定为 14.5 MPa，考虑到转辙机在道岔开通初期状态不稳定或润滑不到位等因素，可保持此标定值，道岔状态稳定后建议将溢流压力调整为转辙机工作压力的 1.2～1.4 倍，最高不应超过 14 MPa。

溢流压力调整时，首先松开防松螺母，使转辙机处于溢流状态（如在道岔密贴轨与基本轨间夹 4 mm 检查块），通过在转辙机测压接头处连接压力表来调整，转辙机电机顺时针方向（面向手摇把插口）旋转时，可观察图 1－215 中 A 处的压力表，并通过松紧溢流阀 A 的盖螺母（顺时针旋转压力值增大，逆时针减小）来调整溢流压力值，调整好后旋紧溢流阀防松螺母；转辙机电机逆时针方向旋转时，按图 1－215 中 B 所示操作，方法与上述相同。

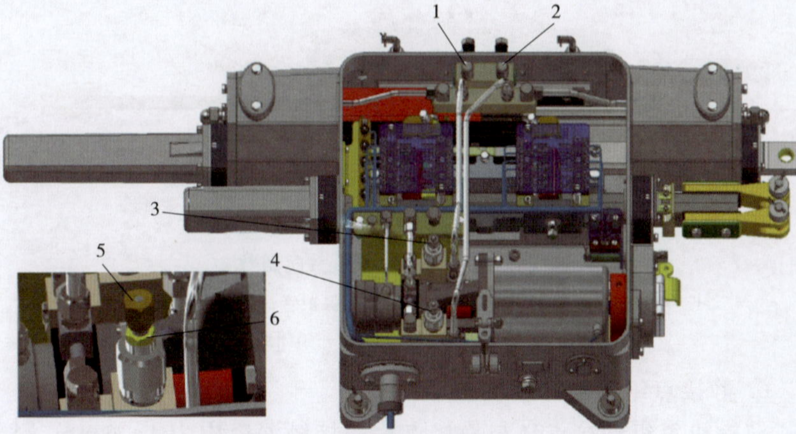

图 1-215　溢流阀调整示意

1—接油压表(A)；2—接油压表(B)；3—溢流阀(A)；4—溢流阀(B)；
5—溢流阀盖螺母；6—溢流阀防松螺母

4. 流量调节阀调整

通过调节调整杆使管道改变通径，从而改变流量，实现牵引点间宏观同步。顺时针调整流量减少、油缸速度减慢，逆时针调整流量增大、油缸速度变快，转辙机出厂时已将流量调节阀调整为流量最大。

调整时严禁将流量调节阀顺时针调到底，即严禁将流量调节阀流量调为最小。

5. 转辙机伸出方向的调整

当电液转辙机伸出方向与安装使用不一致时，可按以下方法调整。

(1)拆下转辙机或转换锁闭器锁闭杆(或表示杆)和动作杆的保护管、移位标及其固定螺栓，如图 1-216 所示。

(2)将锁闭杆或表示杆从原侧拉出水平旋转 180°，从另一侧插入，注意在拉出或插入过程中要扳起动接点使锁闭柱、检查柱抬起，插入后调整杆件位置使其缺口与锁闭柱或检查柱间隙符合要求后，调整移位标指针使其与锁闭杆或表示杆刻线对齐。

(3)将锁闭杆、表示杆的保护管及固定螺栓安装于转辙机的另一侧即可(注意区分螺栓或螺钉的长度)。

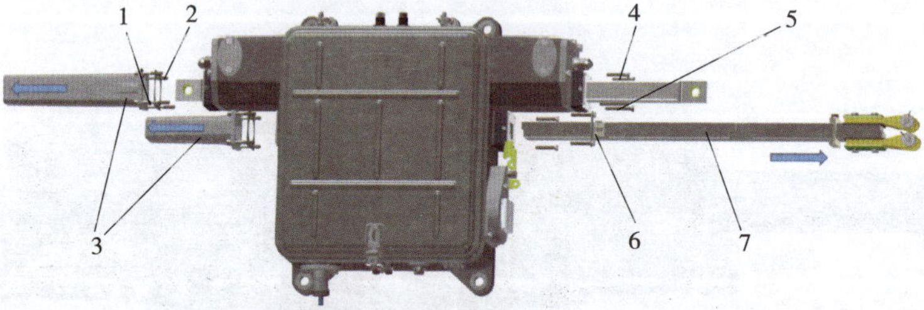

图 1－216 转辙机伸出方向调整

1—内六角长螺钉；2—内六角短螺钉；3—保护管；4—外六角短螺栓；5—外六角长螺栓；6—移位标；7—锁闭或表示杆

6. 静接点组接触深度调整

转辙机每组动接点环与静接点片的接触深度应为 4～6 mm，测量方法如图 1－217 所示，从静接点片垂直方向测量静接点片端头至动接点环的间隙应小于 0.5～2 mm，且动接点在落下时滚轮不打底（即滚轮与动作板平面应有间隙、可灵活转动）。

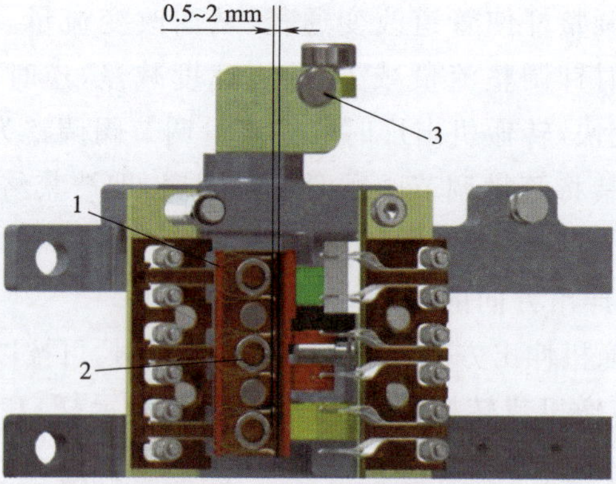

图 1－217 接触深度测量方法

1—静接点片；2—动接点环；3—调整螺栓

转辙机第 2、3 排静接点组的接触深度由设计保证其满足 4～6 mm的要求，第 1、4 排静接点组的接触深度是可调的，若不在 4～6 mm范围时可通过调整对应侧的调整螺栓（顺时针调整接触深度变大，逆时针变小）使其符合要求，最后将调整螺栓上螺母紧固。

(四)S700K 型电动转辙机

(1)表示缺口的调整。

①技术标准

转辙机检测杆缺口调整为指示标对准检测杆缺口中央,距两侧各 2 mm±0.5 mm。

②调整方法

将长、短表示杆连接到转辙机检测杆上。将道岔转换为转辙机在伸出状态且道岔锁闭时,通过调整长表示杆的伸缩量使转辙机内的指示标对准伸出检测杆的缺口中心(指示标距缺口两边有 1 mm 以上空间);将道岔转换为转辙机在缩入状态且道岔锁闭时,通过调整短表示杆的伸缩量使转辙机内的指示标对准缩入检测杆的缺口中心。调整完成后观察道岔在解锁和锁闭过程中速动开关组是否动作正常。

(2)电动机通电后,应转动自如,齿轮啮合正常,无明显过大噪声,电动机用螺栓可靠固定在底壳上,无松动。

(3)检查滚珠丝杠,完好无损伤,调整沿轴向串动量,控制在 1 mm 之内。

(4)转辙机对道岔尖轨的检测,如图 1-218 所示。

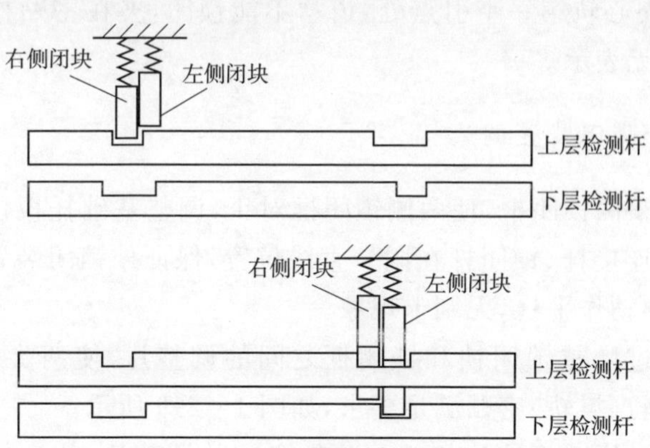

图 1-218 转辙机对道岔尖轨的检测

(5)调整两锁闭框,使两侧锁闭框对正,保证外锁闭装置转换动作平稳,无卡阻现象。

(6)调整锁闭铁和锁闭框之间调整片的数量,使尖轨满足 4 mm 不锁闭。

(7)调整安装装置使两侧开口相等(偏差小于 2 mm)。

(8)在两个终端位置通过调整机外长短装示杆上的螺母调整检测杆上的指示缺口与机内指示标对中,允许偏差 0.5 mm,在终端位置时,锁闭块及锁舌应能正常弹出。转辙机开始动作后,原伸出的锁闭块及锁舌应能正常缩入。

(9)调节外锁闭装置及安装装置相应的螺母,尽可能降低道岔第一和第二牵引点通过动作杆对转辙机的反力。

(10)在转辙机工作时,不得随意将伸出的锁舌或锁闭块推入,否则会切断原表示电路。

(11)进行摩擦打滑试验,正反向各打滑 5～10 s,反复几次,使摩擦连续工作。

(12)进行多次转换试验,验证转辙机的状态稳定及其与道岔的准确配合。

(13)进行挤岔试验,注意恢复保持器与动作杆的正常连接。用 4 mm硬物夹心轨第一牵引点处,道岔不能锁闭,夹在密贴检查器处试验,道岔应无表示。

(五)外锁闭装置调试

(1)调整两锁闭框,使两侧锁闭框对正,调整基础托板位置使转辙机动作杆、连接杆、锁闭杆在同一直线位置,保证外锁闭装置在定反位转换过程中动作平稳,无别卡现象。

(2)通过增减锁闭铁和锁闭框之间的调整片,使两尖轨(可动心轨)与基本轨(翼轨)密贴满足要求,如图 1－219 所示。

(3)通过增减尖轨连接铁与尖轨之间的调整片,使尖轨开口满足要求,如图 1－220 所示。注意每增加(减少)1 mm 调整片,锁闭框与锁闭铁处相应减少(增加)1 mm 调整片。如果有尖轨虚开现象，则不计虚开口量进行调整，并通知道岔铺设方调整尖轨防跳限位装置位置，防止虚开口过大损伤到转辙机表示缺口。

图 1－219　密贴调整

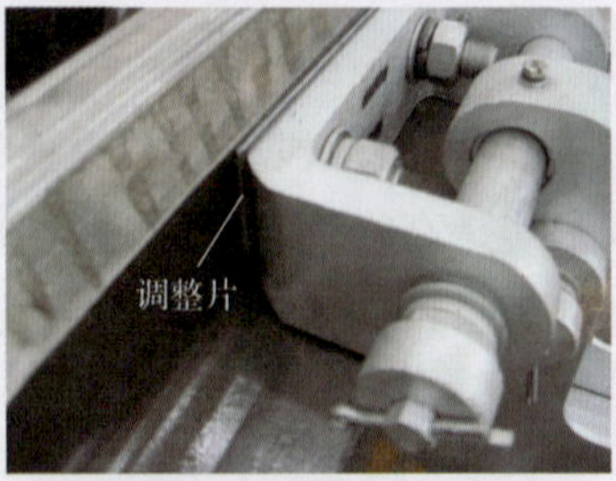

图 1－220　尖轨开口调整

(4)通过调整动作连接杆接头螺扣的旋入量，使两侧尖轨开口量偏差小于 2 mm，如图 1－221 所示。

(5)调整尖轨长、短表示杆无扣轴套和有扣轴套，使转辙机检测柱在定位、反位时落入表示(锁闭)杆缺口，并使缺口内两侧间隙相等，用螺母将无扣轴套紧固，如图 1－222 所示。

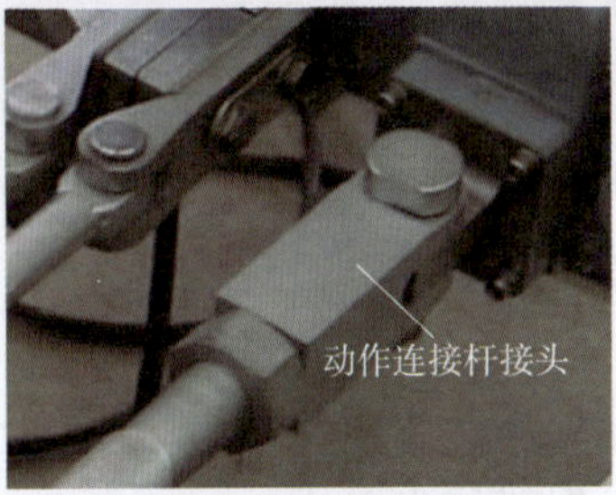

图 1－221　尖轨开口偏差调整

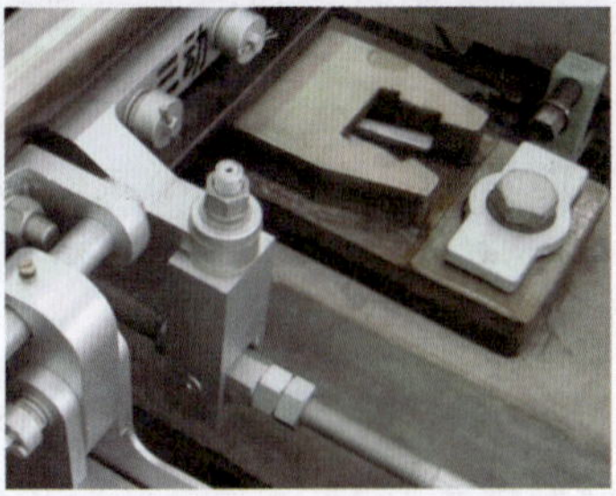

图 1－222　表示杆调整

(6)调整心轨动作连接杆接头螺扣的旋入量，使两侧锁闭量偏差小于 2 mm。

(7)尖轨的密贴、表示调整完成后，调整密贴检查器两侧接头连杆，使密贴检查器在定位、反位的表示均符合要求。

第二章　轨道电路作业

轨道电路地段安装和更换钢轨接续线、引接线、道岔跳线、钢轨绝缘，尤其是高强度绝缘或进行胶接绝缘等作业是工电部门间常见的配合作业项目，需要工电双方清楚相互标准和配合作业项目。

第一节　技术标准

一、线路技术标准

1. 道床

(1)轨底处道床顶面应低于轨枕顶面 20～30 mm。

(2)道床应保持饱满、均匀和整齐，并应根据道床不洁程度有计划地进行清筛，保持道床弹性和排水良好。

(3)道床应按规定保持密实，防止轨枕空吊、道床翻浆。

2. 绝缘接头

(1)绝缘接头的最小轨缝为 6 mm，最大轨缝为构造轨缝。

(2)接头夹板伤损达到下列标准，应及时更换。

①折断。

②中间两螺栓孔范围内裂纹：正线、到发线有裂纹；其他站线平直及异型夹板超过 5 mm，双头及鱼尾型夹板超过 15 mm。

③其他部位裂纹发展到螺栓孔。

④胶接绝缘夹板性能不良。

(3)跨区间及区间无缝线路和无缝道岔上的绝缘接头必须采用胶接绝缘，其质量应符合钢轨胶接绝缘接头标准要求，钢轨端面与绝缘端板之间应密贴，间隙不应大于 1 mm，左右两股钢轨绝缘接头应相对铺设，且绝缘接头轨缝绝缘端板距轨枕边不宜小于100 mm。

(4)应加强胶接绝缘接头的养护，做好胶接绝缘接头前后轨枕捣固、扣件紧固和轨端肥边打磨工作，发现下列情况时应及时处理。

①胶层及端板破损。

②扣件与夹板或螺栓可能接触、轨底道砟堆积过高等。

③轨端出现肥边。

④有漏电现象时。

(5)胶接绝缘接头发生拉开离缝时，应立即拧紧胶接绝缘接头两端各 50 m 范围内线路扣件，并应尽快修复。胶接绝缘失效时，应立即更换或采用现场胶接绝缘接头技术处理。暂时不能进行永久处理的，可将失效部分拆除，更换为普通绝缘材料或插入等长绝缘接头钢轨（或胶接绝缘钢轨），用夹板联结进行临时处理，并尽快用较长的胶接绝缘钢轨进行永久处理。进行永久处理时，应严格掌握轨温、胶接绝缘钢轨的长度和预留焊缝，使修复后无缝线路锁定轨温不变。

3. 轨道加强设备

(1)设有轨道电路线路，安装轨距杆时，应使用绝缘轨距杆。

(2)铺设木枕的正线、到发线上的道岔、绝缘接头、桥梁前后各75 m地段及驼峰线路，应增加防爬设备数量；其他站线的线路、道岔，应根据爬行情况，适当安装防爬设备。

(3)铺设混凝土枕的线路、道岔，采用弹条扣件时，可不安装防爬设备；采用其他扣件时，对线路坡度大于 6‰地段、制动地段、驼峰线路和正线及到发线上的道岔、绝缘接头、桥梁（明桥面）前后各 75 m 地段，可按具体情况适当安装防爬设备。

4. 护轨

自动闭塞区间，护轨应安装绝缘装置。当桥上线路中心设有应答器时，护轨应在应答器处断开，如图 2－1 和图 2－2 所示。

图 2—1 护轨交会处护轨中部绝缘设置

图 2—2 应答器

二、轨道电路技术标准

(1)当轨道电路在规定范围内发送电压值最低、钢轨阻抗值最大、道床电阻值最小、轨道电路为极限长度和空闲的条件下,受电端的接收设备应可靠工作。

(2)当轨道电路在规定范围内发送电压值最高、钢轨阻抗值最小、道床电阻值最大的条件下,用标准分路电阻线在轨道电路的任意处可靠分路(不含死区段),轨道电路应可靠表示轨道占用。

(3)当轨道电路调整状态或分路状态在各自最不利条件时,轨道电路设备应能长期工作而不过载。

(4)各种制式的轨道电路,在规定的技术能力范围内均应实现一次调整。

(5)当发送电压、道床电阻为最小值,钢轨阻抗为最大值时,机车进入轨道电路入口端接收最小信号电流至出口端接收最大信号电流时,应保证机车信号可靠工作。

(6)适用于电力牵引区段的轨道电路,应能防护连续或断续的不平衡牵引电流的干扰。当不平衡电流在规定值以下时,应保证调整状态时轨道继电器可靠吸起,分路状态时轨道继电器可靠落下。

(7)开路式轨道电路,在发送电压最高、道床电阻最小的条件下,轨道电路空闲时,轨道继电器应可靠落下;用标准分路电阻线在轨面上短路时,轨道继电器应可靠吸起。开路式轨道电路不宜单独使用,若使用时，应满足安全需要。

(8)轨道电路钢轨绝缘的设置应符合下列要求。

①在道岔区段，设于警冲标内方与警冲标相关的用于分割轨道区段的钢轨绝缘，除双动道岔渡线上的绝缘外，在无动车组运行的线路上，其安装位置距警冲标不得小于3.5 m，如图2—3所示；在有动车组运行的线路上，其安装位置距警冲标不得小于5 m。当不得已必须装于警冲标内方且距警冲标的距离小于上述数值，以及与警冲标并置或设于警冲标外方时，应按侵入限界考虑。

②轨道电路的两钢轨绝缘应设在同一坐标处，当不能设在同一坐标时，其错开的距离(死区段)不应大于2.5 m，如图2—4～图2—6所示。对旧结构道岔，道岔内的死区段不大于5 m。

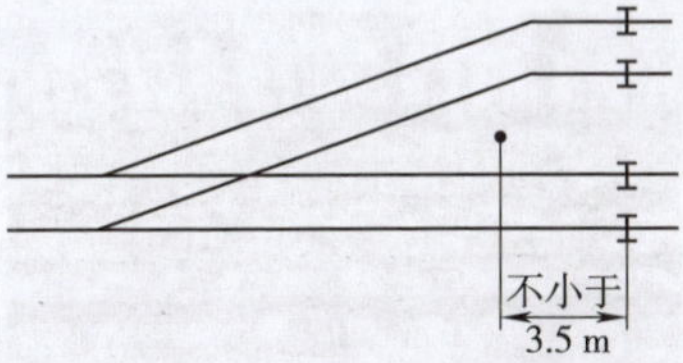

图2—3　警冲标与绝缘位置

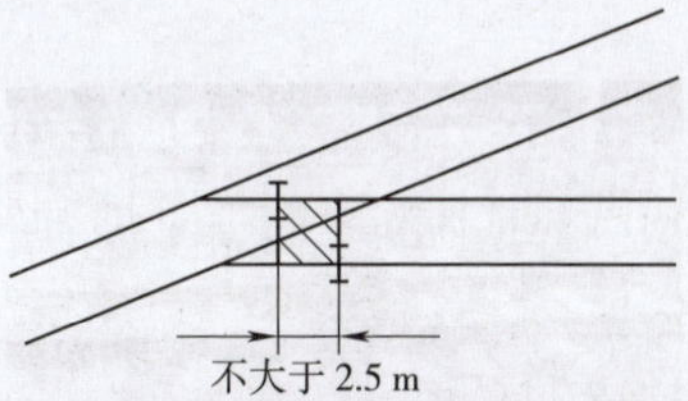

图2—4　两股钢轨绝缘位置

图2—5　单开道岔相对式绝缘设置

图2—6　复式交分道岔绝缘设置

③两相邻死区段间的间隔如图2—7所示，或与死区段相邻的轨道电路的间隔如图2—8所示，一般不小于18 m；当死区段的长度小于

2.1m时，其与相邻死区段间的间隔或与相邻轨道电路的间隔允许15～18m。

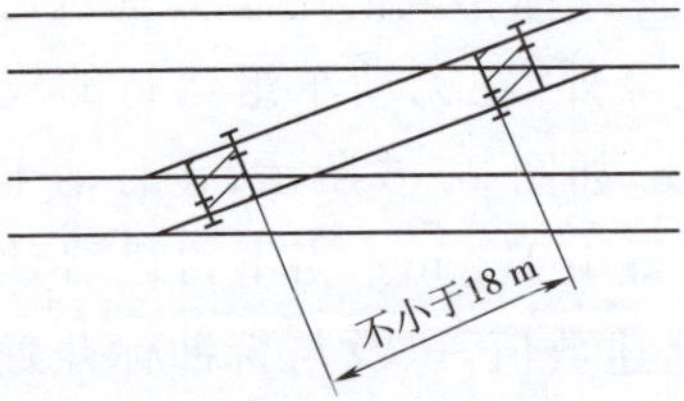

图2—7 两相邻死区段间的间隔

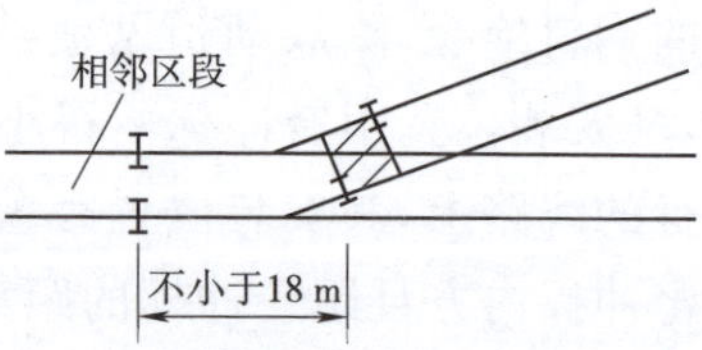

图2—8 与死区段相邻的轨道电路的间隔

④设于信号机处的钢轨绝缘，应与信号机坐标相同(图2—9)，当不可能设在同一坐标处时(图2—10)，应符合下列要求。

图2—9 钢轨绝缘与信号机坐标相同

图2—10 钢轨绝缘与信号机坐标不相同

a. 进站、接车进路信号机和自动闭塞区间并置的通过信号机处，钢轨绝缘可设在信号机前方1m或后方1m的范围内。

b. 出站(包括出站兼调车)信号机或发车进路信号机、自动闭塞区间单置的通过信号机处，既有钢轨绝缘可设在既有信号机前方1m或后方6.5m的范围内，如图2—11和图2—12所示，但新设钢轨绝缘或信号机时，钢轨绝缘距信号机的距离不宜大于1m。

c. 调车信号机处，钢轨绝缘可设在信号机前方或后方各1m的范围内，如图2—13所示，当该信号机设在到发线时，按第b项规定处理。

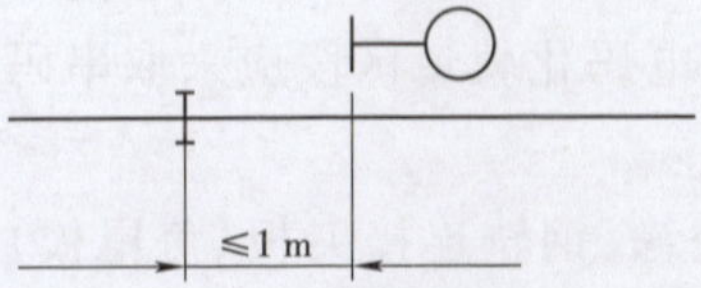

图 2－11　信号机前方 1 m

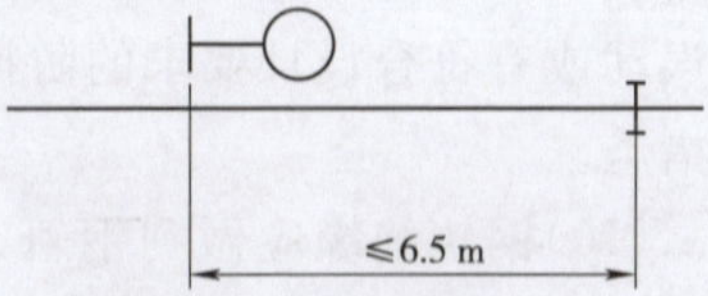

图 2－12　信号机后方 6.5 m

图 2－13　信号机后方

⑤集中联锁车站的牵出线、机待线、出库线、专用线或其他用途的尽头线入口处的调车信号机前方，应设轨道电路，其长度不得小于25 m。与专用铁路接轨的入口处的信号机为调车信号机时，其外方的轨道区段的长度不宜小于 400 m。

⑥安全线或避难线纳入集中联锁时，其所在区段的钢轨绝缘应设在安全线或避难线的末端。

⑦列车运行速度不超过 120 km/h 时非自动闭塞区段的集中联锁车站，进站预告信号机处的钢轨绝缘，宜安装在预告信号机前方不小于 100 m 处。

⑧异型钢轨接头处，不得安装钢轨绝缘。

⑨在平交道口处的钢轨绝缘，应安装在公路路面两侧外不小于2 m处。桥梁（隧道）护轮轨两端应安装钢轨绝缘，护轮轨超过 200 m 时，每根护轮轨间隔 200 m 增加 1 组钢轨绝缘。

（9）轨道电路内的各种绝缘装置，均须保持绝缘良好。邻接轨道电路间钢轨绝缘破损时，轨道接收设备不应受邻接轨道电路电流影响而误动或有符合设计要求的防护措施，电码化轨道区段应采取串码防护措施。

(10)钢轨绝缘应做到钢轨、槽形绝缘、钢轨连接夹板(鱼尾板)相吻合，轨端绝缘安装应与钢轨接头保持平直。

(11)装有钢轨绝缘处的轨缝应保持在6～10 mm，两钢轨头部应在同一平面，高低相差不大于2 mm；在钢轨绝缘处的轨枕应保持坚固，道床捣固良好。

(12)在轨道电路区段内的道床，应保持清洁及排水良好。道砟面与钢轨底面的距离应保持在30 mm以上。

(13)道岔区段的轨道电路应符合下列要求：

①轨道电路的道岔跳线应采用双跳线。

②与到发线相衔接的道岔轨道电路的分支末端，应设接收端。

③所有列车进路上的道岔区段，其分支长度超过65 m时(自并联起点道岔的叉心算起)，在该分支末端应设接收端。

④个别分支长度小于65 m、分路不良、危及行车安全的分支线末端，亦应增设接收端。

⑤一送多受轨道电路，同一道岔区段最多不应超过3个接收端(单动道岔不超过3组，复式交分道岔不超过2组)。

(14)轨道电路的钢轨接续线应满足下列要求：

①塞钉式接续线须采用ϕ5 mm镀锌铁线2根，铁线应无影响强度的伤痕，焊接牢固；塞钉式接续线的塞钉打入深度最少与轨腰平，露出不超过5 mm，塞钉与塞钉孔要全面紧密接触，并涂漆封闭；保持线条密贴钢轨连接夹板(鱼尾板)，达到平、紧、直。

②焊接式接续线须采用截面积不小于25 mm^2(非电气化区段)的多股镀锌钢绞线；焊接线焊在钢轨两端，两焊点中心距离应在70～150 mm范围内，焊接接头的上端端头应低于新钢轨轨面11 mm，与钢轨连接夹板固定螺母竖向中心线的间距不得小于10 mm；焊接接头外观应光滑饱满，焊接牢固，焊位正确，导线无损伤，无漏焊、假焊；焊接

线焊后须涂防锈涂料；焊接线应油润无锈，断根不得超过1/5。

③高速铁路钢轨接续线宜采用一根50 mm²的多股镀锌钢绞线与一根塞钉式钢轨接续线并联使用。

(15)普速铁路轨道电路的道岔跳线和钢轨引接线应符合下列要求：

①道岔跳线和钢轨引接线须采用截面积不小于15 mm²(非电气化区段，φ1.0 mm×19)或截面积不小于42 mm²(电气化区段，φ1.2 mm×37)的多股镀锌钢绞线。道岔跳线应按规定位置安装，跳线敷设应平直。

②钢轨引接线塞钉孔距钢轨连接夹板边缘应为100 mm左右。引接线与变压器箱、电缆盒连接时，应将螺母拧紧，不得有松动现象。绝缘片、绝缘管应完整无破损，保证绝缘良好。引接线的裸线部分不得与箱、盒金属体接触。

③跳线和引接线的长度、规格适当，焊接牢固；应平直地固定在轨枕或其他专用的设备上，不得埋于石砟中，并须涂油防蚀，断根不得超过1/5，如图2－14和图2－15所示。

图2－14　无砟线路引接线固定

图2－15　有砟线路引接线固定

④跳线和引接线处不得有防爬器和轨距杆等物。穿越钢轨处，距轨底不应小于30 mm，不得与可能造成短路的金属件接触。

⑤FYG型、FAD型防腐蚀、免维护综合绝缘护套钢轨引接线和道

岔跳线指标应符合表2—1的要求。

表2—1 钢轨引接线和道岔跳线指标

跳线型号	公称长度 L(mm)	非电气化区段直流电阻值(20℃,Ω)	非电气化区段单根拉力(N)	电气化区段直流电阻值(20℃,Ω)	电气化区段单根拉力(N)
FAD-900	900	≤0.012	≥3 000	≤0.006	≥5 000
FAD-1200	1 200	≤0.016	≥3 000	≤0.005	≥5 000
FAD-1500	1 500	≤0.020	≥3 000	≤0.010	≥5 000
FAD-3000	3 000	≤0.039	≥3 000	≤0.020	≥5 000
FAD-3300	3 300	≤0.043	≥3 000	≤0.022	≥5 000
FYG-1200	1 200	≤0.016	≥3 000	≤0.008	≥5 000
FYG-1600	1 600	≤0.021	≥3 000	≤0.011	≥5 000
FYG-2700	2 700	≤0.035	≥3 000	≤0.017	≥5 000
FYG-3600	3 600	≤0.045	≥3 000	≤0.025	≥5 000

⑥FLZE1(2)型防腐蚀、免维护综合绝缘护套扼流变压器中点连接线指标应符合表2—2的要求。

表2—2 扼流变压器中点连接线指标

连接线型号	公称长度 L(mm)	双根并联直流电阻值(20℃,Ω)	单根拉力(N)
FLZE1(2)-4000/400	4 000	≤0.0075	≥5 000
FLZE1(2)-4000/600	4 000	≤0.0050	≥5 000
FLZE1(2)-4000/800	4 000	≤0.0038	≥5 000
FLZE1(2)-4000/1000	4 000	≤0.0019	≥5 000

⑦FGE1(2)型防腐蚀、免维护综合绝缘护套扼流变压器钢轨引接线指标应符合表2—3的要求。

表 2—3　扼流变压器钢轨引接线指标

引接线型号	公称长度 L(mm)	单根直流电阻值 (20 ℃,Ω)	单根拉力(N)
FGE1(2)-1600/400A	1 600	≤0.007 0	≥5 000
FGE1(2)-3600/400A	3 600	≤0.016 0	≥5 000
FGE1(2)-1600/600A	1 600	≤0.005 0	≥5 000
FGE1(2)-3600/600A	3 600	≤0.012 0	≥5 000
FGE1(2)-1600/800A	1 600	≤0.003 5	≥5 000
FGE1(2)-3600/800A	3 600	≤0.007 8	≥5 000
FGE1(2)-1600/1000A	1 600	≤0.002 8	≥5 000
FGE1(2)-3600/1000A	3 600	≤0.006 5	≥5 000

⑧FGE1(2)型防腐蚀、免维护综合绝缘护套扼流变压器等阻钢轨引接线指标应符合表 2—4 的要求。

表 2—4　扼流变压器等阻钢轨引接线指标

引接线型号	公称长度 L(mm)	单根直流电阻值 (20 ℃,Ω)	单根拉力(N)
FGE1(2)-1600/3600/400A	1 600	≤0.007 0	≥5 000
FGE1(2)-1600/3600/600A	3 600	≤0.005 0	≥5 000
FGE1(2)-1600/3600/800A	1 600	≤0.003 5	≥5 000
FGE1(2)-1600/3600/1000A	3 600	≤0.002 8	≥5 000

注:97 型 25 Hz 相敏轨道电路钢轨引接线应采用等阻线。

(16)高速铁路轨道电路的道岔跳线和钢轨引接线应符合下列要求:

①ZPW-2000A 轨道区段的钢轨引接线应采用 95 mm^2 双根带绝缘外护套的单接头钢包铜引接线。ZPW-2000A 轨道区段的扼流变压器应采用 95 mm^2 双根带绝缘外护套单接头钢包铜等阻引接线。25 Hz 相敏轨道电路可采用不小于 42 mm^2 双根等阻引接线。

②ZPW-2000A 轨道区段的道岔跳线及并联线采用 95 mm^2 带绝缘护套的钢包铜线。25 Hz 相敏轨道电路的道岔跳线截面积不小于 42 mm^2。道岔跳线应按规定位置安装，跳线敷设应平直。

③横向连接线应采用截面积不小于 70 mm^2 带绝缘防护外套铜线。

④钢轨引接线塞钉孔距钢轨连接夹板边缘应为 100 mm 左右。引接线与轨旁设备连接时，应将螺母拧紧，不得有松动现象。绝缘片、绝缘管应完整无破损，保证绝缘良好。引接线的裸线部分不得与箱、盒金属体接触。

⑤跳线和引接线的长度、规格适当，焊接牢固；应平直地固定在轨枕、无砟轨道板表面或其他专用设备上，不得埋于石砟中，并须涂油防蚀，断根不得超过 1/5。

⑥跳线和引接线处不得有防爬器和轨距杆等物。穿越钢轨处，距轨底不应小于 30 mm，不得与可能造成短路的金属件接触。

(17)接近连续式发码区段的外侧无轨道电路时，应有钢轨短路线，如图 2—16 所示。

图 2—16 钢轨短路线

(18)轨道电路的钢轨电阻（直流）或钢轨阻抗（交流）值应不大于表 2—5 的要求。

表 2－5 钢轨电阻(直流)或钢轨阻抗(交流)值

接续线类型	轨道电路类型	频率(Hz)	钢轨阻抗(Ω/km)	
			区间	站内
塞钉式	交流	50	1.0∠48°	1.2∠43°
	直流	—	—	0.8
	25 Hz	25	0.5∠52°	0.62∠42°
	移频	550	5.1∠79°	5.1∠79°
		650	5.9∠79.2°	5.9∠79.2°
		750	6.7∠80°	6.7∠80°
		850	7.75∠81°	7.75∠81°
焊接式	交流	50	0.8∠60°	0.8∠60°
	直流	—	—	0.2
	25 Hz	25	0.5∠52°	—
	移频	550	5.1∠79°	5.1∠79°
		650	5.9∠79.2°	5.9∠79.2°
		750	6.7∠80°	6.7∠80°
		850	7.75∠81°	7.75∠81°
长钢轨(无缝钢轨)	ZPW-2000	1 700	14.08∠85.2°	14.08∠85.2°
		2 000	16.44∠85.44°	16.44∠85.44°
		2 300	18.798∠85.62°	18.798∠85.62°
		2 600	21.147∠85.78°	21.147∠85.78°
	交流	50	0.65∠70°	0.65∠70°

(19)普速铁路轨道电路的道床电阻值不应小于表 2－6 的要求。

表 2－6 道床电阻值(Ω·km)

碎石道床	道床电阻	
	直流	交流
区　间	1.2	1.0
站　内	0.7	0.6

(20)高速铁路轨道电路的道床电阻值不应小于表 2—7 的要求。

表 2—7 道床电阻值(Ω·km)

线路类型	道床电阻
无砟线路	3.0
有砟线路	2.0

(21)胶接式绝缘接头、粘接式绝缘轨距杆的绝缘电阻值应大于 1 MΩ。

第二节 轨道电路施工作业

轨道电路的施工包括轨道电路轨旁设备安装(调谐匹配单元、空芯线圈、防雷单元、防护盒、扼流变压器)及补偿电容、钢轨绝缘和轨道连接线(钢轨引接线、接续线、道岔跳线、横向连接线等)的安装。

一、钢轨钻孔

(1)钢轨钻孔要求:

①钢轨钻孔位置应在螺栓孔中心线上,两螺栓孔的净距不得小于大孔径的两倍,且必须倒棱(钻孔完毕后用专用 45°倒角工具进行倒角或者用 ϕ13.5 mm 钻头倒角)。

②在异型截面钢轨附近钻孔时,应选择在较大截面的螺栓孔中心线上。

③应使用相应的钻头进行钢轨钻孔工作,严禁使用乙炔烧孔或使用垛子等工具强行冲孔。

④其他部门需在钢轨上钻孔或加装设备时,必须经设备管辖的工务段同意。

⑤钢轨下列位置严禁钻孔:一是钢轨焊缝两侧各 400 mm 范围内,二是钢轨变截面交界处,如图 2—17 所示。

图 2－17　严禁钻孔位置

(2)通过 1 000 A 以上电流的扼流线、ZPW-2000 设备引接线以及截面积为 95 mm^2 及以上的引接线应采用 ϕ13.5 mm 标准塞钉，其他钢轨引接线采用 ϕ9.8 mm 标准塞钉。

(3)专用钢轨钻机需安装卡轨配件，保证钻孔位置精度，钻孔两侧应做 1～2 mm 的倒角(钻孔完毕后用专用 45°倒角工具进行倒角或者用 ϕ13.5 mm 钻头倒角)。

(4)单塞钉头的引接线在两承轨台中间钻孔，双塞钉头的引接线两轨道眼距不小于 50 mm。电容连接线、钢轨引接线、道岔跳线的安装孔与钢轨焊缝距离不得小于 400 mm。

(5)从钢轨外侧向钢轨内侧钻孔，在钻孔时应不断向钻头浇水降温。钻头露出钢轨 10 mm 时才能断电退钻，将钻孔周围的金属屑清除干净。

(6)钢轨钻孔后应立即安装塞钉，塞钉与钢轨连接处涂白磁漆进行封闭，如图 2－18 所示。

图 2—18　白磁漆封闭

二、补偿电容

为抵消钢轨电感对移频信号传输的影响，采取在轨道电路中，分段加装补偿电容的方法，使钢轨对移频信号的传输趋于阻性，接收端能够获得较大的信号能量。另外，加装补偿电容能够实现钢轨断轨检查。在钢轨两端对地不平衡条件下，能够保证列车分路。

(1)普通轨枕地段的电容，应安装在电容防护轨枕内，电容防护盖齐全。电容引接线敷设在防护枕内，两端用线卡固定在钢轨上，如图 2—19 所示。无电容枕时，应采用专用支架将补偿电容安装在轨枕侧面，两端引接线用专用卡具固定在钢轨底部，补偿电容应安装在轨枕背向列车正常运行方向一侧。补偿电容在轨枕侧面安装，宽型轨枕板的补偿电容可固定在轨枕板端部立面上。在钢轨中间的连接线应采用三点固定方式，安装在两轨枕板间的 V 形槽内，采用倒 L 形镀锌卡具和化学锚栓固定。

(2)无砟区段(整体道床)补偿电容安装在线路外侧时，应符合下列要求：

①补偿电容应采用全密封方式，补偿电容连接线长度分别为 1 170 mm和 2 950 mm，外套 ϕ16 mm(外径为 26 mm)钢丝编织软管进行防护。

②在有支承平台时，采用 Ω 形卡具将补偿电容固定在轨枕板外侧下层支承台平面上，固定螺栓可采用 M8×100 mm 膨胀螺栓。轨枕板

上补偿电容连接线应采用 Ω 形卡具固定在整体道床板面或 V 形槽内，固定螺栓必须采用 M8×70 mm 化学锚栓。

③无支承平台的地段、虽有支撑平台但弯道处超高引起引接线长度不足的地段，以及隧道内轨枕板与踏步间隙大于 82 mm 的地段，补偿电容均应安装在轨枕板外侧立面上。直角支架采用双臂四个化学锚栓固定，外侧螺栓距整体道床边沿 60 mm，内侧螺栓距离外侧螺栓 50 mm。轨枕板上补偿电容连接线应采用 Ω 形卡具固定在整体道床板面或 V 形槽内，固定螺栓必须采用 M8×70 mm 化学锚栓。轨枕板侧面电容安装如图 2－20 所示。

图 2－19　电容防护轨枕

图 2－20　轨枕板侧面补偿电容安装

(3)无砟区段(整体道床)补偿电容安装在线路中间时，补偿电容应采用三点固定方式，一点在中间固定电容部分，另外两点固定引接线部分，如图 2－21 所示。

(4)电容及引接线卡具采用化学锚栓固定在轨道板或道床板上。

(5)轨枕板上钻孔要求：钻孔前用钢筋探测仪探测钢筋位置，避开钢筋画好钻孔位置。钻孔时应使用标尺电钻，钻孔深度不大于 40 mm，如图 2－22 所示。固定螺栓必须采用 M8×70 mm 化学锚栓，化学锚栓为不锈钢材质。

(6)引接线塞钉应从钢轨的外侧向内侧穿入，塞钉露出钢轨内 1～4 mm，塞钉与钢轨连接紧密。

(7)穿越防护墙的设备基础固定螺栓，补强板、防松螺帽、开口销、防振垫齐全，开口销劈开角度为 60°～90°。调谐匹配单元、空心线圈应加装防护罩。设备安装牢固、平顺。

(8)补偿电容在区间和车站股道应按等间距安装,其间隔距离应符合设计要求。

(9)补偿电容引出线与钢轨连接处应朝下,并与水平面成45°~60°夹角。塞钉由钢轨内侧向外侧安装,如图2－23所示。高速铁路区段补偿电容引接线塞钉采用从钢轨外侧打入轨道方式。

图2－21 线路中间补偿电容安装

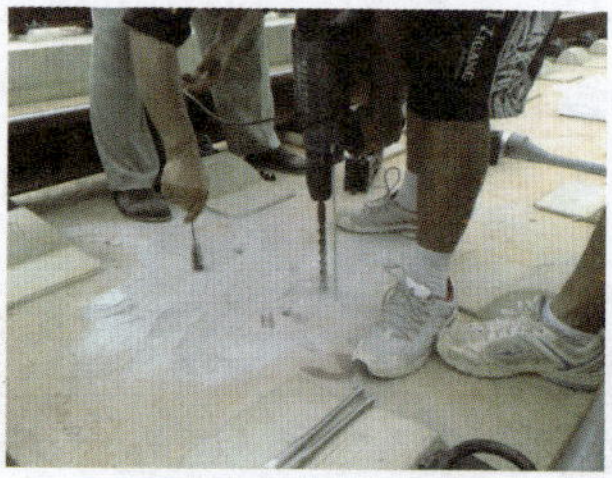

图2－22 钻 孔

图2－23 补偿电容引接线安装

(10)补偿电容设置位置、间距应满足设计要求及有关标准,补偿电容实际安装位置与理论计算位置间允许有±0.65 m偏差。遇有应答器时,可调整电容位置,允许有±1.00 m偏差。

(11)补偿电容应统一编号,轨道电路室外补偿电容编号用大号字书写在补偿电容防护盒上平面中间位置,迎着列车运行方向书写;补偿电容置于电容枕内的，编号书写在电容枕上平面中间位置（也可以喷涂标示在对应钢轨轨腰外侧红底白字）。编号写作：C1，C2，C3，…，自发送端至接收端从小号至大号依次编号，如图 2－24 所示。

图 2－24　补偿电容钢轨轨腰外侧标记

(12)ZPW-2000A 股道站内电码化的补偿电容靠近送、受端的第三个电容应双套化或双塞头。

(13)混凝土枕、木枕地段补偿电容安装采用专用电容防护罩，补偿电容防护罩、补偿电容连接线及相关配件不得影响大型养路机械作业，安装方式如图 2－25 所示。

图 2－25　补偿电容安装

(14)补偿电容固定支架在安装前必须进行热熔镀锌处理。

三、轨道电路绝缘

(1)钢轨绝缘的安装应做到钢轨、槽形绝缘、接头夹板之间相吻合,绝缘零部件尺寸准确、齐全无损伤,绝缘顶面应与钢轨顶面齐平,螺丝栓平直紧固,配件齐全。

(2)当采用胶接式钢轨绝缘时,应保证绝缘体与钢轨的连接牢固、无松动,测试电气绝缘性能良好,胶接绝缘接头夹板处的扣件应采用小型扣件,防止扣件抵接头夹板,如图 2—26 所示。

(3)异型轨接头处严禁安装钢轨绝缘,钢轨绝缘设备安装必须满足设计要求,不满足设计要求时应及时联系建设、监理及设计部门进行移设或设计变更。

(4)钢轨绝缘安装时,绝缘顶部应与轨面平齐。

(5)采用胶接绝缘时,应保证绝缘体与钢轨的连接线牢固、无松动,测试电气绝缘性能良好。

(6)轨道电路绝缘,交叉渡线道岔菱形岔心不同极性通长垫板缝隙间安装绝缘隔离板,如图 2—27 所示。

图 2—26 带绝缘扣件

图 2—27 岔心绝缘隔离板

四、轨道连接线

1. 钢轨引接线

(1)钢轨引接线现多用塑胶防腐防混引接线,一端焊接在塞钉上,另一端焊接在螺栓上。塞钉端连接到钢轨上,螺栓端连接到轨道变压器箱或电缆盒的壳体上，如图 2－28 所示。

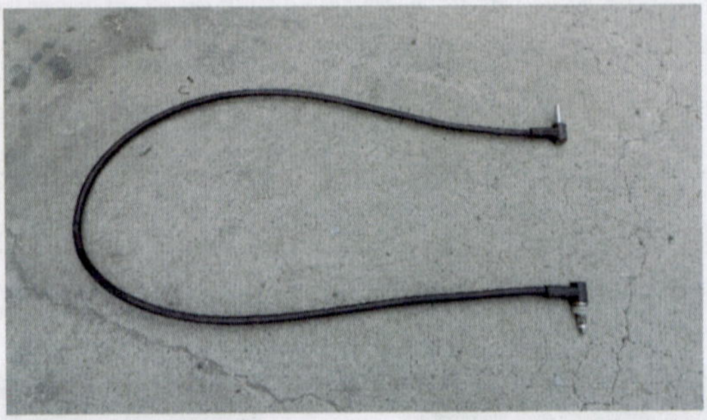

图 2－28　钢轨引接线

(2)钢轨引接线的安装技术要求：

①钢轨引接线须采用截面积不小于 15 mm^2（非电气化区段，ϕ1.0 mm×19）或截面积不小于 42 mm^2（电气化区段，ϕ1.2 mm×37）的多股镀锌钢绞线。

②钢轨引接线塞钉孔距接头夹板边缘应为 100 mm 左右。钢轨引接线第一塞钉孔距接头夹板边缘 100 mm，第二塞钉孔距第一塞钉孔 60 mm，第三塞钉孔距第二塞钉孔 80 mm，第四塞钉孔距第三塞钉孔 60 mm，如图 2－29 所示。塞钉孔形成后应立即安装塞钉；钢轨引接线塞钉应从钢轨外侧打入轨腰孔中，塞钉不得打弯，打入深度为露出钢轨 1～4 mm；安装完成后，应立即在塞钉头与钢轨的接缝处涂白漆密封；塞钉与塞钉孔接触紧密，螺帽紧密。

图 2－29　孔　　距

③引接线与变压器箱、电缆盒连接时，应将螺母拧紧，不得有松动现象。绝缘片、绝缘管应完整无破损，保证绝缘良好。引接线的裸线部分不得与箱、盒金属体接触，如图 2—30 所示。

④引接线的长度、规格适当，焊接牢固；应平直地固定在轨枕或其他专用设备上，当轨枕为木枕时，可用 U 形卡钉固定在木枕上，但不要钉得太紧；当轨枕为混凝土枕时，可用特制卡具固定，如图 2—31 所示。不得埋于石砟中，并须涂油防蚀，断根不得超过 1/5。

图 2—30　引接线安装

图 2—31　卡　　具

⑤变压器箱或电缆盒与钢轨间应设置小混凝土枕，将引接线的余量部分盘成圆圈固定在小混凝土枕上；小混凝土枕应埋设牢固，如图 2—32 所示。

图 2—32　小混凝土枕设置

⑥钢轨引接线的余量在有砟轨道区段应固定在轨枕上，在无砟轨道区段应固定在轨道板上。固定引接线的卡钉、卡具不得接触轨底及钢轨铁垫板。穿越钢轨的长引接线应沿轨枕敷设平直、固定良好，且距轨底的距离不应小于 30 mm，如图 2—33 所示。线卡采用化学锚栓

固定在轨道板上。

⑦绝缘接头连接线安装

a. ZPW-2000A 轨道电路设备与钢轨连接均采用 95 mm^2 带有绝缘防护外套的单接头钢包铜双引接线，路基地段电气绝缘节处连接线长度为 2 000 mm 和 3 700 mm 各 6 根；桥梁地段安装在防护墙外侧电气绝缘节的连接线长度为 2 500 mm 和 4 200 mm 各 6 根，用长 1.2 m 的 ϕ95 mm 外径加强 PVC 管防护；隧道内电气绝缘节处的连接线长度为 2 000 mm 和 3 700 mm 各 6 根，如图 2－34 所示。

图 2－33　穿越钢轨

图 2－34　连接线现场安装

b. 机械绝缘节处相邻两轨道电路的另一端分别为电气绝缘节和机械绝缘节时，轨道电路设备与钢轨连接线长度为 2.0 m、7.2 m。其中长钢轨引接线应分别绕过绝缘节并交叉从轨底穿越与另一根轨条连接，贴近轨腰走线。

区间轨道区段侧的调谐匹配单元与机械绝缘节空芯线圈采用 10 mm^2 多股铜线连接，双钢轨引接线分别连接机械绝缘节空芯线圈和调谐匹配单元。

⑧扼流变压器连接线安装

a. 扼流变压器应采用双等阻线。ZPW-2 000 轨道电路采用截面积不小于 70 mm^2 带绝缘防护外套的铜线或 95 mm^2 钢包铜引接线；25 Hz 轨道电路采用截面积不小于 42 mm^2 油浸钢绞线。两扼流变压器的中点用长 1100 mm 的整体中间连接板连接，扼流变压器钢轨引接线的安装如图 2－35～图 2－37 所示。

图 2—35　扼流变压器钢轨引接线安装

图 2—36　1 100 mm 连接板

图 2—37　箱连线与中间连接板绝缘防护

b. 长扼流线两塞钉孔距接头夹板距离分别为20 cm和30 cm，短扼流线两塞钉孔距接头夹板距离分别为10 cm和20 cm。扼流线固定时，短线靠外安装，采用外“八”字，长线靠内安装，采用内“八”字，如图2—38所示。

图2—38 扼流线固定

c. 扼流变压器箱应采取防盗措施，两扼流变压器箱间应采用整体式中心连接板连接。

d. 钢轨引接线长度为1 600 mm和3 600 mm。因受设置位置地形影响，扼流变压器位移时应按实际距离加长。

2. 钢轨接续线

(1)塞钉式钢轨接续线

塞钉式钢轨接续线是由两根直径为5 mm的镀锌铁线与两端的圆柱形(略有锥形)塞钉焊接而成，如图2—39所示。铁线绕成云圈形，以便在钢轨爬行时不致损坏接续线，在列车通过时不致因剧烈振动而使接续线脱落。

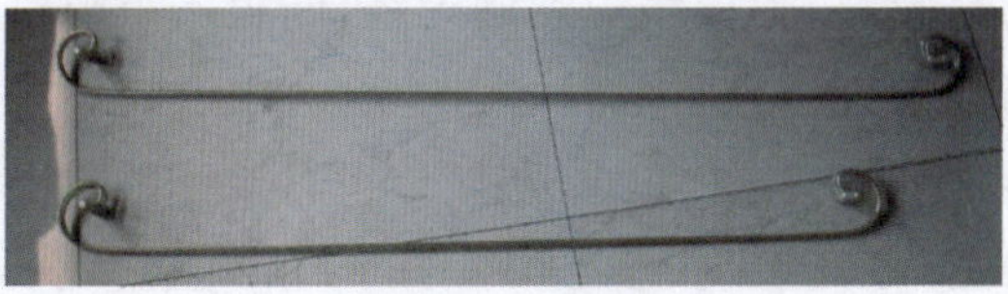

图2—39 塞钉式钢轨接续线

①钢轨接续线安装在钢轨外侧，塞钉孔距夹板端边缘应均匀，如图 2－40 所示。在道岔辙叉跟部或其他安装困难处，可以反向安装在钢轨内侧（线条部分向下）。

图 2－40 塞钉式钢轨接续线安装

②塞钉孔钻孔后，应在当天安装接续线，或涂油防锈，以免轨孔生锈。

③塞钉式钢轨接续线应平直无弯曲并与钢轨接头夹板上部密贴。在钢轨内侧安装时应降低安装高度或紧贴钢轨接头夹板下部安装。

④塞钉式钢轨接续线应沿钢轨底边敷设安装，接续线的金属裸露部分不得锈蚀，接续线与塞钉不得脱焊。

(2)焊接式钢轨接续线

焊接式钢轨接续线须采用截面积不小于 25 mm^2（非电气化区段）的多股镀锌钢绞线；焊接线焊在钢轨两端，两焊点中心距离应在 70～150 mm 范围内，焊接接头的上端端头应低于新钢轨轨面 11 mm，与钢轨连接夹板固定螺母竖向中心线的间距不得小于 11 mm；焊接接头外观应光滑饱满，焊接牢固，焊位正确，导线无损伤，无漏焊、假焊；焊接线焊后须涂防锈涂料；焊接线应油润无锈，断根不得超过 1/5。

(3)冷挤压胀钉式钢轨接续线

①冷挤压胀钉的规格、型号应符合设计要求和相关技术标准的规定。冷挤压胀钉安装时应选用专用的钻具和钻头，以确保安装精度。

②冷挤压胀钉安装在钢轨轨腰中部，安装孔中心距轨顶面的距离随钢轨类型的不同而不同，钻孔完成后宜立即安装冷挤压胀钉。

③钢轨引接线、钢轨接续线、道岔跳线根据其规格选用相应的压接端子，使用与压接端子配套的压接钳进行压接。

④冷挤压胀钉安装的操作工艺流程应符合产品安装手册的要求及相关规定。

3. 道岔跳线

(1)道岔跳线现多用塑胶防腐防混引接线，两端焊接在塞钉上，如图 2－41 所示。

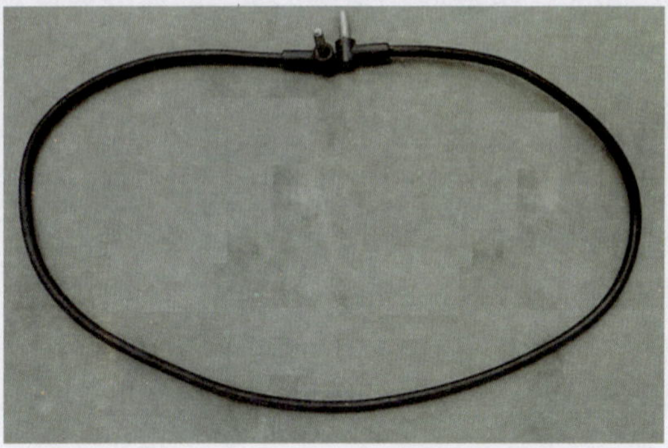

图 2－41　道岔跳线

(2)道岔跳线安装技术要求：

①道岔跳线须采用截面积不小于 15 mm^2（非电气化区段，ϕ1.0 mm×19)或截面积不小于 42 mm^2（电气化区段，ϕ1.2 mm×37)的多股镀锌钢绞线。道岔跳线应按规定位置安装，跳线敷设应平直，如图 2－42 和图 2－43 所示。

②道岔跳线安装应平直、稳固，不得断股、锈蚀，安装后应涂机械油。道岔跳线在穿越钢轨时，对其沿轨枕敷设部分应平直、固定良好，且距轨底的距离不应小于 30 mm。

③单开道岔的长跳线（带绝缘护套），宜安装在道岔绝缘节后第三、四轨枕间隙处。

图 2—42　无砟道岔跳线

图 2—43　有砟道岔跳线

④道岔多分支轨道电路区段采用“分支并联的一送一受轨道电路”结构，ZPW-2000 轨道电路的道岔跳线、长分支并联线采用 70 mm^2 带绝缘防护外套的铜线或 95 mm^2 钢包铜引接线，长度按设计规定位置的实际测量数据为准。25 Hz 相敏轨道电路的道岔跳线，截面积不小于 42 mm^2，长跳线应采用尼龙卡具固定在钢轨下端，距轨底不得小于 30 mm。跳线安装平顺，不得松股。

⑤道岔跳线应从道岔弯股末端（即道岔弯股的轨道绝缘节）起，向岔心方向（即道岔绝缘节）依次按不大于 20 m 的间隔安装，岔心区间隔不大于 30 m，两端部（道岔绝缘节和轨道绝缘节）必须设置道岔分支并联线。

⑥长道岔跳线及道岔分支并联线应尽量贴近轨腰安装并用卡具固定，在钢轨接头处，长道岔跳线及道岔分支并联线应套防护管防护。跨线路的长道岔跳线及道岔分支并联线应用卡具固定在无砟轨道板表面。

4. 横向连接线安装

无砟地段轨枕板的横向连接线穿越钢轨时，应采用卡具固定在轨枕板上。有砟地段普通轨枕的横向连接线穿越钢轨时，应采用尼龙卡具固定在钢轨下端，距轨底不得小于 30 m，横向连接线的安装如图 2—44 所示。

5. 轨枕板上引接线、横向连接线、道岔跳线、长分支并联线固定

(1)钻孔前用钢筋探测仪探测钢筋位置，避开钢筋画好钻孔位置。

图 2—44　横向连接线安装

(2)钻孔时应使用标尺电钻,钻孔直径为 10 mm,深度为 40 mm。

(3)轨枕板上的钢轨引接线,并拢后敷设在整体道床 V 形槽内或轨枕板上。在轨道板上植入 M8 化学锚栓,对线卡进行固定。轨枕板上不得使用膨胀螺栓。

(4)两股道之间的横向连接线应固定在轨枕板下部道床的立面上。

(5)有砟地段设备端的引接线和横向连接线应用砖砌围桩将引接线固定。

(6)防护墙至轨道板之间的引接线和横向连接线,穿过防护墙后引接线应并拢,采用非金属管、架防护固定,不得使用金属管防护。

(7)机械绝缘处的 7 200 mm 长引接线,应在钢轨轨腰下部紧贴钢轨布设,并固定牢固。

(8)钢绞线不得断股、锈蚀,金属裸露部分在安装完后应涂机械油。

(9)固定引接线的卡钉、卡具不得与钢轨铁垫板接触。

五、地面应答器

(1)应答器所采用的型号、规格及安装位置应符合设计要求。应答器组安装数量、类型及配置方式应符合设计要求。

(2)应答器安装不得侵入铁路建筑限界,并满足路基、桥梁及隧道地段的特殊安装要求。

(3)应答器安装前应按照设计图纸进行现场定测,确定具体安装位置和安装方式。应答器按编号安装在指定位置,应答器实际安装里程与计算里程允许误差为±0.5 m。应答器组内相邻应答器间的距离为 $5\ \mathrm{m}^{+0.5}_{0}$ m。

(4)应答器安装支架必须具备抵抗轨道机械振动的能力,应答器安装支架结构应符合有关应答器技术条件的要求。

(5)在有砟轨道区段安装时,应答器应安装在轨枕顶面中部位置,采用专用支架将应答器固定在轨枕上。在无砟轨道区段安装时,应采用模板定位钻孔和化学锚栓将应答器固定安装在轨道板上,如图 2—45 和图 2—46 所示。

图 2—45 有砟区段应答器安装支架

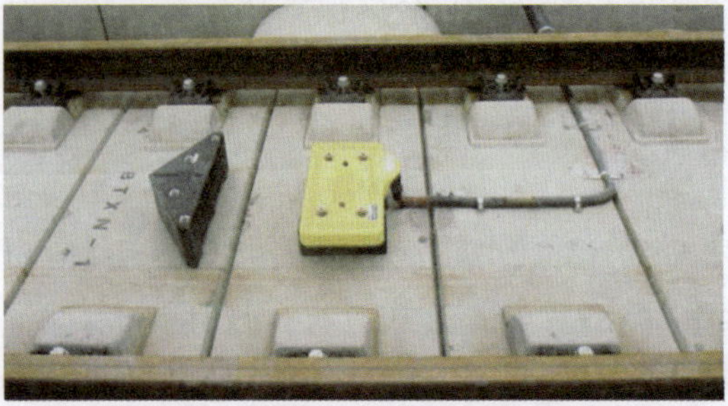

图 2—46 无砟区段应答器安装

(6)安装前应确认应答器标签上所标注的编号、安装坐标与设计图纸相符，安装部件结构完整无损，安装工具适用齐全。应答器安装应以应答器基准标记作为参考点（基准标记一般标记在应答器的表面及侧面）。

（7）应答器的配置、安装位置应满足设计要求及有关标准规定。

（8）应答器采用横向安装方式，并以 X 轴（与钢轨纵向平行的方向）、Y 轴（与钢轨纵向垂直的方向）、Z 轴（与钢轨平面垂直的方向）进行调整和定位。

（9）无金属范围：在应答器周围一定范围内应避免金属或导磁材料，以应答器参考点为基准，平行于长边（X 轴方向）的中心线两侧无金属距离不应小于 315 mm；平行于短边（Y 轴方向）中心线两侧无金属距离不应小于 410 mm；基准标记点（Z 轴方向）至下部无金属距离正常情况下不应小于 210 mm，特殊情况下不小于 140 mm，如图 2－47 所示。

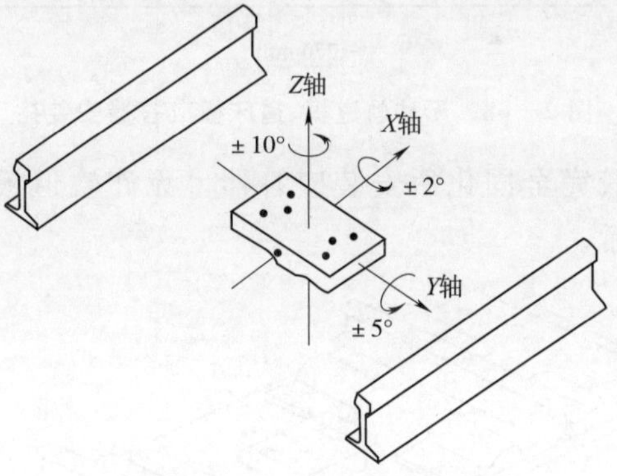

图 2－47　应答器无金属范围

（10）应答器安装的角度、横向偏移和高度在轨道中的允许位置范围应满足相应厂家应答器产品安装尺寸要求。

（11）当应答器安装在护轮轨处时，应答器中心至护轮轨轨基之间的横向无金属距离可缩小至 320 mm，沿线路方向在基准点 ±300 mm 范围内每根护轮轨断开至少 20 mm 的间距，并安装绝缘节，以减少护轮轨对应答器传输的影响。

(12)无砟轨道板、道床板上安装应答器应符合下列要求：

①使用专用钻孔模板确定钻孔位置，钻孔前使用钢筋探测仪检查钻孔位置是否已避开混凝土内部钢筋。

②在轨道板上钻 4 个或 2 个深度为 90 mm±5 mm、直径为ϕ18 mm 的安装孔，当横向安装位置下部有钢筋时，需钻 4 个孔的可改为中部两孔安装，钻 4 个孔的钻孔方式如图 2－48 所示。

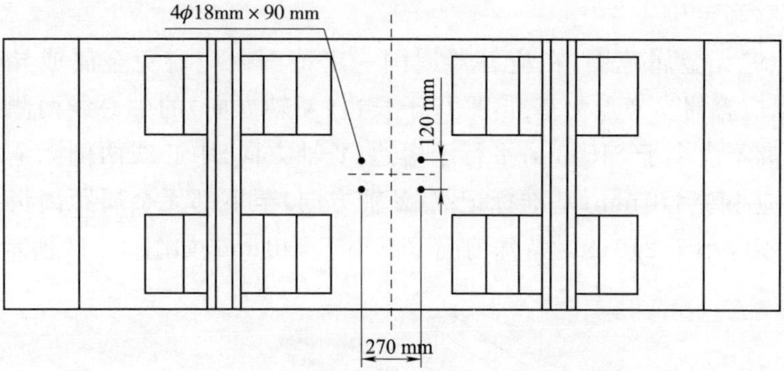

图 2－48 无砟轨道板、道床板应答器安装孔

③在化学胶完全固化后安装应答器。无砟轨道板上应答器安装如图 2－49 所示。

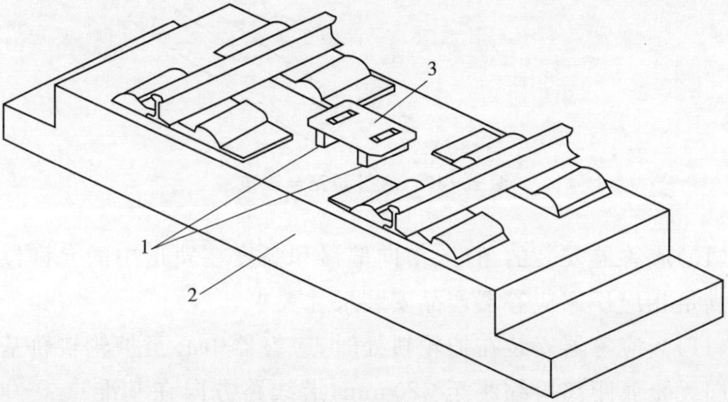

图 2－49 无砟轨道板上应答器安装

1—高度调整垫块；2—无砟道床板；3—应答器

④在框架板式无砟轨道板上安装应答器时，应答器增配下部支架，下部支架安装在下层支承板上，框架板式无砟轨道板上应答器安装如图 2－50 所示。

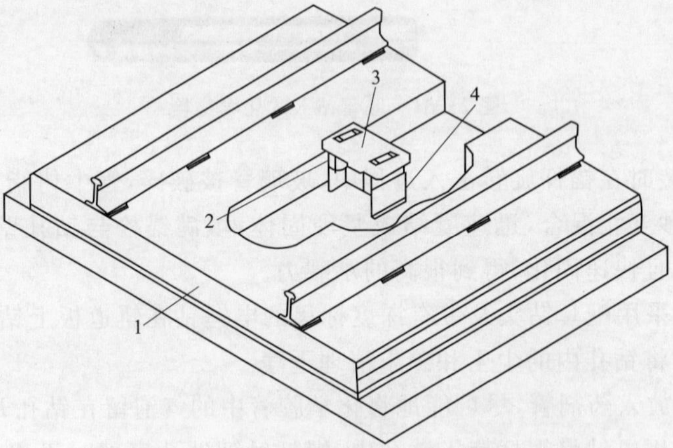

图 2－50　框架板式无砟轨道板上应答器安装

1—框架板式无砟轨道板；2—高度调整垫块；3—应答器；4—组合全支架

⑤轨道板钻孔。

a. 在轨道板表面固定补偿电容防护盒及安装应答器、各种钢轨引接线卡具时，在轨道板上钻孔必须保证水不会灌入轨道板内。

b. 轨道板上严禁使用机械膨胀螺栓，只能在指定的范围内植入 M8×100 mm 化学锚栓。

c. 植入化学锚栓时，允许用带标尺的电锤钻在轨道板上钻直径为 ϕ10 mm、深度为 80 mm 的锚栓孔。

d. 混凝土基材植入化学锚栓：采用 M8×100 mm 化学锚栓，锚栓为不锈钢材质，埋深 80 mm，外露长度 20 mm。按安装方法分为胶管钻入式、锤击式和注射式三种，以胶管钻入安装方式进行叙述。

胶管钻入式化学锚栓由一支药剂管 V-P 和一支螺杆 V-A 组成，药剂管为玻璃管，内置改良型聚酯树脂、乙烯基树脂以及填充骨料石英砂和固化剂。螺杆为不锈钢材质，前端为斜切刀头，后部有安装接口,如图 2—51 所示。

图 2—51　胶管钻入式化学锚栓

安装时在锚杆旋转击入过程中,玻璃管被破碎,管中树脂、固化剂和石英砂互相混合,迅速凝结成坚硬固体,填满锚栓与钻孔壁之间的空隙,并且快速固化,得到很高的承载力。

(a)采用配套钻头及带有深度标尺的电锤钻在轨道板上钻孔。

(b)将钻孔内的尘土和碎末清理干净。

(c)放入药剂管,尽可能地将化学胶管中的气泡留在钻孔开口处。

(d)用电钻将螺杆旋入钻孔中,螺杆触到钻孔底部时迅速停止,保证树脂溢出钻孔。

(e)凝胶硬化过程中,锚杆不得碰动和受力,锚固胶硬化时间见表 2—8。

表 2—8　锚固胶硬化时间

环境温度(℃)	−5～0	0～10	10～20	20～40
凝胶时间(min)	60	30	20	8
硬化时间(min)	300	60	60	20

(f)锚固胶完全硬化后用扳手固定连接物。

(13)应答器尾缆安装应符合下列要求:

①应答器尾缆在电缆终端盒内与应答器干线电缆进行连接,终端盒应采用金属材质的电缆盒,如图 2—52 所示。

②应答器干线电缆应在室内单端接地,应答器电缆的金属护层(钢带、铝护套、泄流线)与尾缆中的金属屏蔽网线采用压接的方式连接。有源应答器室外终端盒需采用铸铁质终端盒,箱体和箱盖均需要

接地，如图 2－53 和图 2－54 所示。

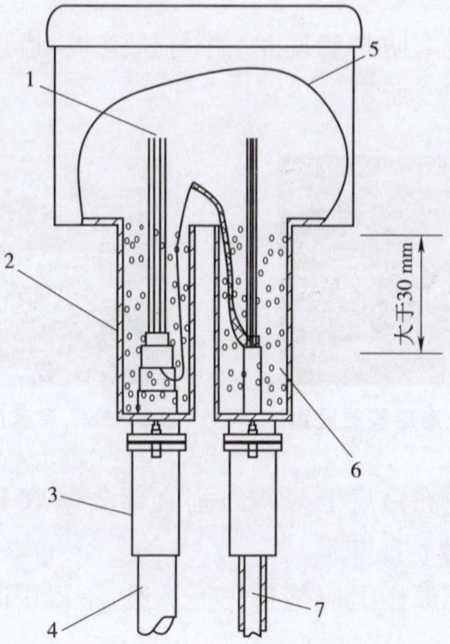

图 2－52　应答器尾缆连接

1—电缆芯线；2—灌胶室；3—电缆保护管；4—干线电缆；
5—电缆金属护层连接；6—冷封胶；7—应答器尾缆及护套

图 2－53　有源应答器终端盒

图 2－54　箱体和箱盖接地示意

③应答器电缆与应答器尾缆在电缆箱盒内，通过接线端子按电缆

芯线相同颜色对应相接，电缆芯线连接时不得破坏两侧电缆芯线的原扭绞结构。

④应答器尾缆套防护管防护，并与轨道板、道床板、轨枕固定，如图 2—55 和图 2—56 所示。

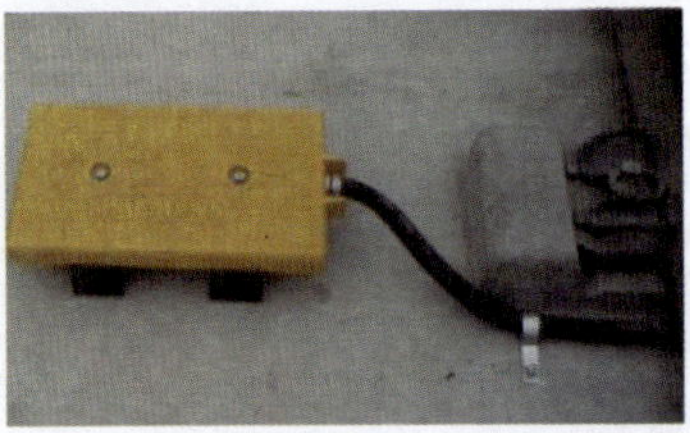
图 2—55 无砟轨道应答器尾缆

图 2—56 有砟区段应答器尾缆防护

⑤应答器尾缆在路肩上与线路垂直部分采取 UPVC 管防护后埋入路肩沥青防水层下。

⑥应答器电缆原则上应整条完整贯通，不得中间进行接续。

第三节 轨道电路联合整治作业

一、钢轨绝缘整治分工

1. 设备管理分工

(1)分体式绝缘接头夹板及其螺栓等有关线路强度的金属部分由工务人员负责维护，其保证电气特性的绝缘部分由电务人员负责维护。工务、电务人员发现绝缘接头不良需分解检查或更换时，应通知对方联合整治。

(2)胶接绝缘和本克拉绝缘接头、轨距杆、地锚拉杆由工务人员负责维护，其保证电气特性的绝缘部分由电务人员负责测试，测试发现绝缘部分存在问题时由工务人员负责维修。工务、电务人员发现绝缘接头不良时，通知对方配合作业。

2. 工电人员配合的规定

(1)更换绝缘时，由电务人员负责联系登记，工务人员负责连接部件的拆装和施工防护。

(2)在高强绝缘接头安装前,工务人员负责检查紧固件是否非标,接头夹板螺孔周围是否有毛刺及凹凸不平等缺陷,电务人员负责检查绝缘固化后测试绝缘电阻是否符合《普速铁路信号维护规则》的规定。

(3)工务人员新增设绝缘轨距杆,安装前必须经电务人员绝缘测试合格。

二、钢轨绝缘、轨道电路联合整治及测试标准

(一)工务标准

(1)绝缘接头处应使用厂制标准长度钢轨,使用非标准长度钢轨时,应将厂制端放在绝缘接头一侧。

(2)接头处轨枕无失效,扣件应保持齐全,作用良好。

(3)装有钢轨绝缘处的轨缝宽度:胶接绝缘应保持6 mm,分体绝缘应保持6～15 mm。轨缝两端钢轨轨头部位应保持平顺,高低相差不大于2 mm,无低塌接头和轨面错牙、接头肥边。

(4)接头处道床应经常保持饱满、均匀、排水良好,无翻浆冒泥。

(5)正线上的绝缘接头必须采用高强度螺栓及高强度钢平垫紧固件。

(6)高强度绝缘接头应采用符合标准的绝缘接头夹板和紧固件,无毛刺及凹凸不平缺陷。

(7)高强度绝缘接头螺栓应从钢轨两侧交叉配置,不得从一侧安装,安装后确保扭矩不小于700 N·m。

(8)绝缘拉杆、尖轨连接杆的绝缘性能良好,安装状况良好,绝缘拉杆无接触轨底导致导电的现象。

(二)电务标准

(1)高强度绝缘接头的绝缘件应采用高强度绝缘及绝缘管和轨端绝缘。严禁有裂纹、变形缺陷绝缘件上道使用。

(2)安装钢轨绝缘接头时要做到钢轨、槽形绝缘、接头夹板吻合良

好，轨端绝缘安装应与钢轨接头保持平直，工字绝缘头部不得高于轨面，两者相差不大于2 mm，高强度绝缘垫有凹槽的一面，应贴靠在高强度绝缘钢平垫的一侧，钢平垫的外侧不得增设弹簧垫圈。

（三）测试标准及方法

1. 上道前胶接绝缘测试

（1）测试标准

①胶接绝缘接头：上道铺设前，应将厂制胶接绝缘接头搁置在干燥的绝缘体上测量绝缘电阻，两钢轨间以及钢轨与夹板间的绝缘电阻应大于1 000 Ω。

②胶接绝缘夹板：上道铺设前，在干燥状态下电阻值大于20 MΩ为合格，在潮湿状态下电阻值大于1 000 Ω为合格。

（2）测试方法

①干燥状态绝缘电阻测试

胶接绝缘接头：用500 V兆欧表测量两钢轨间及钢轨与夹板间的电阻值。

胶接绝缘夹板（带无槽形钢板）：用500 V兆欧表测量两块槽形钢板及槽形钢板与夹板间的电阻值。

胶接绝缘夹板（或无槽形钢板）：将胶接绝缘夹板组装在专用绝缘测量台上，测量夹板与测量台间的电阻值。

②潮湿状态绝缘电阻测试

胶接绝缘接头：在端板处浇水2 L，1～2 min间用不低于10 V万用表测量两钢轨间及钢轨与夹板间的电阻值。

胶接绝缘夹板（带无槽形钢板）：经浸水30 s，取出后在自然平放状态下，60 s内用不低于10 V万用表测量两块槽形钢板及槽形钢板与夹板间的电阻值。

胶接绝缘夹板（或无槽形钢板）：经浸水30 s后，将胶接绝缘夹板组装在专用绝缘测量台上，60 s内用不低于10 V万用表测量夹板与测量台间的电阻值。

2. 上道后绝缘测试

使用轨道绝缘在线测试工具测试绝缘参考电阻值，轨端绝缘预警值不小于 20 Ω、钢轨与夹板间电阻预警值不小于 100 Ω。

3. 日常检查测试

(1)胶接绝缘：轨端绝缘下降且小于 20 Ω 或钢轨与夹板间电阻小于 100 Ω，应实行预警管理。

(2)分体绝缘：轨端绝缘小于 20 Ω 或钢轨与夹板间电阻小于 100 Ω，应立即分解检查处理。

(3)轨距杆绝缘：两端绝缘小于 20 Ω、中间金属部分与两端小于 100 Ω，应立即更换。

(4)地锚拉(撑)杆：两端绝缘小于 20 Ω，应立即更换。

三、轨道电路钢轨部分的整治

1. 电务部门整治项目

(1)更换单断或双断的钢轨接续线。

(2)更换严重锈蚀的接续线。

(3)更换断股超过 1/5 的钢轨引接线和道岔跳线。

(4)引接线和道岔跳线涂油防锈。

(5)引接线和道岔跳线防混措施的整治。

2. 工务部门整治项目

(1)道岔跳线和引接线处不得有防爬器和轨距杆等。

(2)绝缘轨距杆的绝缘部分和道砟之间应保持 30 mm 的间隙。绝缘轨距杆两端绝缘的轨距杆，应使其两端内、外卡口铁紧扣轨底，螺栓无松动。粘结式轨距杆，应检查其粘结部位是否密封良好，有无气孔和砂眼。

(3)道岔区内的绝缘轨距杆，应在其与轨底穿越处采取绝缘防护措施。

四、在钢梁桥上的整治

在有轨道电路的钢梁桥上，钢梁与钢轨之间，护轨与钢轨之间，发生轨道电路短路的概率比一般轨道电路多。所以要加强钢梁桥上轨道电路的整治,注意工电分工协作。

工务人员在更换桥面设备时,应注意钩螺栓铁垫圈与钢轨扣件间应留不小于 15 mm 的间隙。桥上有护轨时应安装绝缘装置。电务人员应做好引接线的防混措施,并使其良好固定;保持钢轨绝缘完整。

第四节 轨道电路区段线路作业安全防护措施

一、作业工具防护要求

1. 撬棍

撬棍是养路作业最常用工具,为了防止短路,一般采用套胶管的方法进行防护。但是在一般轨道电路区段和道岔轨道电路区段上使用的撬棍,其绝缘胶管的套装部位不同,在一般轨道电路区段上,绝缘胶管应套在 1 435 mm 长度的部位;在道岔轨道电路区段上,绝缘胶管应套在 350 mm 处。绝缘胶管的长度以 300 mm 左右为宜。

2. 起道机和拨道器

起道机和拨道器把属于长把工具,宜采用铁管套胶管的方法,如图 2—57 所示。

图 2—57 绝缘胶管

3. 小件工具

铁锹、耙子、筛子等铁头木把工具和扳手等各种小件工具均不能构成两股钢轨的短路，但在绝缘接头、拉杆及连接杆、轨道电路引接线、绝缘轨距杆等处作业时不得随意抛扔，以免铁头接触到轨道电路的短路部位上。

4. 养路机械(具)

各种养路机械(具)，在设计制造时必须考虑绝缘防护问题，没有绝缘防护的养路机械应禁止(上道)使用。作业人员还应对各种机具上的绝缘防护设施，进行定期或不定期的检查测试。

二、在一般轨道电路区段上作业时安全防护要求

1. 在两股钢轨间作业时

(1)使用工具时要注意握牢工具把，防止工具失手撞击轨面。

(2)对已经装设绝缘防护的工具，使用前要认真检查绝缘是否有效。

(3)钢轨联结零件，包括木枕地段的道钉、混凝土枕地段的扣件或其他联结零件，都直接与钢轨相连接。在用撬棍起道钉或用起道机起道时，撬棍和起道机把的尾端，不应接触另一股钢轨及钢轨配件。

(4)清筛道砟用的筛子、铁锹等工具不应放置在轨距杆中部的绝缘处，防止短路。

2. 在轨道电路引接线处作业时

(1)在作业中不准随意抛扔工具，以免砸压轨道电路的引接线而造成轨道红光带。

(2)使用捣镐或机械化捣固机进行捣固作业时，要保护好引接线，防止捣镐头或捣固机镐板打坏引接线。

(3)起道作业时，工具不能同时接触引接线和钢轨，更不能使引接线接触钢轨；不准在有引接线的轨枕盒内放置起道机。

(4)在有引接线的轨枕盒中作业时，要注意防止防爬器与轨距杆相接触、防爬器或轨距杆与引接线接触。一般情况下不得将防爬器、

轨距杆、引接线安装在同一枕盒内。

(5)更换或方正轨枕时,两人不能同时用撬棍拨动有引接线的轨枕,防止两根撬棍同时碰上引接线和钢轨。

3. 在钢轨绝缘接头处作业时

(1)木枕地段在绝缘接头处改道作业时,不准在钢轨绝缘两侧同时起道钉。因为道钉下部与轨底接触,冒起后的道钉帽接触夹板,使钢轨绝缘失效。

(2)在绝缘接头处起道或拨道时,不准把起道机放置在钢轨绝缘的下方,如图 2－58 所示。

图 2－58 起道机正确放置位置

(3)垫冻害垫板和拨道作业时,不准把撬棍放在钢轨绝缘的下方。

三、在道岔区段作业时安全防护要求

(1)道岔前端的通长连接板,是保持尖轨尖端处轨距的补强设备,一般安装在尖轨尖端、第二转辙机两端岔枕上,如图 2－59 和图 2－60 所示。通长连接板用岔枕螺栓与岔枕联结,两端用螺栓与滑床板联结组成。联结螺栓上套有绝缘套管,使螺栓和铁板间保持绝缘。在这些部位上作业时,不准使金属料具搭接在联结螺栓上;同时还应经常进行检查,更换不良绝缘套管。

图 2－59　尖端通长连接板

图 2－60　二动通长连接板

(2)固定电动转辙机的角钢框架通过 L 形铁连接在道岔的两股基本轨上。角钢框架有四处在基本轨下通过,角钢和轨底间用绝缘片隔开。在这个部位进行拨道、方正轨枕作业时,要注意两人不准同时在两股钢轨上拨动钢轨和轨枕,以防两根撬棍同时搭接角钢和钢轨。更换滑床板时,不准使左右两根尖轨下方的滑床板同时碰到角钢和钢轨。更换尖轨和基本轨作业时,要把角钢和钢轨间的绝缘垫片固定在角钢上,以防脱落或丢失。

(3)道岔尖轨的拉杆,在使用电动转辙机扳动的道岔上,为加强拉杆的强度,将拉杆形式改变为方钢,方钢通过接头铁与两股钢轨连接,接头铁和尖轨间用绝缘片隔开,如图 2－61 所示。在这个部位作业时,要注意不使金属工具碰击绝缘片处。更换尖轨时,应有电务人员配合。调整尖轨开度时,不要任意更换绝缘片,应注意保持绝缘片的绝缘性能。

图 2－61　接头铁绝缘

(4)不得使起道机、铁锹、道镐、撬棍、道钉锤、铁筛子、扳手等金属工具压在道岔连接杆的中间绝缘装置上。

(5)在道岔极性绝缘处作业时需特别注意以下几点：

①进行起道、拨道作业时，不准把起道机、撬棍放在道岔极性绝缘下边。

②紧固或更换绝缘接头螺栓，以及配合电务部门更换轨型和槽形绝缘时，不准扳手同时接触绝缘两端螺栓。

③用铁锹、筛子整平填补道床石砟时，不准使铁锹、耙子、筛子等工具碰极性绝缘中间处。

(6)在道岔危险区(每组道岔上有两组极性绝缘，从极性绝缘往叉尾方面，两相邻钢轨分属于两个极性，所夹的区域称为危险区)，使用撬棍作业时，不准使撬棍碰到相邻两股钢轨；检查支距时，要使用绝缘支距尺；使用捣镐捣固时，不准使捣镐卡在和歪倒在两股钢轨上；打紧防爬器、上紧轨距杆时，防止防爬器与轨距杆接触。在道岔连接部位使用起道机、拨道器进行起道、拨道作业时，应注意起道机、拨道器后端和手把的位置，防止相邻两股钢轨短路，如图 2－62 所示。

图 2－62　道岔危险区作业

(7)在道岔跳线处作业时，如同在引线处作业一样，进行捣固作业，或用铁锹串石砟，工具不要撞击跳线，以防撞坏保护层，单根抽换附有引接线、跳线的轨枕时，要与电务人员配合，待新轨枕换入后，由电务人员恢复引接线、跳线。

四、轨道电路区段工务作业注意事项

掌握轨道电路易短路处所，是工务系统安全生产的需要。

1. 作业防短路措施

(1)应做到熟悉管内线路状态的类型、范围，掌握容易造成短路的部位，制定出相应的防止短路的安全措施。

(2)日常加强对绝缘接头两端线路的防爬锁定，保持绝缘接头轨缝的良好稳定，一般保持在 6～15 mm。

(3)在不了解轨道电路状态时，不得在轨道电路区段施工。

(4)抬运钢轨、辙叉等金属物件横过线路时，不准担在两股钢轨上或绝缘接头处。

(5)进行影响轨道电路和信号的作业时，要有电务人员配合并在车站进行登记。

(6)在线路、桥梁上作业或在线路两侧挖沟取土时，要注意防止碰断、碰混电线和电缆。

(7)根据管内轨道电路的情况，经常向参加施工作业的人员进行防止短路教育，对机具车辆的绝缘装置要经常检查，保持绝缘良好。

(8)要注意防止扣轨梁(图 2－63)短路，道口混凝土板(图 2－64)、钢筋头短路，绝缘接头钢轨端部有肥边、突尖短路。道岔配件短路，放置在线路上钢轨、道岔等金属物受振移动的短路。

2. 易产生轨道电路红光带的情况

(1)由于撬棍没有带防护套，如使用撬棍时不慎将两侧钢轨封连，轨道电路区段将出现红光带。轨道电路区段作业使用的各种工具，要有良好的绝缘装置。

(2)道岔区段钢轨与道岔尖端杆或道岔动作杆、表示杆封连(如另一侧漏电)，尖轨接头铁调整铁夹片放在接头铁与绝缘板之间，造成道岔区段红光带，如图 2－65 和图 2－66 所示。

图 2—63 扣轨梁

图 2—64 道口混凝土板

图 2—65 夹片错误安装方式

图 2—66 夹片正确安装方式

(3)道岔岔后极性绝缘的两侧(其实就是该轨道电路的两极,与线路的两条钢轨没有区别)封连,极性绝缘处钢轨肥边、铁屑,造成道岔区段红光带,如图 2—67 和图 2—68 所示。

图 2—67 钢轨肥边

图 2—68 铁屑联电

(4)机具或线上料等压在箱盒引接线上,发生轨道电路短路故障。

(5)混凝土岔枕道岔绝缘接头处轨距挡块必须安装绝缘挡块,如果弹条离绝缘夹板较近时,还应在弹条与夹板之间垫上绝缘片,防止因列车振动,弹条接触夹板发生短路。

(6)在道岔岔后过道跳线处打入防爬器,防爬器与跳线相连,相当于跳线与打入防爬器的钢轨直接相连,将轨道电路封连。

(7)使用单轨车时,单轨车在越过钢轨极性绝缘时相当于封连钢轨轨面。

(8)钢轨绝缘轨缝顶死,如图 2—69 所示。

图 2—69　轨缝顶死

(9)在更换高锰钢整铸辙叉时,应检查辙叉趾端及跟端导电销有无脱焊松动现象(易发生轨道电路断路故障),如发现不良应在更换前焊好。

(10)绝缘接头捣固时,需特别注意不得损坏轨端接续线;起道时,起道机应避开绝缘轨缝;起道机在钢轨上滑行时,不得滑过绝缘接头。

(11)拧紧绝缘接头高强度螺栓时,螺丝扳手不应搭在另一节轨端螺栓上。否则当两轨端螺栓都弯曲且与钢轨孔壁接触时,就会在绝缘接头处将轨道电路短路。

(12)扒、填道砟时应注意防止耙子、叉子使引接线(在轨枕盒内通过的)与另一股钢轨封连。

(13)在绝缘接头处改道时,钉头不得与夹板接触。

(14)增设或更换绝缘轨距杆时，应事先经电务人员检查其绝缘程度是否符合要求。

(15)在轨枕有过轨引接线时，不得安装轨距杆或防爬器。

(16)绝缘接头处轨端或钢轨作用边的肥边应及时打磨。

(17)进行抽换附有引接线、跳线的岔枕，更换尖轨、基本轨、辙叉以及调整轨缝等作业时，必须由电务人员配合方能施工。

(18)换轨前，绝缘螺栓孔必须倒棱，防止拉伸受力时损坏绝缘套管发生混电。

(19)复式交分道岔两根曲尖轨(图2—70)为两个极性，日常作业时容易混电；两曲尖轨尖端处为两个极性垫板，距离较近，要注意防止混电。

(20)焊补钢轨、辙叉时，错误连接使用电焊机地线(即焊补一股钢轨、辙叉时，把电焊机接地线接在另一股钢轨、辙叉上；在绝缘接头两侧焊补，焊补一侧钢轨、辙叉时，把电焊机接地线接在绝缘接头另一侧钢轨、辙叉上)，会有强大的电流通过钢轨击坏电务设备，发生电路故障。所以在轨道电路区段焊补钢轨、辙叉或其他设备时，必须有电务人员配合，在焊补前由电务人员将该绝缘区段两端的引接线打掉后方可进行焊补作业，焊把线与接地线在同一股钢轨进行焊补，如图2—71所示。

图2—70 复式交分道岔内侧两尖轨

图2—71 焊补钢轨

(21)地锚拉杆(图2—72)如果没有绝缘装置，轨道电路电压容易泄漏，易发生红光带故障。所以要求安装地锚拉杆时必须用绝缘轨距杆或在卡铁处安装绝缘套。

(22)钢轨绝缘处扣件不准与接头夹板接触，否则容易引发红光带，如图 2—73 所示。

图 2—72　地锚拉杆

图 2—73　扣件与接头夹板螺栓接触

五、区间换轨、换枕、放散、清筛、捣固等作业配合

1. 配合的主要内容

电务人员主要负责换轨作业中钢轨接续线安装、封锁点内拆除与钢轨连接导线及绝缘接头、线路开通前导线及绝缘接头恢复，加强施工监护，防止造成信号故障(特殊情况组织处理)。清筛作业中检查、探测并标示地下电缆的位置及埋设深度，不符合规定的应及时处理；封锁时将影响机械清筛的电务设备拆除或移出，不得影响清筛作业；开通前恢复电务信号；加强施工监护，防止造成信号故障(特殊情况组织处理)。

2. 技术标准及工艺质量要求

(1)对有关区段进行测试，对照检查无变化。

(2)检查电容塞钉、调谐单元塞钉、钢包铜引接线塞钉接触良好，并涂黄甘油密封。

(3)绝缘位置是否发生变化，有变化时 LKJ 数据随时修改。

3. 施工前准备

(1)根据施工方案由负责人组织召开施工例会，将任务落实到人，明确施工时间、地点、内容及有关各项要求。

(2)施工提前一天对施工地段各种塞钉进行写实。

(3)施工前对有关区段进行测试(要有记录),施工后对照检查。

4. 故障应急处理准备

准备好抢修材料、仪表、工具、电容、塞钉等有关器材。

5. 施工中安全

(1)施工开始后首先将开口处的电容、钢包铜线撤除,由近及远,防止电容拉坏。

(2)施工中需要移动箱盒时,测量箱盒限界不得超限,箱盒复位后必须开盖检查电缆。

(3)石砟整形机械经过设备附近时要有人监督其作业,防止刮碰设备和电缆。

(4)作业人员对施工地段的电容、钢包铜引接线进行绑扎。

(5)电容、调谐区安排专人监控,捣固机作业时进行提醒,防止设备损伤。

6. 人身安全防护

(1)配合人员要在封锁线路侧路肩行走和避车,两线间作业要一人作业一人防护,并时刻注意听从施工单位安全员号角声及时下道避车。

(2)人员尽量避开大型机械,熟悉施工车辆的鸣笛信号含义。封锁后设备检查和巡视作业要保证每组两人以上。

(3)工务断轨时配合人员不得围观,防止轨条碰伤。

7. 开通前试验检查

(1)对有关区段进行测试,对照检查。

(2)钢包铜引接线、电容塞钉接触良好,电缆绝缘测试良好。

(3)进行分路不良测试,不合格及时登记。

8. 开通后安全

施工单位人员没有撤离施工地段前,配合人员不得离开,直到信号设备正常、室内测试良好后,经施工负责人同意后方可离开现场。

第三章　工务与供电作业

牵引供电设备是以工务设备为基础进行设计和安装的，牵引供电设备与工务设备互相影响，本章主要介绍牵引供电设备与工务设备关系，阐述工务人员在电气化铁路维修作业时注意事项和电气化铁路作业安全注意事项，介绍牵引供电与工务维修作业配合相关规定。

第一节　牵引供电设备与工务设备关系

一、直接关系

工务设备是对包括线路、路基、桥梁、隧道、轨道等多个专业在内的一个笼统称谓。由于接触网的几何参数是以线路中心线和轨道平面作为测量基准点的，路轨变动将直接改变接触网的几何参数，影响弓网运行安全，因此接触网的设计、施工和运营与工务系统密切相关，如线路平面（直线、曲线、缓和曲线）会影响接触网的张力差、跨距、拉出值等技术参数；线路纵断面（平道、坡道、竖曲线）会影响接触线坡度、导高、吊弦长度等技术参数；路基、桥梁、隧道与接触网支柱和基础类型密切相关，桥梁振动与接触网振动密切相关，隧道横断面和净空与接触网结构及动态特性密切相关。

1. 平面影响

线路在空间的位置是用线路中心线表示的。线路中心线在水平面内的投影称作线路平面，反映线路的曲直变化和走向。线路平面由直线、缓和曲线、圆曲线组成，直线和圆曲线之间必须通过缓和曲线连接，缓和曲线的半径从直线端的无穷大逐渐变化到圆曲线端的圆半径，这一过程使列车离心力逐渐增加，从而避免了轮轨间的突然冲击，改善了行车条件。缓和曲线的设置还使曲线的轨距加宽和外轨超高得以过渡。

在开行双层集装箱的铁路上，应注意外轨欠超高或过超高对受电弓运行安全的影响。外轨超高及未被平衡的超高需靠列车车体的倾斜来弥补，由此使得列车承载弹簧产生压缩或伸长，造成列车及受电弓的偏移，这种偏移直接影响接触线拉出值的取值。

2. 纵断面影响

线路纵断面由平道和坡道组成，坡道与坡道、坡道与平道的交接点称为变坡点，列车经过变坡点时，车钩内部会产生附加应力，坡度变化越大，附加应力越大，严重时可能造成车钩断裂。同样，变坡点也会引起弓网系统的附加振动，使弓网接触力产生突变，导致弓网集流质量恶化。

坡道的长短和坡度的大小对电力机车和牵引供电系统的参数设计有重要影响，对接触网分相的设置地点、导线坡度、悬挂弹性、吊弦长度有直接影响。

3. 构筑物影响

当列车高速进入隧道时，隧道内的空气被压缩，局部压强增大，对接触网隧道支撑设备以及弓网接触力造成影响。微气压波是列车进入隧道时形成的空气压缩体沿隧道传播至隧道出口时对外放射的压力波，其发生实态如图 3－1 所示，其峰值与车速和堵塞比(列车横断面积与隧道横断面积之比)有关，峰值越大、堵塞比越高，微气压波越明显。

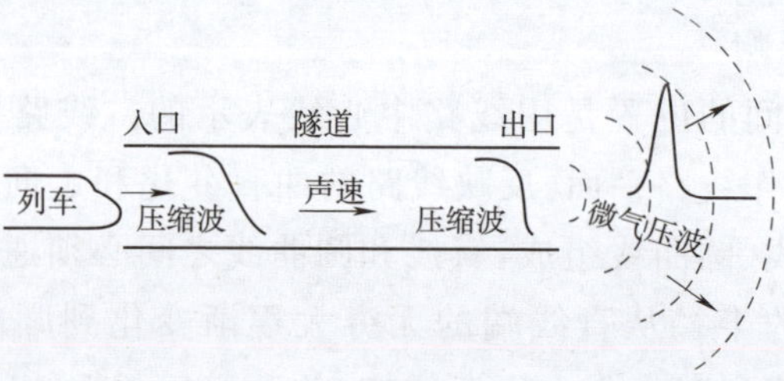

图 3－1 隧道微压波发生过程示意

为避免接触网下部工程施工对桥隧建筑物造成损害，同时也为了提高接触网基础工程的安全性和稳定性，应将接触网下部工程的设计和施工与桥隧工程的设计与施工统一考虑，协调设计，同步施工。

接触网杆基础、电缆沟槽、声屏障基础与路基同步设计、同步施工。接触网基础工程、路基上电缆槽的配合均与路基专业协调，基础按与路基一体化施工考虑。接触网悬挂吊柱埋入件、下锚埋入件、附加悬挂安装埋入件和设备安装埋入件均采用后植化学锚栓形式。新建客运专线区段桥支柱基础由桥梁专业预留，支柱与基础采用法兰锚栓连接方式，下锚拉线基础由桥梁专业预留。接触网支柱沿桥纵向的布置，32 m 简支箱梁设在梁跨的 1/4 或 3/4 处，24 m 跨度的简支箱梁跨设在梁跨的 1/2 处（也可以在 1/3 或 2/3 处），特殊梁跨根据接触网要求确定。枢纽内新建的 T 形梁桥的桥支柱托架、下锚拉线环均由桥梁专业预留。

接触网支柱基础的施工不能破坏路基设施，也不能损伤路基强度。管理上，牵引供电专业根据工务工程提交的详细设计资料，对接触网预留基础、拉线锚环及设备安装螺栓等预埋件进行相应确认，提出建议及修改，由工务工程系统提供线路信息，以便进行牵引计算。

二、间接关系

(1)线路平面（直线、曲线及缓和曲线）不平顺影响弓网振动。

(2)线路纵断面（平道、坡道及竖曲线）影响受电弓冲击。

(3)路基、桥梁、隧道影响受电弓动态特性。

(4)桥梁振动与接触网振动之间的特殊关系，特殊情况下的支柱稳定性。

(5)硬点是指引起受电弓运行状态瞬间改变的各类因素的总称，这些因素中有接触网方面的，有线路方面的，也有空气流方面的，它是多种因素综合作用于弓网受流系统的最终反映。硬点产生因素主要是集中质量点，不平顺点，导高突变点，悬挂增多点，线路变坡点，强空气流。提高轨道平顺性、刚度均匀性，可以有效地减少接触网硬点的产生。

(6)振动对接触压力的影响。在高速运行下,任何一点外部的不平顺都会造成列车的振动,这种振动的振级与列车速度成正比。振动同样将使弓网动态接触压力与静态接触压力产生较大的偏差,造成动态接触压力上下波动,弓网离线,加剧受电弓滑板和接触线网的磨耗。桥梁及建筑物除了满足静态荷载(强度)条件外,还必须满足高速列车动力学的特性要求。严控"变形",以满足高速运行时出现的高频振动要求。

三、电力机车(动车组)对工务设备影响

电气化铁路的线路与非电气化铁路的线路没有太明显的区别,但是电力机车构造上与蒸汽机车不同。电力机车(动车组)对工务设备的影响主要有以下几个方面。

1. 电力机车刚矩大对曲线外轨的侧压力增大

电力机车有两台完全相同各自独立的转向架,通过曲线时,前后两台转向架对车体均有相对转动与横向平移,车体与转向架的中央支承和旁侧支承的上销对下销有相对位移,产生相互作用的复原力矩和复原力。电力机车第一转向架的复原装置增加了第一动轮的转向力,所以它在直线上运行的性能较好,而在曲线上运行时,增大了对钢轨的导向力。

2. 在长大下坡道上电力机车对线路的纵向水平力增大

当电力机车采用电气制动时,整个列车下坡所需用的制动力都集中在动轴上,因此传递到轨道上的纵向水平力,不像蒸汽机车采用空气制动时平均分配到全列车长度内的每根钢轨上,而是集中在电力机车所走行的钢轨上。特别是双机、三机重联时,将造成钢轨爬行严重。

3. 电力机车的垂直作用力增大

电力机车本身重量加重,轮径却比蒸汽机车小。由于机车动轮半径和它对钢轨垂直冲击力成反比,所以对钢轨接头、轨面擦伤处所冲击增大,极易在维修周期内形成病害。

4. 钢轨的特殊病害

在电气化区段,尤其是山区小半径曲线区段和制动地段,钢轨还会产生一种特殊病害,就是波浪形磨耗。由于电力机车采取电阻制动,形象地说是“头不动,尾动”,当机车制动时,整列车并不制动而是拥着机车前进,就如同“搓”着轨面走。钢轨的受力在轨枕上和两轨枕之间明显不同,由于反作用力的差异,轮轨之间的摩擦力也产生差异,垂直磨耗速度不一样,一旦磨耗差异形成,列车通过时便产生频繁的跳动,每次跳动又再次形成垂直唐耗。这样多次跳动就产生了波浪形的磨耗,波浪的频率是轨枕间隔的多次谐波。波浪形磨耗深度达到0.5 mm 时,车辆振动会使旅客产生不舒适感,而且列车产生的垂直加速度对线路的破坏也会加剧,形成恶性循环。因此,当波浪形磨耗达到 0.5 mm 时就要采取打磨的办法来消除。通常采取的打磨手段主要以大型打磨列车为主,小型轨面打磨机为辅的打磨方式。

另外在小半径曲线地段外轨侧面磨耗的速度也会加快。

四、地面磁感应器

自动过分相地面磁感应器是保障电力机车(动车组)自动过分相的一项重要装置,是保障电气化铁路列车运行安全的一项重要设备。

1. 产权划分

地面磁感应器一般分为无砟轨道预埋化学锚栓和有砟轨道轨枕预埋(磁轨枕式)两种安装型式。

无砟轨道预埋化学锚栓型式的地面磁感应器、有砟轨道轨枕分体式的磁性感应装置和不锈钢防护箍配属供电部门,由供电部门负责管理;有砟轨道磁感应器轨枕配属工务部门,轨枕由工务部门负责管理,磁感应装置、不锈钢防护箍由供电部门负责管理。

有砟轨道一体式磁感应器轨枕因磁感应装置损坏需要更换时,由供电部门提出,工务部门配合。其他型式磁感应器因磁感应装置损坏需要更换时,由供电部门更换;因磁轨枕损坏(含一体式磁感应装置损坏)需要更换时,由工务部门提出,供电部门配合。

2. 维修管理

(1)供电部门负责地面磁感应器磁感应强度技术质量的管理,制定明确的检测维护办法,建立地面磁感应器的定期检查维护制度、标准及台账,记录磁感应器型号、生产厂家、安装里程等技术数据,做好磁感应装置和磁感应强度的检测、检查和确认。

(2)工务部门负责安装有地面磁感应器的磁轨枕的管理,制定相应管理制度和办法,建立磁轨枕设备台账,记录轨枕型号、里程等技术参数,负责磁轨枕的移位或更换。

3. 运用管理

(1)供电部门对地面磁感应器的磁感应强度每半年检测一次。检测方法和标准如下所述。

①使用高斯计,在磁感应器上方水平方向距钢轨内缘 335 mm±15 mm、垂直方向距钢轨顶面 110 mm+10 mm 处测量,地面磁感应器的磁感应强度应大于 36 GS。

②发现地面磁感应器的磁感应强度临近 36 GS 时,应适当缩短测量周期。

③当地面磁感应器开裂、损坏、松动、丢失或磁场强度低于 36 GS 时,应及时更换。

(2)工务部门发现磁轨枕断裂、破损需要更换时通知供电段,供电段做好配合工作,确认磁轨枕安装位置和方向,检测磁感应装置的磁感应强度符合标准。

(3)供电部门发现一体式磁轨枕上安装的磁感应装置破损或检测磁感应强度低于规定标准时,应立即通知工务段,工务段应及时更换磁轨枕,供电段做好配合工作。

(4)工务部门在线路日常养护、维修作业中,应注意保护装有地面磁感应器的轨枕和轨道板,避免意外损坏。维修、施工作业影响地面磁感应器使用时,应在影响范围中注明。

(5)任何部门不得擅自对电气化铁路地面磁感应器进行移动和改造。确需移设地面磁感应器位置时,必须报集团公司供电、工务部门批准后方可执行。

(6)供电部门因改变分相位置、长度，需调整地面磁感应器位置时，应提前通知工务部门，共同确认其安装位置和性能符合规定，并签订施工安全协议后方可实施。

(7)有砟轨道区段，工务部门应储备不低于安装数量10%的有砟轨道磁轨枕备品备件，建立备用磁感应器轨枕材料台账，根据定额储备在相关车间和工区，消耗后及时足额配齐。

无砟轨道区段，供电部门应储备不低于安装数量10%的无砟轨道地面磁感应器和分体式有砟轨道磁轨枕备品备件，根据定额储备在相关车间和工区。一旦使用备品，应及时补充。

(8)在设有地面磁感应器的线路上，电力机车、动车组司机在运行中发现不能自动过分相时，应立即报告车站值班员(列车调度员)。车站值班员(列车调度员)接到报告后，通知后续列车注意运行，通知相关供电、工务部门检查处理，在“行车设备检查登记簿”登记。

第二节　电气化铁路线路维护作业

一、基本特征

在电气化铁路线路上，由于电力机车构造特点，对轨道的动力作用和影响有以下一些特点：

(1)由于电力机车的轴重大、牵引力大、制动力大，轨道承受的垂直力、横向力、纵向力都大大增加，因此对于轨道稳定性的要求更高，如何防止轨道横移、轨距扩大、线路爬行和钢轨破损，成为线路作业的重点。在高坡小半径曲线地段，保持轨道的稳定性尤为重要。

(2)电气化铁路线路上空挂有接触网，为保证接触网导线在最大弛度时，与轨顶之间保持《铁路技术管理规程》规定的最大高度和最低高度，对线路维修质量要求严格。起道、拨道和其他维修作业受到严格限制，起道高了，接触网带电部分与机车车辆或装载的货物之间的距离小了，就会危及货物安全和作业人员安全；起道低了，接触网导线的高度如果超过受电弓的最大工作高度时,受电弓就可能脱离接触网导线或因接触不良而影响机车取用电流。同样,拨道不符合规定,使导线偏离线路中心线时,受电弓可能脱离导线或影响机车取用电流。

(3)由于电力机车的牵引力大、起动稳、加速快,因此即使在大坡道上行驶,上下坡速度差也很小,曲线超高容易做到与上下行速度相适应,从而减轻了曲线下股钢轨的碾堆程度。

(4)电力机车采用齿轮传动,不像蒸汽机车需在主动轮曲拐上设置均衡块,所以在运行时的不平顺性减少了,从而减轻了对钢轨的振动力。但电力机车采用电制动,特别是紧急使用电制动时,全列车的制动力均集中在机车的动轮上,纵向力集中作用于机车走行的轨节上,容易导致机车车轮空转,钢轨轨头超负荷,从而会擦伤甚至烧化钢轨踏面。

(5)电力机车不像蒸汽机车有浓烟、喷气,因而可以减轻道床的脏污、钢轨配件的锈蚀,避免了隧道内空气的污染,改善了隧道内的工作条件。

(6)由于接触网带有 27.5 kV 高压电,在带电的接触网下进行线路维修作业,要时刻注意安全,严防触电。

二、钢轨爬行与轨距扩大的原因及整治

(一)钢轨爬行

1. 主要原因

当电力机车采用电阻制动时,整个列车所需的制动力均集中在机车动轮上。因此,传递到轨道上的纵向水平力(又称爬行力)集中在机车下面的数根钢轨上。电力机车采用电阻制动时,作用在钢轨上的纵向水平力比蒸汽机车要大得多,尤其在长大坡道下坡方向更为明显。当爬行力(纵向水平力)大于道床和防爬扣件阻力时钢轨就会发生爬行。

2. 整治方法

为了防止钢轨爬行,可采取各种防爬措施。例如,长大坡道地段

增加防爬设备，在每组防爬器的下坡方向还可增加防爬器，并加宽和夯实道床。防爬的根本措施是加强电气化铁路的轨道，如采用60 kg/m或75 kg/m重型钢轨；在坡度大于12‰的下坡制动地段增加轨枕配置数，增强轨道的抗爬行能力；采用钢筋混凝土枕和新型弹性扣件，加强轨下基础，从根本上改善钢轨受力条件。

（二）曲线地段轨距扩大

1. 主要原因

电力机车有两台完全相同、各自独立的转向架，转向性能不如蒸汽机车有导轮那样好。在曲线上运行时，增大了对曲线外轨的导向力（侧向力），易使轨距扩大，特别是上坡道、小半径曲线地段尤为显著。因此，工务部门要经常检查轨距，并采取各种措施，防止轨距扩大和轨距杆折断。

2. 整治方法

在曲线上，横向力随曲线半径的减小及行车速度的提高而增大。随着运量的增长，大型机车的行驶，轴重的增加，需要加强的范围有向较大半径曲线扩展的趋势。可根据运量、机车类型、速度等条件，结合轨道的实际状态，按实际需要安装轨距杆或轨撑。

在按标准数量安装轨距杆或轨撑后，如加强力量仍不足，可适当增加数量。半径为350 m及以下的曲线和道岔导曲线，可根据需要安装轨距杆和轨撑两种加强设备。

混凝土枕扣件采用弹性扣件。弹性扣件垂向和横向有弹性，或只垂向有弹性，行车时扣压力损失小，保持轨距能力较强，例如弹条Ⅰ型、Ⅱ型和Ⅲ型扣件。

由于电力机车走行部分的构造与其他类型机车不同，在同样半径的曲线上，前者比后者的横向力显著增大。电力牵引区段的曲线加强，应比行驶其他机车区段高一些。

三、起道、拨道、改道、捣固作业

线路日常的修复性起、拨道作业工作量较大、覆盖面广，且该类修复性作业对接触网拉出值控制是有利的，一般不需要供电部门配合。超出电力机车轴距范围的起、拨道作业对接触网拉出值有较大影响，按照目前电力机车最短的轴距控制，作业范围大于 8.2 m 的连续起、拨道超出规定，应事先通知供电部门配合。单股起道作业一般指曲线调整超高。

1. 起道的基本要求

为了保持电力机车受电弓与接触网导线的良好接触，不产生脱开或撞击现象，轨道的长平或前后高低必须经常保持完好状态。我们知道，接触网导线距钢轨顶面的高度是一定的，但为了保持线路的长平处于完好状态，线路就不可避免地要经常做适当起道。由于接触网导线与轨面间的距离必须符合《铁路技术管理规程》的要求，保证电力机车受电弓与接触网导线的正常相互作用，所以起道的高度特别是曲线调整超高或单股起道的高度必须限制在一定范围之内。因此，在电气化铁路上进行起道作业，起道高度应符合下列规定：

(1)普速铁路两股钢轨同时起道时，一次作业起道量不得超过原轨面标准线 30 mm，且两股钢轨起道量相差不得超过 11 mm；调整曲线超高时，单股起道量不得超过 11 mm。起道量超出上述规定时，应事先通知供电部门进行调查确认，需接触网设备进行调整配合时应有接触网调整设计。必要时，工务与供电部门协同施工，起道与调整接触网同时进行。

(2)高速铁路两股钢轨同时起道时，一次作业起道量不得超过原轨面标准线 30 mm，且两股钢轨起道量相差不得超过 7 mm；一股钢轨起道时，一次作业起道量不得超过 7 mm。起道量超出上述规定时，应事先通知供电部门进行调查确认，需接触网设备进行调整配合时应有接触网调整设计。必要时，工务与供电部门协同施工，起道与调整接触网同时进行。

(3)起道作业时，隧道、下承式桁架桥和拱桥、斜拉桥不得超过限界尺寸线。

(4)以普速铁路为例，受电弓偏移量与起道量的关系如图 3－2 所示。由图中几何关系可根据三角形相似的原理推出关系式：

$$h/S=d/H \tag{3-1}$$

$$d=(H/S)\cdot h=(3.8\sim4.3)h \tag{3-2}$$

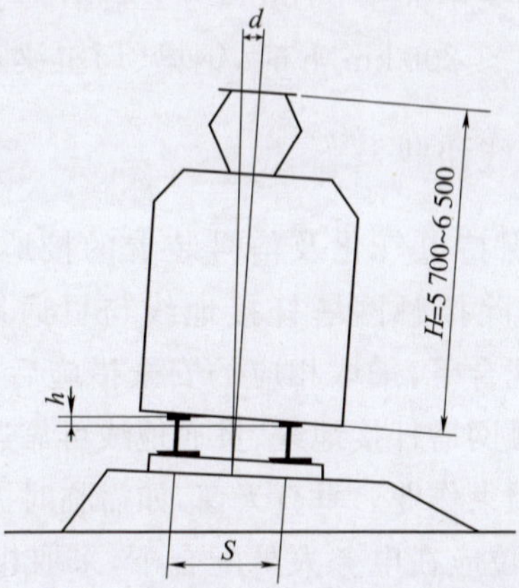

图 3-2　受电弓偏移与起道量关系(单位:mm)

d—受电弓偏移量；H—接触网高度；S—两股钢轨中心线间的距离；h—单股起道量

从上述推导过程可以看出，单股起道量对受电弓偏移的影响是3.8～4.3倍，一般在4倍左右。也就是说，起道30 mm时，受电弓就会偏移120 mm左右。

2. 拨道的基本要求

为保证铁路直线线路中心与接触网导线的垂直投影相吻合，防止电力机车受电弓与接触网导线的接触点落在受电弓工作宽度以外，在电气化铁路线路上进行拨道作业，应遵守下列规定：

(1)高速铁路线路中心位移一次不得超过30 mm，一侧拨道量年度累计不得大于120 mm，并不得侵入限界。拨道量超出上述规定时，应事先通知供电部门调查确认接触网设备调整工作量并配合作业。

桥梁上一侧拨道量年累计不得大于60 mm，且应满足线路中心与桥梁中心的偏差不得大于50 mm。

(2)普速铁路线路中心位移一次不得超过30 mm，一侧拨道量年度累计不得大于 120 mm，并不得侵入限界。拨道量超出上述规定时，应事先通知供电部门调查确认，满足调整要求后配合作业。

桥梁上一侧拨道量年累计不得大于 60 mm，且应满足线路中心与桥梁中心的偏差，钢梁不大于 50 mm，圬工梁不大于 70 mm。线路允许速度 120 km/h$<v_{max}\leqslant$200 km/h 时，钢梁、圬工梁不得大于 50 mm。

四、临时拆除地线作业

线路作业必须保持电气化及信号装置的接地线及轨端连接线正常连接，如需临时拆除接触网塔杆接地线与贯通地线时，作业单位应在供电和电务人员配合下，采取相应的安全措施后方准开工；作业完毕后应及时恢复与接触网塔杆接地线、贯通地线可靠连接，经供电、电务人员测试合格后方准结束作业。垂直天窗，如需临时拆除与贯通地线连接的接地线时，作业单位应在电务人员配合下，采取相应的安全措施后方准开工；作业结束后应及时恢复接地线，并经电务人员测试合格后方准结束作业。V 形天窗，严禁拆除与贯通地线连接的各种接地线。

五、更换钢轨作业

1. 非自动闭塞区段更换钢轨

在非自动闭塞的电气化区段上更换钢轨时，应遵守下列规定：

(1)严禁在同一地点将两股钢轨同时拆下。

(2)换轨前应在被换钢轨两端轨节间纵向安设一条截面不小于 70 mm^2 的铜导线。导线两端牢固夹持在相邻的轨底上，如图 3－3 所示。该连接线在换轨作业完毕后方可拆除。

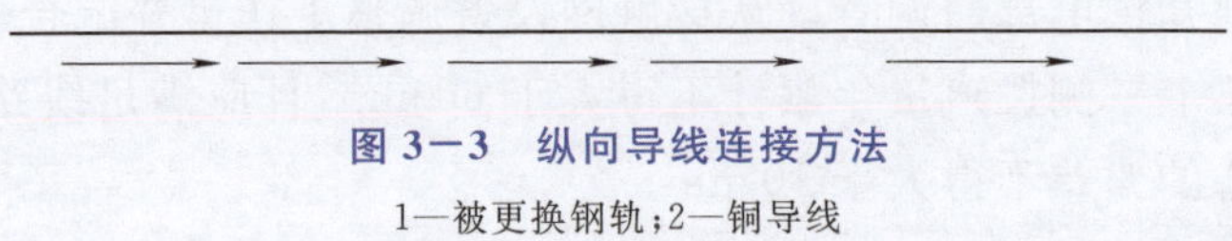

图 3－3 纵向导线连接方法

1—被更换钢轨；2—铜导线

2. 自动闭塞区段更换钢轨

在自动闭塞的电气化区段上更换钢轨时，应遵守下列规定：

(1)在同一地点同时更换两股钢轨时，无论该地段接触网是否停电，换轨前必须在被换钢轨两端的左右轨节间横向各设一条截面不小于70 mm^2的铜导线，在被换一股钢轨两端轨节间纵向安装一条截面不小于70 mm^2的铜导线。导线两端用夹子牢固夹持在相邻的轨底上，如图3—4所示。作业完毕后方准拆除接地线和导线。

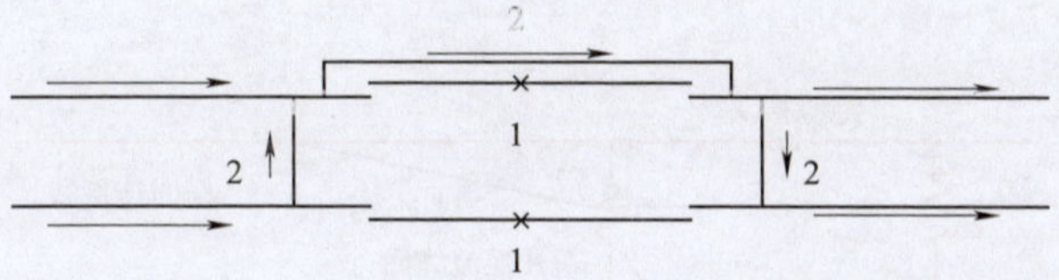

图3—4　同一地点同时更换两股钢轨导线连接方法

1—被更换钢轨；2—铜导线

(2)更换一股钢轨时，换轨前应在被换钢轨两端的左右轨节间横向各设一条截面不小于70 mm^2的铜导线。导线两端用夹子牢固夹持在相邻的轨底上，如图3—5所示。

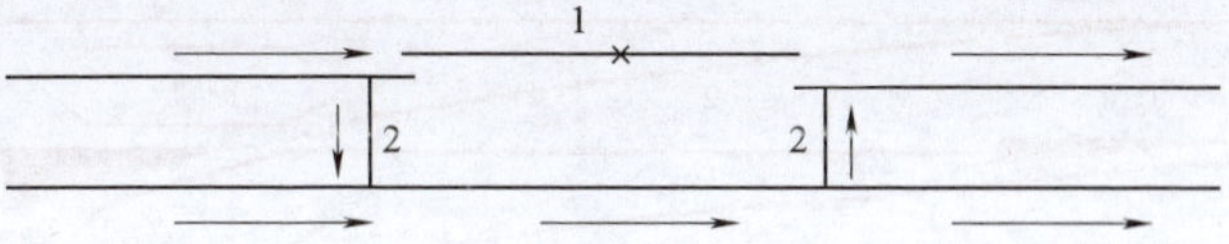

图3—5　更换一股钢轨导线连接方法

1—被更换钢轨；2—铜导线

(3)更换钢轨需拆装扼流变钢轨引线时，应有电务人员在场配合，拆装作业由电务人员完成；未设置好分路电缆之前，不得将扼流变钢轨引线从钢轨上拆开。

(4)在站内更换钢轨或夹板时，其钢轨导线的连接方法，必须考虑轨道电路和车站作业的要求。

(5)整组更换道岔作业按本项第(1)款规定办理。

(6)更换带有吸上线的钢轨,必须先通知供电部门采取安全措施后,方准作业。

3. 其他导线连接要求

(1)在更换带有轨端绝缘的钢轨之前,除必须使用横向连接线将被换钢轨相邻轨条与相对轨条连接外,还要用连接线将轨道扼流变压器中间点与被换钢轨相对的钢轨连接好,并断开扼流变压器上的连接线后,方准更换。扼流变压器的扼流线圈与钢轨连接,如图 3－6 所示。

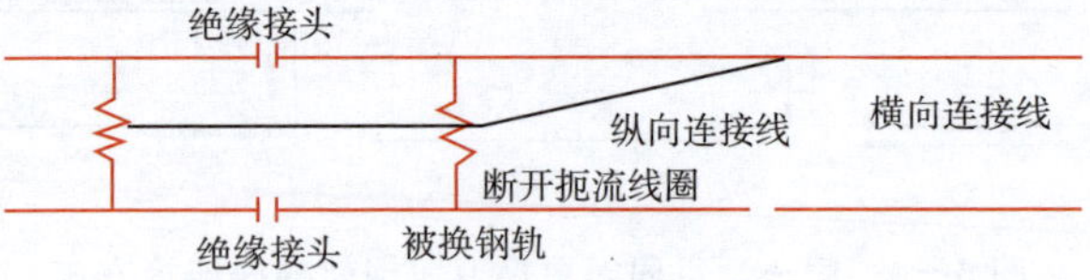

图 3－6　扼流线圈与钢轨连线示意

(2)更换辙叉或翼轨时,要设好临时连接线,临时连接线必须有三根(岔后直股、曲股各一根,岔前直股或曲股连接一根),如图 3－7 所示。

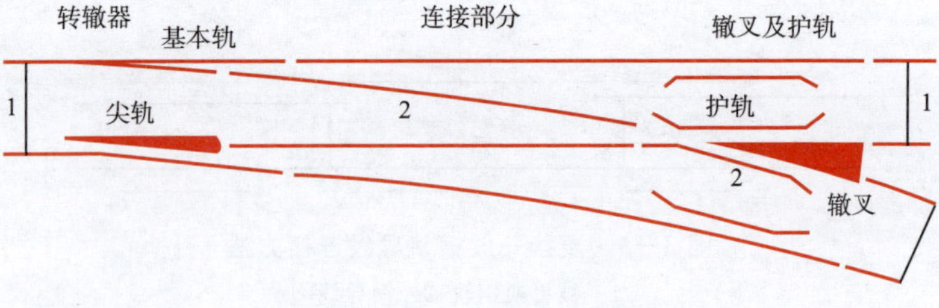

图 3－7　临时连接线设置

1—连接线;2—被更换辙叉或翼轨

(3)更换无缝线路上缓冲区的钢轨时,必须在邻近的钢轨上预先安设横向导线,一般更换缓冲区钢轨后,在接头处安设接头夹板,每端不少于两个螺栓联结,并在这个接头上安设不短于 200 mm 的纵向铜连接线,用夹钳牢固联结于接头夹板范围外钢轨底部。同上顺序,更换另一股上的缓冲轨，并安设纵向连接线。两股钢轨都安设好纵向连接线以后，可以拆除横向连接线。当新缓冲区钢轨上的夹板上好以后，才可拆除纵向连接线。无缝线路区段更换缓冲区钢轨工作顺序如图 3－8 所示。

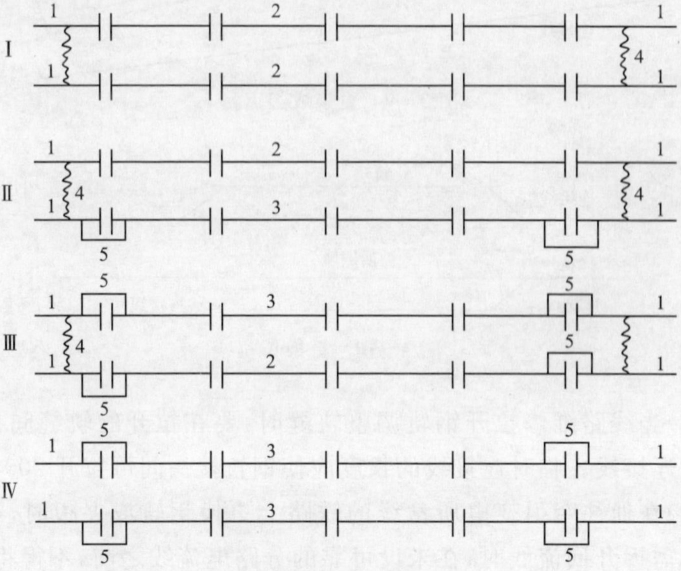

图 3－8　无缝线路区段更换缓冲区钢轨工作顺序

1—无缝线路钢轨；2—应当更换的缓冲区钢轨；3—新换上的缓冲区钢轨；4—横向连接线；5—纵向连接线

(4)更换成组道岔，如图 3－9 所示。整组更换道岔作业按《高速铁路工务安全规则》第 3.5.2 条第 1 款和《普速铁路工务安全规则》第 2.3.7 条第 1 款规定办理，施工单位还必须提前通知供电、电务等设备管理单位进行配合；更换完毕必须经供电、电务人员检查符合要求后，方准撤除临时安全设施。

(5)电气化区段如采用不停电换轨作业方法，使用待铺单元轨条作为接触网的临时回流通道时，钢轨胶接绝缘接头处必须设置临时连接线，如图 3－10 所示。

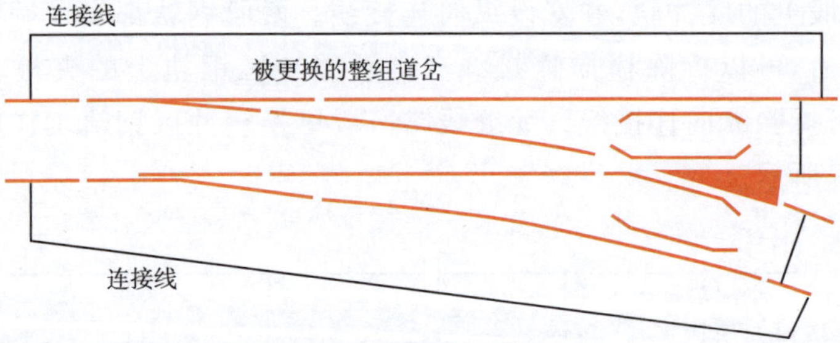

图 3—9 更换成组道岔

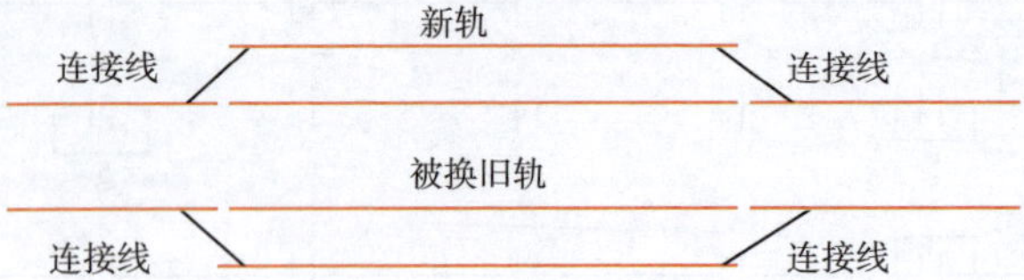

图 3—10 更换长轨

(6)当线路维修拉开钢轨调整轨缝时,要在拉开的轨缝间预先装设临时连接线。临时连接线的长度应使钢轨接头间可拉开 200 mm。

(7)在通往牵引变电所岔线的铁路上更换钢轨或夹板时,或因更换钢轨需拆开回流线时,在未设可靠的分路电流线之前,不得将钢轨、夹板和回流线拆开,以免影响牵引电流流向牵引变电所的通路。拆装回流线必须由牵引变电所的工作人员进行,更换钢轨或夹板也需有上述人员在场监护。

六、邻近线路开山放炮、处理危石(树)作业

在电气化铁路附近进行爆破作业,可能损伤供电设备和影响行车安全,因此要与供电部门确认,提出接触网停电配合的施工计划,制定相应的安全措施,报集团公司批准,以防供电设备损坏,危及行车和人身安全。

处理危石、孤石时,最好采用破石或埋石的方法,不宜采用放炮或直接清除的方法,以免放炮损坏供电设备和危石、孤石砸坏接触网及有关技术装备。

电气化区段(特别是离接触网较近的场所)严禁使用电雷管起爆。爆破必须停电。

处理危树时,应先用绳索将危树向线路外侧拴牢,然后从危树根部进行锯割,并使其尽量倒向线路外侧。

发现树枝折断、树梢倾斜接触到电气化线路时,应离开接地处10 m以外,并及时报告供电部门或供电部门调度,经供电人员现场确认停电及采取相应的安全措施后方可处理。

七、邻近接触网(不足2 m)作业

在接触网带电部分不足2 m的建筑物上作业,如维修隧道拱部,安装和拆除明峒施工的拱架等,接触网必须停电。在确认接触网已经停电并已挂好临时接地线之后,方可开始施工。

施工完了,供电部门应确认所有工作人员都已转移到安全地点,施工机械、材料未有遗留,具备接触网送电条件后,方可拆除临时接地线。在拆除临时接地线后,禁止再进行上述作业。

八、接触网电杆整正作业

铁路电气化工程利用无缝线路轨道为支点进行接触网电杆整正时,如图3－11所示,必须遵守以下要求。

图3－11 接触网电杆整正

(1)整正接触网杆的作业时间,应避开高温季节,直线地段应不超过实际锁定轨温(由工务设备管理部门提供)10 ℃,曲线地段上股应不超过实际锁定轨温 5 ℃,同一曲线不得同时有两处施工作业。

(2)作业时的防护和行车安全由施工单位负责。作业结束后,经工务段检查,确认线路无横向和纵向位移,道床恢复原状,经夯实后,由工务设备管理部门接管并负责行车安全。

(3)工务设备管理单位应指派职工监督施工单位作业,提供施工地段无缝线路有关情况,检查线路状态,发现施工不符合有关规定或出现异常情况时,有权制止施工单位作业。

第三节 电气化铁路桥梁作业

一、钢梁冲洗作业

(1)冲洗作业前,作业负责人要认真检查水管,凡水管龟裂或破损,禁止使用。管路接头必须牢靠,防止管路破损或接头松断发生危险。

(2)冲水管前端一律加装“十字阀”,控制水流,做到冲洗时“开阀”,不冲洗时“关闭”。

(3)冲洗钢梁中上部时,必须严格执行专项安全措施,指派专人掌握冲水胶管,专人看管水阀、水泵及水管头,且严格在天窗点内进行,一旦发现胶管破裂或作业人员违章操作,应立即关闭水阀,并向现场作业负责人报告,谨防触电伤害,避免对行车的干扰。

(4)冲洗钢梁下部作业时,水流必须由上往下冲洗,不准“空射”,严禁向接触网方向冲水。

(5)冲洗钢梁中上部时,现场必须由工长或班长亲自带班。

二、桥梁大修、维修作业

(1)距接触网带电部分不足 2 m 的建筑物上作业必须申请停电,利用 V 形天窗或在带电维修作业车上进行。

(2)在距离接触网带电部分 2 m 以上的脚手架或桥梁结构上作业时，接触网可不停电，但须有接触网工或经专门训练的职工在场监护。作业人员及机具等不得侵入距接触网带电部分 2 m 范围内。

(3)在距离接触网带电部分 5 m 以内的金属结构(结构梁杆件、龙门架、圬工梁拱检查通道，钢脚手架等)上施工时，金属结构均需有接地。脚手架上绑扎的铁丝，应把余头去掉，以防止端头放电伤人。

(4)桥梁上部脚手架，脚手板必须绑扎、安设牢固，防止坠落砸断接触网导线，造成断线事故，严禁从高空脚手架上往下扔工具材料。

(5)钢梁、圬工梁拱上部搭拆脚手架时，工具、材料必须在铁丝网栏杆外或距接触网导线 2 m 以外的地方吊装，禁止在铁路建筑物限界内吊装工具材料。如需在铁路建筑物限界内吊装时，必须申请停电或天窗时间内进行。绑扎脚手板的绳索不得下坠侵入接触网 2 m 范围内，不得将绳索掉落在接触网导线上造成接触网故障，如发生绳索掉挂在接触网电线上，必须立即报告，通知接触网工区派员处理，严禁擅自处理。

(6)移动上部活动脚手架时，必须有带班作业负责人在场，按规定设好防护，上下作业时做到呼唤应答，如遇来车应停止作业，移动前要认真检查脚手架上工具材料，脚手板是否固定牢靠，防止坠落物件砸损接触网导线。

(7)在进行钢梁中上部喷砂、喷漆作业时，风油胶管必须妥善架设牢靠，不得侵入接触网导线 2 m 范围内，防止坠落物掉挂在接触网导线上，避免触电事故或打断接触网导线。

(8)攀登钢梁上部或引桥公路梁拱上作业时，钢、木、竹梯均必须安置在桥上铁丝网栏杆外或距离接触网 2 m 以外的地方，并固定牢靠，防止倒向接触网。金属梯应安设地线。

三、单项作业

(1)单根抽换桥枕作业时，对于电气化及信号装置的接地线和连接线，要保持正常的连接。

(2)调整维修护轨时,使用的金属工具应加装绝缘设施,防止将两股钢轨连接造成短路,影响信号。

(3)更换整组钢轨伸缩调节器时,须事先通知供电部门采取安全措施后方准开始作业。更换工作完毕,须经供电人员检查符合供电要求后,方准撤除安全措施。

(4)巡守工、工班长在巡桥检查时,除检查线、桥行车设备外,注意对接触网的巡视,发现接触网有故障时,按有关规定处理。

(5)雷雨、风雪等恶劣天气巡道或检查时,应行走桥两侧人行道,禁止走道心。桥上遇有泥水连接处所,要避开绕行,以防触电。

四、桥面消防作业

在电气化铁路附近发生重大火灾时,必须立即通知车站值班员、列车调度员、牵引供电调度员和接触网工区值班人员。灭火时,应遵守下列规定:

(1)用水或一般灭火器(干粉泡沫)浇灭离接触网带电部分不足4 m的烧着物时,接触网必须停电;若使用沙土灭火时,距离接触网在2 m以上者,可不停电。

(2)距接触网超过4 m的烧着物,可不停电用水浇,但必须特别注意不向接触网的方向喷射,并保持水流与带电部分的距离在2 m以上。

(3)如钢梁上部脚手架或有下穿的电气化铁路桥面等部位着火,严禁浇水灭火;对于无下穿电气化铁路的明桥面发生小火苗时,可用水浇灭。

第四节 电气化铁路装卸、自轮运转特种设备及机具作业

一、装卸作业

(1)在接触网带电的情况下使用重型轨道车(拖车、平板车)装卸

钢轨时，所有工具（如撬棍等）不准超过头顶。装卸钢轨、轨枕等长大物料时，只允许平移，不许竖立，因作业需要与接触网距离不足 2 m 时，必须将接触网断电。

不得向上空投抛篷布或其他杂物；不得采用竹竿等物测量货物装载高度等靠近接触网的作业。

(2)在接触网未停电、接地的情况下，不得使吊车的吊臂在接触网下伸臂、转动，如图 3—12 所示。

(3)进入电气化区间卸车时，卸车负责人除确认列车调度员发布调度命令（往返车次、卸车地点、返回时间）外，还应依照卸料方案确认接触网停电或不停电的请求事项。

卸车负责人接列车调度员和牵引供电调度员命令，并确认接触网已停电的通知，列车进入区间到达卸车地点方可开始作业。

卸车完毕，卸车负责人必须检查确认无侵入限界并关好车门后，方可通知运转车长或司机办理动车手续。

(4)采用电力机车牵引列车进行区间卸车时，列车进入区间前接触网不停电；列车到达卸车地点停车后，由运转车长用无线调度电话报告列车调度员转报牵引供电调度员发布停电命令。运转车长接到停电命令并确认接触网停电后，通知司机鸣笛一长声，准许卸车人员下车、打开车门、开始卸车作业。卸车完毕，运转车长应会同卸车负责人检查清道情况，并督促卸车人员关好车门，并于清道后迅速上车。运转车长确认卸货距离符合要求、卸车人员全部上车后，向列车调度员报告，由列车调度员转报牵引供电调度员发布恢复接触网供电的调度命令。

(5)遇以下几种情况组织区间卸车时，接触网可不停电，但须采取相应的安全措施：

①使用风动石砟车卸路料时，应由电力机车牵引列车进入区间指定地点，以不超过 15 km/h 的速度边走边卸，但不准电力机车推进运行（不得将电力机车置于所卸车辆后面），如图 3—13 所示。

图 3—12 吊车作业

图 3—13 风动石砟车卸石砟

②平车装运的钢轨、轨枕及线上料，在区间由人工卸车时，卸车人员可站在平车底板或端板上，使用 0.8 m 以下的短撬棍卸车（因区间接触网导线的最低高度为 5 700 mm，减去车底板高度 1 100 mm、卸车人员及其所持工具的高度 2 600 mm，人与带电体之间仍保持 2 m 的安全距离）。

二、自轮运转特种设备作业

(1)在接触网没有停电并接地的情况下，严禁任何人员到轨道车、探伤车、收轨吊平车等车顶部进行任何作业。

(2)轨道车、探伤车、收轨吊平车等可以攀登到车顶的梯子和通往车顶的通道等处，均应明显涂有“接触网有电，禁止攀登”的警告牌，必须按规定加锁。

(3)严禁司乘人员从车前后及侧窗攀登车顶部进行各种作业，严禁在司机室前后端攀登清洗玻璃。

(4)装有“天(顶)窗”的自轮运转特种设备，“天窗”必须加锁锁闭，“天窗”未加锁不得上线运行。

(5)认真确认电气化铁路安全标志牌，司机、副司机出退勤要严格按照固定走行线行走，做好自控、互控。

(6)在电气化区段，各种机械、车辆严禁用水冲洗。

(7)严禁在轨道车、探伤车、收轨吊平车等车顶部安装超过机车车辆限界的各种设备。

(8)大型养路机械等设备检修、整备、加油作业时，严禁向车顶投掷工具、电线、油管等物品。

三、机具作业

(1)机具应有专人负责检修、保养及使用，经常保持状态良好，不得带“病”使用。

(2)改造或修理后的机具应经过技术检验，确认性能及各部件符合要求后方可使用；上道使用的养路机械必须通过安全使用审查。

(3)数台机械配合作业时，必须有明确的联系信号，任何一台机械的起动或停止，应及时通知相关机械的操作人员；在作业中机械发生故障停车时，应立即切断电路，机械修理应在停机后进行。

(4)露出机体的传动部分，应有网罩或其他防护设施；在线路旁操作动力机械时，应在靠近线路一侧设安全栅栏。

(5)施工中使用的空压机、发电机、电动卷扬机、搅拌机等机电设备，应尽可能安置在距离接触网 5 m 范围以外；如安置在距离接触网 5 m 范围以内时，应有良好的接地装置，在可能带电部位，应设有“高压危险”的明显标志，并由施工负责人负责采取有效的防护措施。

(6)在电气化铁路区段通过或使用的铺砟机、铺轨机、铺路机、架桥机、整砟车、清筛车、吊车等各种大型机具设备，均不得超过机车车辆限界。

(7)在电气化铁路区段使用架空索道或绞车时，应先做好调查工作，其钢丝绳(包括晃动量)离接触网带电部分最小距离应大于 5 m，并有接地线。

第五节　高速铁路供电与工务结合部管理

一、自然灾害及异物侵限监测系统与接触网支柱的分界

安装在接触网支柱上的风速计、雨量计及支架等归工务部门负责，接触网支柱本体归供电部门负责，如图 3－14 所示。

图 3－14 安装在接触网支柱上的风速计、雨量计

1—雨量计；2—安装装置；3—风速风向仪；4—传输电缆；5—数据采集单元

二、牵引变电所与自然灾害及异物侵限监测系统的分界

自然灾害及异物侵限监测系统接入变配电所控制回路的，以控制回路接线端子自然灾害及异物侵限监测系统侧 100 mm 处分界，该点向自然灾害及异物侵限监测系统侧设备归工务部门负责，向变配电所侧设备归供电部门负责。

三、工务标志牌安装要求

（1）公里标、半公里标：路基、桥梁地段有接触网支柱地段，设置在距实际位置最近的接触网支柱上，标志牌底边距轨面为 3.0 m。

（2）标志的螺栓紧固力矩为 60～70 N·m。

（3）连接套管与接触网支柱的距离应为 5～10 mm。

（4）动车组停车位置标：线路间（侧）设有接触网支柱的，动车组停车位置标须设在接触网支柱上。

(5)安装在接触网支柱上的标志牌归工务部门负责,接触网支柱本体归供电部门负责。

(6)悬挂于接触网支柱上的线路标志牌等附属物须满足建筑限界的要求,由标志管理单位负责日常维护工作。工务部门对公里标、半公里标进行维护或更换时,应提前通知供电部门配合,接触网必须停电。设置标志牌的接触网支柱移动时供电部门需通知工务段。接触网支柱施工或维修影响线路标志使用时,施工单位应通知工务部门。

(7)电气化线路位移观测桩标记设置在最近的接触网支柱上。在每单元轨节起终点钢轨内侧轨腰上标注无缝线路长轨条编号、锁定轨温,利用接触网支柱作为观测桩。观测桩上的观测点,用红色等边三角形(边长 15 mm),箭头指向观测点。

四、CPⅢ点设置要求

用于线路精调精测的 CPⅢ点预埋件在路基、桥梁地段,应沿线路设置在路基两侧接触网支柱或接触网支柱基础上。

1. 接触网支柱

(1)路基段 CPⅢ点成对布设在路基接触网支柱上。CPⅢ点布设在接触网支柱靠近线路一侧,高度距法兰盘底面不小于 1 m,距离支柱边缘不小于 6 cm。路基段 CPⅢ点布设具体位置如图 3－15 所示。

(2)路基段接触网支柱上 CPⅢ点使用专用预埋件,如图 3－16 所示。

(3)路基段 CPⅢ点预埋件埋设:

①路基段 CPⅢ点预埋件应在选定位置横向埋设。

②埋设时,首先在电气化支柱上选定位置横向打孔,钻孔直径 13.5 mm。

③埋设时应注意预埋件应尽量水平,将"接触网 H 型支柱上 CPⅢ点专用预埋件"安放孔中,按次序安装垫片及固定螺母,并采用专用工具将标志拧紧固定,然后涂抹专用金属胶进一步固定。

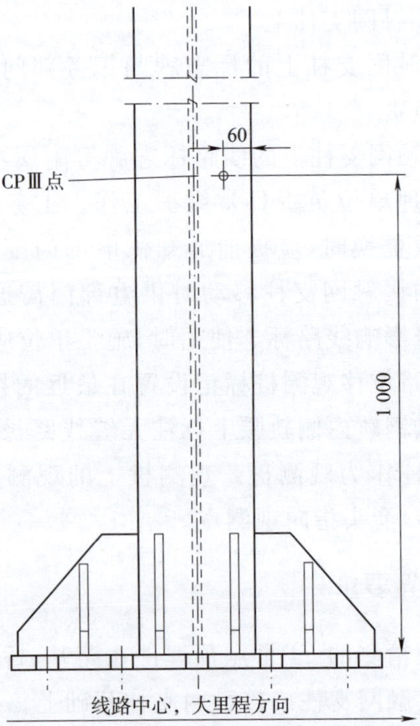

图 3－15 H 型支柱上 CPⅢ点布设位置示意(单位:mm)

图 3－16 H 型支柱上 CPⅢ点专用预埋件(左)**与保护盖**(右)

④安装完成后对标志进行复核,预埋件须稳固,不可晃动,标志内及标志顶面须无任何异物,并检查保护盖是否正常。

⑤预埋件埋设完成及不使用时,一定加设保护盖,以防止异物进入预埋件内影响预埋件使用及其精度。

2. 接触网支柱基础

路基段 CPⅢ点设置在接触网支柱基础上使用专用预埋件,如

图 3—17 所示。

图 3—17　CPⅢ点设置在接触网支柱基础上

日常施工或维修作业严禁损坏 CPⅢ桩点；供电部门在作业时应对接触网支柱上的 CPⅢ点预埋件加强保护，防止损坏。

接触网支柱施工或维修影响 CPⅢ点使用时，施工单位应通知工务部门。供电部门需要调整或更换安装 CPⅢ点预埋件的接触网支柱时，供电部门需通知工务段，由工务段对设于接触网支柱上的 CPⅢ点进行调整和重新测量。

五、定位系统射频卡安装要求

在线路上每 5 km 左右或长短链等里程跳变位置安装定位系统射频卡（图 3—18），可选择距离安全通道较近的接触网支柱。有条件的情况下，在每个射频卡安装位置，分别采集上下行轨道中心点处的 GPS 定位经纬度。要求尽量选择 GH240 系列接触网钢柱作为安装载体。

射频卡安装在线路旁接触网线杆上，正面朝向线路，并保证卡片与地面垂直。安装高度距离轨面 2.2 m（安装精度要求 1 cm 以内），射频卡上方不能覆盖金属物。射频卡安装时，先将射频卡用螺钉固定在

反面　　　　正面

图 3－18　射频卡正反面示意

金属底座上，再将金属底座固定在接触网线杆上，安装后的效果如图 3－19 所示。

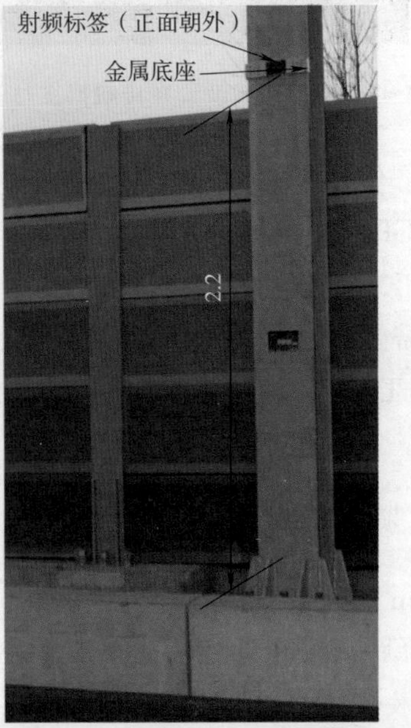

图 3－19　射频卡安装高度示意(单位:m)

日常施工或维修作业严禁损坏射频卡;供电部门在作业时应对接触网支柱上的射频卡加强保护,防止损坏。

接触网支柱施工或维修影响射频卡使用时，施工单位应通知工务部门。供电部门需要调整或更换安装射频卡的接触网支柱时，供电部门需通知工务段，由工务段对设于接触网支柱上的射频卡进行调整和重新测量。

六、在路基上设置电杆、接触网支柱要求

在路基上设置电杆、接触网支柱等设备，其内侧距线路中心线不应少于 3.1 m，同时不得阻碍路基排水，不得诱发路基下沉、边坡溜坍等病害。

七、高速铁路隧道上部除冰要求

工务段在冬季需要对隧道上部进行除冰作业或进行结构检查时，应预先通知供电部门配合，接触网必须停电。使用供电部门的接触网作业车或梯车进行作业时应注意人身安全，未得到接触网停电的通知，不得进行作业。

第六节　电气化设备维修作业配合

一、工务部门作业与供电部门的配合

1. 维修作业

更换钢轨、道岔及联结零部件，遇有下列情况之一时，必须先通知供电部门采取安全措施后，方准作业。

(1)更换带有回流线的钢轨。

(2)更换牵引变电所岔线和通往岔线线路的钢轨及其主要联结零部件(如夹板、辙叉等)。

(3)有接触网的线路上，在同一地点同时更换两股钢轨或夹板。

(4)更换整组道岔。

(5)线路起道、拨道超过规定标准时。

更换工作完毕，必须经供电人员检查符合供电要求后，方准撤除

临时安全设施。

2. 施工作业

施工中,施工单位与供电部门应按照铁路专业部门不同分工,划分责任,明确配合任务。供电部门负责拆除和恢复属于供电部门的设备,配合的主要内容如下所述。

(1)换轨施工中供电部门负责:

①封锁时监护施工单位打好新旧轨回流线,回流线按两纵一横打牢,保证回路畅通。

②拆除影响换轨的供电设备及连线,处理有关问题。

③监护供电回路畅通,及时处理发生的有关问题。

④施工后,对接触网进行微调。

(2)清筛施工中供电部门负责:

①封锁时拆除影响清筛机通过的供电设备,开通前恢复。

②在施工前后对接触网导线距轨面的高度和左右距进行测量并记录。

③施工单位完工后,及时调整因起、拨道对供电接触网造成的超标。

二、供电配合工务施工作业的方式及流程

1. 施工前签订安全协议

工务部门施工前与供电设备管理单位到施工地点现场踏勘,经确定相互影响条件后,明确施工内容、时间、地点、影响范围及双方的责任义务等相关事宜,签订施工现场踏勘签认单。之后将邻近营业线施工计划及现场签认单提报牵引供电技术部门审核,牵引供电技术部门依据现场情况制作停电配合计划,并与工务部门签订施工安全协议、会签施工计划,上报铁路局集团公司供电部门和施工办公室。施工计划下发后由供电技术部门负责整理、分类,并传至各相关科室、车间。

2. 供电部门组织配合作业

配合工务施工主要涉及大型养路机械清筛作业和起拨道作业,供

电部门负责对有碍清筛施工的吸上线进行拆移、恢复；对清筛范围内电缆进行探测、挖验、下落及外移；对线路平面、纵断面设计进行确认；对施工地段接触网进行检测，对施工地段接触网导高、拉出值超限处临时调整；遇不良天气时，利用地面观测点对接触网进行监测。

(1)与线路设计单位做好沟通，明确起拨道限制点(如跨线桥下、隧道内等空间受限处所，支柱等建筑物侧面影响因素)；提前对接触网导高、拉出值现状进行调查并填写接触网现场情况调查表，盖章后交予设计单位和施工主体单位。

(2)参加电气化区段线路设计文件技术鉴定，确认线路平、纵断面设计引起的接触网调整工作量。

当曲线要素变化量超过接触网设备允许调整范围时，线路设计部门应委托供电设计部门做出同步设备改造方案。

(3)根据设计文件及施工工期安排，提前对接触网导高、拉出值现状进行调查，制定调整方案，并与施工主体单位共同确认。

当设计起道量超过导高限度、曲线调整超高需要调网时，安排足够人员配合，确保按点开通。当日清筛地段起道量不得超过 30 mm。施工第二日按照设计对线路进行起道，供电部门对接触网超限处所进行调整、改造。

(4)大型养路机械清筛施工起道量不超过 30 mm 时，供电段派人到现场进行监护。

(5)供电部门根据工作量大小提出停电计划申请。一般情况下停电时间安排在施工开通前 90 min。在调整工作量较大且不影响大型养路机械清筛施工的情况下，供电部门与工务部门可以同步施工。

(6)遇雨、雪、雾等不良天气，施工主体单位要控制线路起、拨道量不超过 30 mm，线路允许速度 160 km/h 以上时不超过 10 mm，确保供电部门不进行调网作业。供电部门准确掌握施工地段导高和拉出值，确保只利用电气化杆限界和线路水平进行监护。

施工当中遇恶劣天气时应停止施工。为保证线路开通，确需调网作业时，须采取接触网垂直停电方式进行配合。

(7)提前对清筛范围内的电缆进行探测、挖验、下落及外移。施工前,对过轨的吸上线、电力电缆及水管等设备所在位置对应的轨枕上做出标记。对受自然条件限制移落困难,不能满足清筛条件的要及时通知施工主体单位,并在施工当日派人进行监护。

3. 工务部门作业时供电部门监控检查项点

(1)提前对清筛范围内的电缆进行探测、挖验、下落及外移。施工前,对过轨的吸上线、电缆等设备所在位置对应的轨枕上做出标记。对受自然条件限制移落困难,不能满足清筛条件的要及时通知施工主体单位,并在施工当日派人进行监护。

(2)工务部门进行起道、拨道作业时,一般规定起道量不超过30 mm,拨道量不超过40 mm,否则应通知接触网工区,对接触网进行调整,使之符合设计高度及拉出值。

工务部门施工时,供电部门人员现场监控接触网参数变化主要有以下3点:

①拨道后测量支柱的侧面限界是否符合要求。

②拨道后测量定位点处和跨中处拉出值变化是否符合要求。

③起道后相邻跨距内接触线的导高变化是否符合要求。

三、接触网维修规则中关于供电与工务结合部的规定

(1)为保证接触网与线路的相对位置,应在接触网支柱的线路侧或站台侧墙、隧道一侧的边墙上标出轨面标准线。

在电气化铁路竣工时,由施工单位标出轨面标准线,开通前由供电、工务单位共同复查确认。有砟轨道每年对轨面标准线复测一次,复测结果与原轨面标准线误差不得大于±30 mm。特殊情况需调整轨面标准线时,由供电、工务部门共同确认,并经铁路局集团公司批准。供电段负责轨面标准线的日常管理,保持其清晰醒目。

(2)在站台及未封闭线路的接触网支柱上距轨面2.5 m高的处所,以及安全挡板、细孔网栅和跨线桥防护网栅均应设置白底、黑字、红色闪电符号的“高压危险”警示标识。

第七节 电气化铁路维修作业安全措施

一、电气化区段安全规定

(1)新建电气化铁路在牵引供电设备送电前15 d,建设单位应将送电日期通告铁路沿线路内外各有关单位。自通告之日起,视为牵引供电设备带电,有关人员均须遵守《电气化铁路有关人员电气安全规则》相关规定。

(2)电气化铁路沿线路内外各单位需组织学习《电气化铁路有关人员电气安全规则》的相关内容。电气化铁路相关作业人员每年至少进行一次安全考试,考试合格后,方准参加作业。

(3)为保证人身安全,除牵引供电专业人员按规定作业外,任何人员及所携带的物件、作业工器具等须与牵引供电设备高压带电部分保持2m以上的距离,与回流线、架空地线、保护线保持1m以上距离,距离不足时,牵引供电设备须停电。

(4)电气化铁路区段,具有升降、伸缩、移动平台等功能的机械设备进行施工、装卸等作业时,作业范围与牵引供电设备高压带电部分须保持2m以上的距离,与回流线、架空地线、保护线保持1m以上距离,距离不足时,牵引供电设备须停电。

(5)在距牵引供电设备高压带电部分2m以外,与回流线、架空地线、保护线1m以外,邻近铁路营业线作业时,牵引供电设备可不停电,但须按照铁路营业线施工安全管理有关规定执行。

(6)机车、动车及各种车辆上方的接触网设备未停电并办理安全防护措施前,禁止任何人员攀登到车顶或车辆装载的货物上。

(7)电气化区段上水、保洁、施工等作业,不得将水管向供电线路方向喷射,站车保洁不得采用向车体上部喷水方式洗刷车体。

(8)牵引供电设备故障时,与牵引供电设备相连接的支柱、接地引下线、综合接地线等可能出现高电压,未采取安全措施前,禁止与其接触,并保持安全距离。

(9)牵引供电设备支柱及各部接地线损坏,回流吸上线与钢轨或扼流变连接脱落时,禁止非专业人员与之接触。

(10)距牵引供电设备支柱及牵引供电设备带电部分5 m范围以内具备接入综合接地条件的金属结构应纳入综合接地系统;不能接入综合接地系统的金属结构须装设接地装置,接地电阻一般不大于10 Ω。

(11)站内和行人较多的地段,牵引供电设备支柱在距轨面2.5 m高处均要设白底黑字"高压危险"并有红色闪电符号的警示标志。禁止借助接触网支柱搭脚手架,必须借助接触网支柱登高时,必须有供电专业人员现场监护。

(12)天桥、跨线桥靠近或跨越牵引供电设备的地方,须设置防护栅网,栅网由所附属结构的产权或工程建设单位负责安设。防护栅网安设"高压危险"标志,警示标志由供电设备管理单位制作安装。

(13)电气化铁路区段车站风雨棚、跨线桥、隧道等构筑物应安装牢固,状态良好,不得脱落。距牵引供电设备2 m范围内不得出现漏水、悬挂冰凌等现象。附挂在跨线桥、渠上的管路,以及通信、照明等线缆,须设专门固定设施,且安装可靠,不得脱落。

(14)电力线路、光电缆、管路等跨越电气化铁路施工时,须在接触网停电并做好安全防护措施后进行。

(15)大型养路及施工机械作业,如施工机械不超出机车车辆上部限界,且作业人员及所持机具与接触网带电部分保持2 m以上距离时,接触网可不停电。不符合上述条件时,应按照规定办理停电手续并做好安全防护措施后,方能作业。

(16)电气化铁路区段声屏障、风屏障、栅栏等金属体结构部分应可靠接地。

(17)电气化铁路附近发生火灾时,须遵守下列规定:

①距牵引供电设备带电部分不足4 m的燃着物体,使用水或灭火器灭火时,牵引供电设备必须停电。

②距牵引供电设备带电部分超过2 m的燃着物体,使用沙土灭火时,牵引供电设备可不停电,但须保持灭火机具及沙土等与带电部分

的距离在 2 m 以上。

二、电气化区段人身安全

(1)在电气化区段通过或使用各种车辆、机具设备不得超过机车车辆限界。

任何人员及所携带的物件、作业工器具等必须与牵引供电设备带电部分保持 2 m 以上的距离，与回流线、架空地线、保护线保持 1 m 以上距离，距离不足时，牵引供电设备必须停电。

在电气化区段作业时，长轨列车必须安装屏蔽装置，轨道吊必须安装限位装置。

(2)高压水清洗钢梁，使用限界架检查限界，以及在距接触网带电部分不足 2 m 或距回流线、架空地线、保护线不足 1 m 进行作业时必须停电，按规定办理接触网停电申请手续，得到许可停电施工命令，并由供电部门采取停电防护措施后方准施工。

(3)在距离接触网带电部分 2～4 m 的建筑物上施工时，接触网可不停电，但应加强监护，确保人员、机具、材料等与接触网带电部分的距离不小于 2 m。

(4)发现牵引供电设备断线及其部件损坏，或发现牵引供电设备上挂有线头、绳索、塑料布或脱落搭接等异物，不得与之接触，应立即通知附近车站，在牵引供电设备检修人员到达未采取措施以前，任何人员均应距已断线索或异物处所 10 m 以外。

(5)在接触网支柱及接触网带电部分 5 m 范围以内的金属结构物均必须接地，在与接触网相连的支柱及金属结构上，若未装设接地线或接地线已损坏时，严禁人员与之接触。

(6)使用发电机、空压机、搅拌机等机电设备时，应有良好的接地装置。在可能带电部位，应有“高压危险”“禁止攀登”的明显标志和防护措施。各种机械与车辆不得用水冲洗；施工用的水管不得跨越接触网，不得用射水方式进行圬工养生。

(7)严禁向接触网抛掷物品。

(8)清除危石、危树、爆破作业有碍接触网及行车、人身安全时，应有供电部门人员配合，先停电后作业。

三、车辆行人通过道口安全规定

各种车辆和行人通过电气化铁路平交道口必须遵守下列规定：

(1)通过道口车辆限界及货物装载高度(从地面算起)不得超过4.5 m，超过时，应绕行立交道口或进行货物倒装。

(2)通过道口车辆上部或其货物装载高度(从地面算起)超过2 m通过平交道口时，车辆上部及装载货物上严禁坐人。

(3)行人持有长大、飘动等物件通过道口时，不得高举挥动，应与牵引供电设备带电部分保持2 m以上的距离。

本规定内容应制成安全揭示牌，固定在道口两面限界门右侧门框上，由供电设备管理单位负责安装及维护，如图3－20所示。

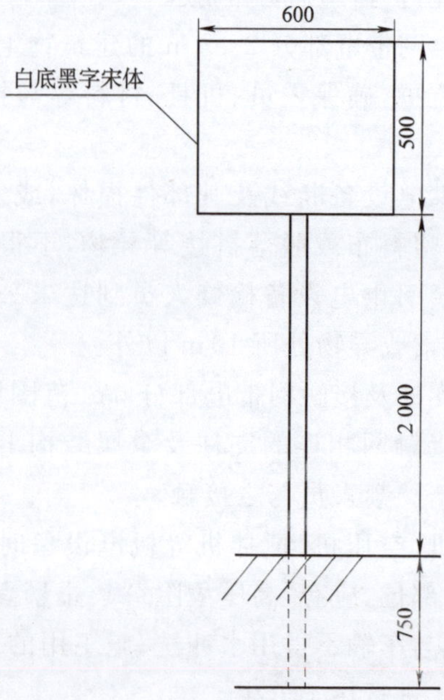

图3－20 安全揭示牌(单位：mm)

安全揭示牌设于限界门汽车前进方向右侧的立柱上(距路面高2.5 m)。

限界门安全揭示牌的尺寸:厚度为1.0～2.0 mm钢板制成,规格500 mm×600 mm。

第四章　供电与信号作业

本章主要介绍牵引供电设备对信号设备的影响，阐述了牵引供电与信号的维修作业配合。

第一节　电气化铁路对信号的影响

在电气化铁路中，牵引供电、电力、通信、信号合称为“四电”系统，由于电务系统（通信和信号）与牵引供电系统共用轨道作为信号电流通路和牵引回流通路，相互之间存在电磁兼容问题。牵引供电专业应向通信和信号专业提供接触网电分相和接地的详细设计资料，信号专业予以确认；车载断电自动过分相装置所需的地面感应器的预埋设计、施工及维护由电务系统的信号专业进行；信号专业向牵引供电专业提供轨道电路闭塞分区的详细设计，牵引供电专业确认扼流变压器或空心线圈的位置，进行上下行横连线、吸上线、CPW 线、综合接地等电位连接线的设计，并由信号专业予以确认。

一、牵引电流对信号设备的干扰

电力机车本身不带能源装置，所需要的动力能源由牵引变电所通过接触网提供。在电气化铁路上，电力机车是利用走行轨作为牵引电流回路的，大部分电流经过与之相连的吸上线（绝缘电缆）直接回到变电所，如图 4－1 所示。由于轨道与大地之间是不绝缘的，所以牵引电流也有一部分要流经大地，从埋设在牵引变电所下面的接地网回到变压器。同时钢轨和吸上线不直接相连，而是在轨道电路绝缘节处增设扼流变压器，二者分别与变压器的接线柱和中性点牢固连接，从而使牵引电流回路和轨道信号回路各自形成导通回路，互不干扰。

从图 4—1 中可以看出电气化牵引区段的基本结构，首先由变电所供出 25 kV 工频交流电，通过馈电线将电源的一极送到接触网上，电源的另一极由变电所通过回流线送出，回流线每隔一定距离就通过吸上线与钢轨连接，这样电力机车就可以通过接触网和钢轨得到可靠的电源。与非电气化区段相比，电气化区段的牵引供电系统设了大量设备，并专门设立供电段负责养护维修，但是电流的主回流是由既有的钢轨传输的，由电务部门的轨道电路设备来完成。

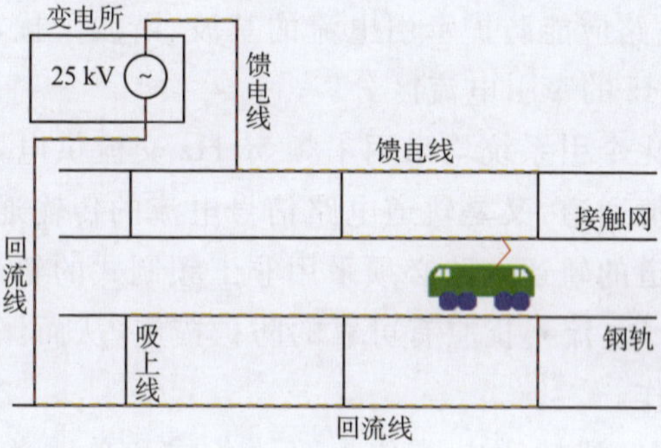

图 4—1　牵引电流回路

电气化对信号设备的影响主要是牵引电流对信号设备的干扰，如对轨道电路、电缆的影响，接触网对信号机也有所影响，还存在危险电压对维修操作人员人身安全的影响。

电力牵引的供电回路是用接触网和钢轨作为工作导线的非对称制供电回路。由于钢轨对大地的绝缘程度极低，回归的牵引电流分成两部分：一部分电流沿钢轨流通，另一部分电流沿大地流通。牵引电流对沿线的信号设备直接产生干扰。

在电气化区段对信号设备的干扰主要有以下几方面。

(1)轨道电路受钢轨中不平衡牵引电流回流、瞬间脉冲电流及谐波电流的干扰，影响轨道电路。

(2)信号电缆受牵引网系统的感性、容性耦合及传输干扰。

(3)各站的电气电子设备(如自动闭塞设备、CTC、计算机联锁、集中监测系统等）受电力系统的放射、耦合、回流地电位等的影响。

（4）机车信号等受电力机车强电设备的电磁影响。

二、电气化区段轨道电路

（一）基本要求

电气化改造对信号设备影响最大的是轨道电路，工频轨道电路不能在电气化区段使用，要使用抗干扰能力强的轨道电路制式。

（1）轨道电路应能防护牵引电流的基波、谐波干扰，采用非工频轨道电路，与 50 Hz 的牵引电流区分。

铁路电气化牵引系统均采用工频 50 Hz 交流供电，两根钢轨既是牵引电流的回流通道，又是轨道电路信号电流的传输通道。所以用钢轨作为传输信道的轨道电路必须采用非工频制式的轨道电路，且该制式对工频 50 Hz 电流干扰应有可靠的防护措施，从而保证轨道电路设备安全可靠工作。

（2）电气化区段轨道电路分为双轨条式和单轨条式两种。双轨条轨道电路用扼流变压器沟通牵引电流成双轨条回流，轨道电路处于平衡状态，便于实现站内电码化，适用于站内正线和区间。单轨条轨道电路用一条 Z 字形连接线沟通牵引电流，一根轨条（牵引轨条）通过牵引电流和信号电流，另一根轨条（信号轨条）仅通过信号电流，轨道电路处于不平衡状态，工作可靠性差，存在站内电码化串码、掉码、耗电大等问题，因此电气化区段轨道电路应采用双扼流双轨条轨道电路。

（3）电力牵引区段装设有吸流变压器的吸上线、保护线接向轨道时应符合下列要求：

①吸上线或保护线应接至扼流变压器中心端子板上。相邻吸上线的安装间距不得小于两个闭塞分区。

AT 和 BT 供电系统用作回流的吸上线，应接入扼流变压器中点，为牵引电流提供顺畅的通道，以免造成轨道电路不平衡，因此在有轨道电路的电气化区段的吸上线、保护线接向轨道时，应接至扼流变压器中心端子板。为防止两轨道电路的串扰电流影响轨道电路，保证轨道电路的调整、分路和断轨检查，要求相邻吸上线的安装间距不得小于两个闭塞分区。

②特殊情况下，吸上线或保护线设置地点距轨道电路接收、发送端的距离大于 500 m 时，允许在轨道电路上加设一台扼流变压器，相邻轨道电路不得连续加设，该轨道电路两端不得再接其他吸上线。

吸流变压器或自耦变压器应尽量设在轨道电路端部处，特殊情况可在轨道电路中部加设一台扼流变压器。

③采用移频轨道电路时，吸上线或保护线应接在空芯线圈中点，轨道电路中间必须加设扼流变压器时，吸上线或保护线接至扼流变压器中心端子板上。

(4)为了确保交叉渡线上轨道电路和机车信号设备能正常工作，当交叉渡线上两根轨道都通过牵引电流时，该交叉渡线上应增加绝缘节，将上、下两个道岔区段完全隔开。

(5)为了减小钢轨阻抗，牵引电流连接线及道岔跳线为截面积不小于 42 mm^2 的多股镀锌铁绞线，牵引电流连接线两端焊接牢固，以减小钢轨阻抗。为了减小两根钢轨引接线因长度不同造成的阻抗不对称，钢轨引接线宜采用等阻连接线。

(6)电气化区段的钢轨接续线，除应保证通过一定电流外，还要尽量减小钢轨接头的接触电阻，使两根钢轨阻抗平衡，要求钢轨接续线截面积达标，且使用双套化。

(7)接触网的杆塔地线、桥梁等建筑物地线不得直接与钢轨相连接，也不应接至扼流变压器中心点。

(8)有电力机车走行的站内轨道电路尽头处(如牵出线、货物线、尽头线、专用线、机车出入库线等)的扼流变压器中心点应与该轨道电路外侧的两根钢轨相连接，以沟通牵引电流。

半自动闭塞区段，应将远方上码点处的扼流变压器中心点与钢轨绝缘区间一侧的两根钢轨相连接，以沟通牵引电流。

(9)轨道区段加设扼流变压器,将扼流变压器并联在轨道上,影响轨道电路的长度。因此加设扼流变压器,应根据轨道电路类型,使加设扼流变压器的轨道区段,其长度满足轨道电路可靠工作的要求。

(10)电气化区段的交叉渡线、复式交分道岔的直股线上通过牵引电流时,应在渡线上增加两组钢轨绝缘。

(二)轨道电路防干扰

受电气化影响最大的信号设备是轨道电路。因为钢轨中流有50 Hz牵引电流,轨道电路就必须采用50 Hz以外的频率,要选用能适合于任何电力牵引制式的信号电流频率。

电气化区段的轨道电路,除了应满足一般轨道电路的基本要求外,还有一项重要的技术要求,即要在受到牵引电流(基波及谐波)干扰下,仍能保证完成轨道电路功能的防护干扰能力。

牵引电流对信号轨道电路干扰一般表现为以下几种情况:轨道继电器(GJ)错误吸起;GJ错误落下;轨道继电器落下延误;影响交流二元二位轨道继电器动作特性。

(三)轨道电路不平衡电流

牵引电流是通过扼流变压器中性点,经两个半边线圈、两根钢轨而回归牵引变电所的。如果扼流变压器的两个半边线圈匝数相等(阻抗相等)、两根钢轨的长度相等(钢轨阻抗相等),从原理上讲两根钢轨上通过的牵引电流应是一致的。但实际上通过两根钢轨的牵引电流很容易产生不平衡。

1. 产生原因

(1)轨道电路处于弯道上,曲线上两钢轨长度不一样,使两钢轨的阻抗不相等。

(2)钢轨接头电阻是导线、塞钉、连接夹板等因素决定的,而实际中不能做到这些安装工艺完全一致,造成钢轨阻抗存在差异。

(3)扼流变压器牵引线圈中性点两边的线圈阻抗也不可能做到绝

对相等，且牵引回流要经过多个扼流变压器的中性点才回到牵引变电所，也形成了两根钢轨阻抗的不一致。

(4)轨道电路对地漏泄不平衡，形成了两根钢轨对地漏泄程度的不同。因电力塔杆接地、电缆沟位置都在钢轨的其中一侧，两根轨道电路的朝阳光面不同，造成温度、湿度的不同，这些因素都会造成轨道电路钢轨漏泄的不平衡。

2. 不平衡电流对信号设备的影响

两轨之间的不平衡电流主要是干扰轨道电路的产生。由于两轨之间的电流差值在两轨间产生轨间电压，轨间干扰电压经扼流变压器，在Ⅱ次侧产生更高的干扰电压，影响轨道电路的送、受电端工作。

为了防干扰，轨道电路主要采用不同于工频电压频率，但是牵引电流中含有的谐波分量还会妨害轨道电路工作的可靠性，所以要求电气化轨道电路要有更强的防干扰能力。

由于牵引供电系统正常供电时，列车位移和列车所需电流的改变，钢轨线路上每一轨道电路区段随时间和列车运行状态受到干扰。在电力机车升弓空载投入主变压器时，牵引电流回路中，出现冲击电流，这个瞬间在某些特定条件下，能使轨道继电器错误动作。

3. 减小不平衡电流措施

减小两轨间不平衡电流以改善信号轨道电路工作的可靠性，应采取的措施是改善两根钢轨的纵向电导不平衡，主要是规范铁路沿线各建筑物的地线与钢轨连接的方法。

钢轨网的纵向电导，不仅取决于钢轨本身，而且还取决于钢轨接头互相连接的质量。钢轨接头电阻的大小关键因素，如接头夹板紧压钢轨且接触表面清洁，则接触电阻将很小；如螺栓松动、接头夹板没有贴紧钢轨，且钢轨与接头夹板的接触表面生锈等因素会使接头电阻很大。采取解决的主要办法是：采用双套化连接线；一套塞钉连接线，一套轨端焊接线；加强焊接与铆接的质量；尽量采用长钢轨和无缝线路；应按年限定期对线路实施大(中)修，清筛道砟；加适配器来改善牵引电流对轨道电路的干扰状况。

(四)电气化区段断轨保护

电气化区段有的轨道电路在断轨时其轨道继电器仍保持吸起不落下,失去了断轨保护功能。其原因是吸上线设置不当,影响到轨道电路的可靠性,在断轨时(或扼流变压器的钢轨引接线一根断线)发生轨道继电器仍保持吸起不落下的情况,对故障—安全原则不利。出现此类问题,应统筹考虑,妥善处理。

(五)牵引电流冲击干扰

电气化区段采取了一些措施防止牵引电流的冲击干扰。

(1)从轨面上降低冲击干扰电流的幅值,改单轨条为双轨条轨道电路,使牵引电流在两轨间基本平衡,并通过扼流变压器使冲击波互相抵消。

(2)将电路中的轨道电路条件改用缓吸继电器条件。

(3)电力机车升弓时冲击电流对 25 Hz 相敏轨道电路的正常工作有影响。可在扼流变压器的Ⅱ次侧加一个抗干扰适配器,把冲击电流堵于门外,以保证 25 Hz 相敏轨道电路可靠工作。

三、电气化区段信号机

为保证信号显示良好应选择良好位置设置信号机,还应处理好信号机设置位置与接触网电分段的关系。

1. 进站信号机装设

一般车站两端设有四跨绝缘关节,在必要时能将车站与区间的接触网分开。绝缘关节及分段绝缘器均为同相分段,且隔离开关处于常闭位置。为了使站内接触网停电作业时,列车在进站信号机外方停车停留在区间锚段上,待进站信号机显示允许信号后便启动,故一般进站信号机设于绝缘关节锚柱的区间方向。

电气化区段进站信号机处要解决的问题还有信号机与接触网带电部分的安全距离,相关设施不得阻挡信号显示,具体措施如下:

(1)接触网支柱的侧面限界适当加宽。

(2)进站信号机的机柱由 11 m 改为 8.5 m。

(3)信号机的金属体外缘部分(主要是背板)与接触网带电部分的距离不得小于 2 m。与回流线距离在 1 m 以内时,应加绝缘防护,但不得小于 0.7 m。

(4)每个信号机构应分别用直径 10 mm 的圆钢与信号梯子连接,梯子接至专用地线。

2. 通过信号机装设

(1)通过信号机柱中心至线路中心为 2.9 m,信号机构的安装由偏向大地一侧改为偏向线路一侧。

(2)使用 8.5 m 水泥信号机柱,柱顶多留出 200 mm(即第三位灯中心距机柱顶 1 200 mm),第三位灯中心与轨面的垂直距离为 4 500 mm,机柱下部用深埋的办法来解决多余的机柱尺寸问题。

(3)接触网支柱的侧面限界适当加宽,即在信号机显示方向的前方四根支柱,从靠近信号机的支柱算起,顺序加宽至 3.1 m、3.1 m、3.0 m、2.8 m(正常时为 2.5 m)。

(4)信号机处接触线对线路中心的偏移方向宜远离信号机,使之距离达 2 m 以上。信号机构及梯子应接安全地线。

3. 竖立或撤除信号机

在接近馈电线处竖立或撤除信号机柱时,信号机与馈电线最近侧线条间的水平距离不应小于机柱长加 2 m,如距离不足时,必须停电后方可施工。

竖立或撤除信号机柱,接触网需停电时,应按照下列规定办理:

(1)施工负责人应向电力调度员提出接触网停电申请,内容包括施工地点、时间、作业特点、注意事项等。有计划的作业,应提前两天与电力部门沟通。

(2)在接到电力调度员停电施工的命令,由接触网工区指定的接触网工安设临时接地线后,方可施工。施工时接触网工现场监护。

(3)施工结束,接触网工应确认所有工作人员都已在安全地点后,方可拆除临时接地线,并通知电力调度员施工完毕。

四、电气化区段信号电缆

(一)对地下信号电缆的影响

电气化区段牵引供电电流对信号地下电缆影响很大，主要是击穿电缆绝缘和电磁感应影响两大类。

1. 击穿电缆绝缘

牵引电流击穿电缆的主要原因，是交流电气化区段内埋设着各种用途的接地极，如牵引变电所、开闭所、分区亭等处所的接地极，接触网线路上也有隔离开关、高压变压器等接地极，此外还有在各种避雷装置、接触网塔杆、吸上线、防护线、自耦变压器的中性点线、跨线桥等接向钢轨、大地或扼流变压器中性点的接地线，其中通信、信号、电力设备中也埋设有安全、防雷地线。这些地线、地极形成了一个接地网，当大电流通过这些接地极入地时，引起地电位升高，对地下信号电缆的绝缘层造成威胁。一旦因牵引网断线接地、绝缘子闪络接地，强电流产生强电压，其电位差超过了电缆绝缘强度，电缆绝缘即被击穿。

2. 电磁感应影响

接触网对信号电缆线路的危险影响主要是电磁感应影响。接触网中的电流使其周围产生交变磁场，会在相邻的导线产生感应电动势。感应电动势是沿导线长度分布的，故称为纵电动势。接触网具有对地电压，当聚集一定电荷时，在其周围的静电场只与接触网中的电压有关。同时在附近的导线上感应出电荷，形成对地电压。因电缆的金属护套屏蔽了内部芯线，所以地下的信号电缆芯线不会受接触网的静电影响。

对信号电缆芯线中确定的感应纵电动势数值，是电缆不加设屏蔽层时，在电缆芯线上感应的电压和电流对信号设备不产生误动、不危及人身安全情况下的数值，规定为60 V。电气化区段信号电缆允许长度与信号电缆上感应纵电动势标准允许值成正比，与电气牵引干扰电流、接触网与导线间的互感系数、信号电缆屏蔽系数成反比。

（二）对信号电缆线路的要求

（1）在信号电缆的同一芯线上，任何两点间的感应纵电动势（有效值）：在接触网正常供电状态下，不大于 60 V；在接触网故障状态下，不得超过电缆直流耐压试验电压值的 60%，或交流耐压试验电压值的 85%。

（2）室外的信号干线电缆应使用铝护套信号电缆，分支电缆可使用综合护套或铝护套信号电缆。

（3）装设在箱、盒等设备中的电缆金属外皮，要与箱、盒等设备的金属外壳绝缘。

（4）信号设备的电路，不准采用地线构成回路。

五、地线、吸上线及回流线与钢轨连接

（一）设备接地要求

（1）信号设备的金属外缘与接触网带电部分的距离不得小于 2 m，当小于 2 m 时，必须在信号机机构外加装防护网进行防护，装设防护网须有可靠的接地装置。

（2）信号设备的金属外缘距接触网带电部分 5 m 范围内的金属结构物（如信号机构、梯子、安全栅网等），以及继电器箱箱体均应接向安全地线。

（3）信号干线电缆，其金属护套和钢带互相间必须逐一顺次焊（拧）接起来，并在区间信号机（含分割点）、车站两端和车站值班员室（或信号楼）等电缆始、终端处接向屏蔽地线。电缆金属外皮严禁接至扼流变压器中心连接板或钢轨上。

（4）室内的盘、架、台、屏等设备均须接至安全地线。严禁使用钢轨、电缆金属护套和钢带作为地线，应单独设置接地线。

（5）安全地线和屏蔽地线的接地电阻应不大于 10 Ω。不同性质的地线不得合用，并应与电力、通信地线分开。

（6）信号电缆与接触网地线的距离最近处不得小于 2 m，否则应采用水泥槽，并灌注绝缘胶加以绝缘防护。特殊情况下，电缆与杆塔基础交叉时，须采取绝缘防护措施。

(7)站台、道口等行人稠密的处所和装有设备(隔离开关、避雷器等)的接触网混凝土支柱，以及有接触网设备的钢柱应为双接地，一根接地线接向接地极，另一根接地线应通过火花间隙接向钢轨。接向钢轨的地线入地部分应涂有沥青或其他绝缘物。

(二)吸上线及回流线与钢轨连接时要求

(1)吸上线、回流线(包括开闭所、分区亭的接地网与钢轨的连接线)应接在扼流变压器的中性点上。为防止迂回电路影响行车安全和保证轨道电路可靠工作，一般情况下，不另装设扼流变压器，而与轨道电路共用。相邻吸上线不得设在同一轨道电路两端，吸上线接往扼流变压器中性连接板时，应采用软连接。

(2)对于取自接触网供电作为车站电源的 25 kV 变压器的回流线，在就近轨道上无扼流变压器的情况下，可在轨道电路上增设一台扼流变压器(一般均在站中心的股道上)。

(3)在特殊情况下，如路外通信设备拆迁工作量过大，或对通信干扰严重，吸上线就近连接扼流变压器中性点有困难时，允许加设一台扼流变压器，但相邻轨道电路不得连续加设，该轨道电路的两端不允许再接其他吸上线，如图 4－2 所示。

图 4－2 扼流变压器

（三）吸上线设置要求

位于轨道侧的回流装置维修分工规定吸上线与扼流变压器连接时，连接板（端子）由电务部门负责，连接板（端子）上的螺栓和吸上线由供电部门负责。

吸上线和钢轨也不是直接相连，而是通过增设在轨道电路绝缘节处的扼流变压器中性点牢固连接，使牵引电流回路和轨道信号回路各自形成导通回路，互不干扰。

(1)吸上线型号及安装位置应符合设计要求。吸上线电缆截面应满足回流要求，外露部分电缆护管应无损伤且封堵良好。

(2)在有轨道电路区段，采用截面满足要求的电缆接至扼流变压器中性点连接板（端子）。吸上线须与支柱密贴连接牢固。无轨道电路区段按设计进行安装。

(3)吸上线与回流线连接时，与悬挂点的距离应符合设计要求；与回流线（保护线）、扼流变压器（或空心线圈）连接处应连接牢固，接触良好，并涂电力复合脂。

(4)对吸上线进行固定、防护时，其抱箍、套管不得形成闭合磁路。

(5)吸上线电缆沿地面、支柱的敷设必须密贴、牢固，埋入地下时，埋深不少于 300 mm，穿过钢轨、桥台时应采取防护措施。

（四）贯通地线要求

电气化区段应设置贯通地线，铁路沿线及站内各种室外信号设备的地线均应就近与贯通地线连接。贯通地线任一点的接地电阻不得大于 1 Ω，以便各种信号设备的地线可靠接地。

1. 贯通地线材料

贯通地线应采用截面积不小于 35 mm^2、耐腐蚀并符合环保要求的铜材质。

贯通地线与设备接地端子的连接线（引接线）采用 25 mm^2 多股铜缆焊接或压接，焊接时焊接长度不小于 100 mm，并套 150 mm 长热熔热缩带防护。

2. 贯通地线设置

贯通地线与信号电缆同沟埋设于电缆(槽)下方土壤中,距电缆(槽)底小于 300 mm。隧道、桥梁应两侧敷设贯通地线;与桥梁墩台接地装置的接地连接线应设置成无维修方式。上、下行线路分线时,应分别敷设贯通地线。

在信号机房建筑物一侧每隔 2～3 m 用 50 mm^2 裸铜线与环形接地装置连接,两端各连接两次。

3. 轨道横向连接线及地线安装

在自动闭塞区段的区间两轨道间等电位连接并接地,构成完全横向连接,同时提供牵引电流回流线的连接。两个完全横向连接的距离不得小于 1 500 m。两个完全横向连接距离大于等于 2 000 m 时,两者之间增加一简单横向连接,简单横向连接之间的距离不得低于 1 000 m。

新增空扼流变压器距机械或电气绝缘节距离大于或等于 50 m,距离补偿电容大于或等于 10 m。如果电气绝缘节之间的距离超过 100 m,必须增加一个空扼流变压器完成横向连接。

六、交流电力牵引区段信号设备的防护和要求

1. 电缆线路

(1)在信号电缆的同一芯线上,任何两点间的感应纵电动势(有效值),在接触网正常供电状态下,不大于 60 V;在接触网故障状态下,不得超过电缆直流耐压试验电压值的 60%,或交流耐压试验电压值的 85%。

(2)室外的信号干线电缆应使用铝护套信号电缆,分支电缆可使用综合护套或铝护套信号电缆。

(3)装设在箱、盒等设备中的电缆金属外皮和终端套管,通信干线分支电缆金属外皮和套管,必须与箱、盒等设备的金属外壳绝缘。

(4)信号及闭塞设备的电路,不准采用一线一地构成回路。

2. 设备接地

(1)信号设备的金属外缘与接触网带电部分的距离不得小于 2 m;

与回流线、架空地线、保护线距离不得小于 1 000 mm，当在 700～1 000 mm时，应对回流线、架空地线、保护线加绝缘防护。

(2)信号设备的金属外缘距接触网带电部分 5 m 范围内的金属结构物(如信号机构、梯子、安全栅网等)，以及继电器箱体、转辙握柄均应接向安全地线。

(3)信号干线电缆，其金属护套和钢带互相间必须逐一顺次焊(拧)接起来，并在区间信号机(含分割点)、车站两端和车站值班员室(或信号楼)等电缆始终端处接向屏蔽地线，其中分支电缆的金属护套和钢带也必须与干线电缆的金属护套和钢带焊(拧)接起来。电缆金属外皮严禁接至扼流变压器的中心连接板或钢轨上。

双动道岔的导管，应分段装设绝缘。

(4)进出信号机械室的信号电缆应在分线盘(柜)成端，进行屏蔽连接并接地。需进入信号机械室直接接至设备的室外信号电缆，应在室内电缆井口处成端。

(5)光缆进入室内终端应制作绝缘节，进行绝缘和接地处理。在绝缘节内将光缆金属结构(光缆的加强芯、金属外护套等，电缆的屏蔽钢带、外护层护套等)断开接地。

(6)室内的盘、架、台、屏等设备均须接至安全地线，严禁使用钢轨、电缆金属护套和钢带作为地线。

(7)安全地线和屏蔽地线的接地电阻不应大于 10 Ω。不同性质的地线不得合用(除综合接地体和贯通地线外)，并应与电力、通信及其他建筑物的地线分开。

(8)信号电缆与接触网地线的距离最近处不得小于 2 m，否则应采用水泥槽，并灌注绝缘胶加以绝缘防护。特殊情况下，电缆与杆塔基础交叉时，须采取绝缘防护措施。

3. 轨道电路防护要求

(1)轨道电路应符合《普速铁路信号维护规则(技术标准部分)》第 4 章轨道电路通则的有关规定。

(2)轨道电路应能防护牵引电流的基波、谐波干扰，应采用非工频、双轨条轨道电路，并应能适应最大牵引电流和牵引电流纵向不平衡系数不大于5%的条件。

(3)交叉渡线(包括复式交分道岔)道岔的直股线上通过牵引电流时，应在渡线上增加钢轨绝缘节，将相邻轨道电路区段隔开。增设绝缘时应尽量缩短轨道死区段的长度。

(4)钢轨接续线宜采用一塞一焊式接续线。

(5)道岔跳线、钢轨引接线应采用镀锌钢绞线，其截面积不小于42 mm^2(ϕ1.2 mm×37)。钢轨引接线宜采用等阻连接线。

横向连接线、扼流连接线、Z形线等牵引电流连接线的规格应符合设计要求，穿越钢轨时，应进行防护，距轨底不应小于30 mm。

(6)高柱信号机的安全地线、接触网的塔杆地线、桥梁等建筑物的地线不得直接与设有轨道电路的钢轨相连接，也不应接至扼流变压器中心点。严禁经火花间隙与设有轨道电路的钢轨连接。

(7)有电力机车走行的站内轨道电路尽头处(如牵出线、货物线、尽头线、专用线、机车出入库线等)的扼流变压器中心点应与该轨道电路外侧的两根钢轨相连接，以沟通牵引电流。

半自动闭塞区段，应将预告信号机处的扼流变压器中心点与钢轨绝缘区间一侧的两根钢轨相连接，以沟通牵引电流。

(8)交流电力牵引区段的吸上线、保护线接向轨道时应符合下列要求：

①在设有轨道电路的区段上，吸上线或保护线应接至扼流变压器中心端子板上。

②特殊情况下，吸上线或保护线设置地点距轨道电路的接收、发送端的距离大于500 m时，允许在轨道电路上加设一台扼流变压器，吸上线或保护线安装在扼流变压器中心端子板上。相邻轨道电路不得连续加设，且该轨道电路两端不得再接其他吸上线。

③采用ZPW-2000(UM)系列轨道电路时，吸上线或保护线应接在空芯线圈(容量符合要求时)中点，轨道电路中间需设扼流变压器时，吸上线或保护线接至扼流变压器中心端子板上。

(9)由接触网供电作为车站电源的25 kV变压器接地端的回流线,不应接在有轨道电路的钢轨上;当附近轨道电路无扼流变压器时,应在该轨道电路上加设扼流变压器,并将该端子接在扼流变压器中心端子上。

(10)加设扼流变压器的轨道区段,应保证轨道电路可靠工作。

(11)交流电力牵引区段牵引电流回流、等电位连接、接地(包括非交流电力牵引区段)等因素,不得影响轨道电路的分路、机车信号接收特性。

(12)电气化区段ZPW-2000系列无绝缘轨道电路横向连接防护要求。

①横向连接分类。

a. 简单横向连接:两线轨道间的等电位连接,不直接接地(通过防雷元件接地)。

b. 完全横向连接:两线轨道间的等电位连接,并接地。

c. 用于牵引电流返回的完全横向连接:是一个完全横向连接,同时提供牵引电流回流线的连接。

②横向连接线应满足下列要求:

a. 轨道接地须通过完全横向连接实现(单线区段通过空芯线圈中点或扼流变压器中点接地)。

b. 两个完全横向连接的距离不得小于1 500 m,而且中间必须包含不少于两个轨道电路区段,如图4—3所示。

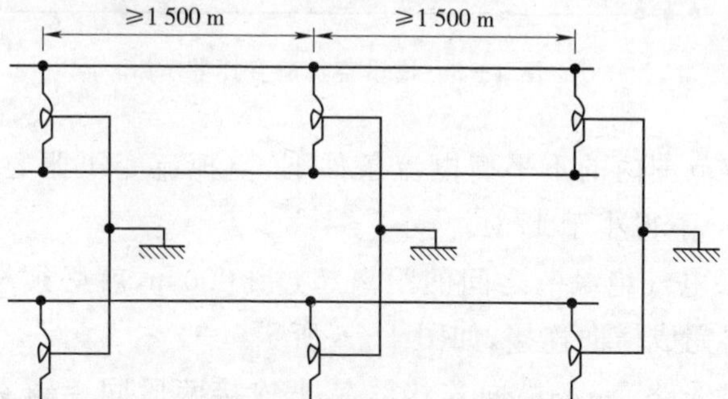

图4—3　横向连接的距离不得小于1 500 m

c. 两个完全横向连接的距离大于或等于 2 000 m 时，如图 4－4 所示。

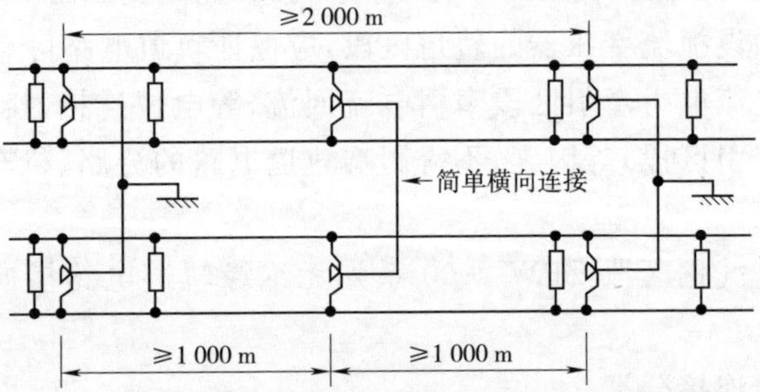

图 4－4 横向连接的距离大于或等于 2 000 m

d. 如果两轨道电路终端不能通过绝缘节方式完成横向连接时，应通过增设一个空扼流变压器完成，如图 4－5 所示。

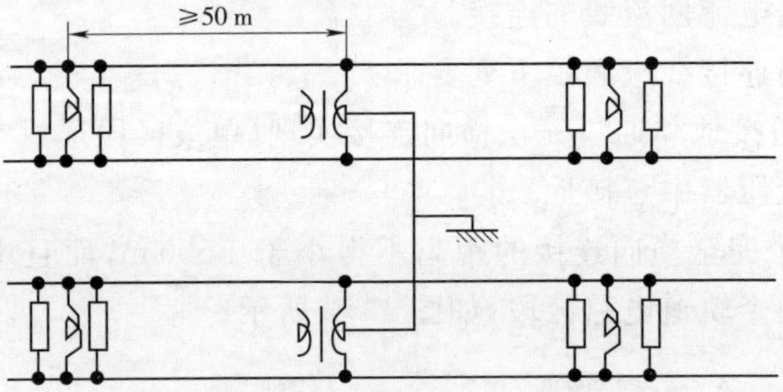

图 4－5 增设空扼流变压器

在规定范围内的不平衡电流条件下，空扼流变压器的阻抗（轨道电路载频下）不得小于 17 Ω。

e. 如果电气绝缘节之间的距离超过 1 000 m，就必须增加一个空扼流变压器完成横向连接，如图 4－6 所示。

f. 三条线路，一条横向连接线禁止连接两段同一频率的轨道电路，如图 4－7 所示。

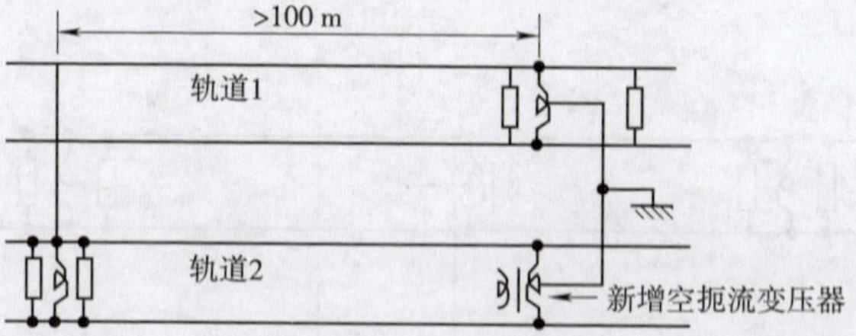

图 4—6　增加空扼流变压器

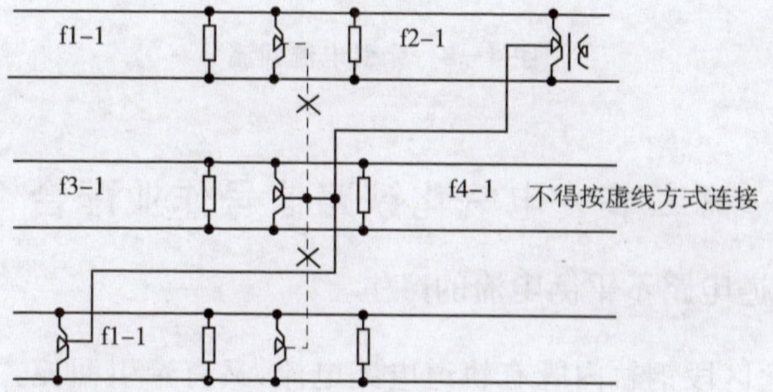

图 4—7　禁止连接两段同一频率的轨道电路

g. 横向连接线材料采用截面积为 70 mm^2 带绝缘护套的多股铜线，线长小于 105 m。连接位置要求如下：

(a)在电气绝缘节终端，连接空芯线圈中心点。

(b)在机械绝缘节终端，连接扼流变压器中心点。

(c)在区间线路增设的空扼流变压器中心点。

h. 牵引电流回流如图 4—8 所示。钢轨牵引回流通过附近的扼流变压器返回牵引变电所，空扼流变压器在规定范围内的不平衡电流条件下其阻抗(轨道电路载频下)大于或等于 17 Ω。如图 4—8 箭头所示，连接线虽然为两根分置，但仍可视为横向连接线。

i. 两相同运行方向载频区段之间不能进行简单横向连接或完全横向连接。

j. 完全横向连接处扼流变压器中心点需要接地良好。

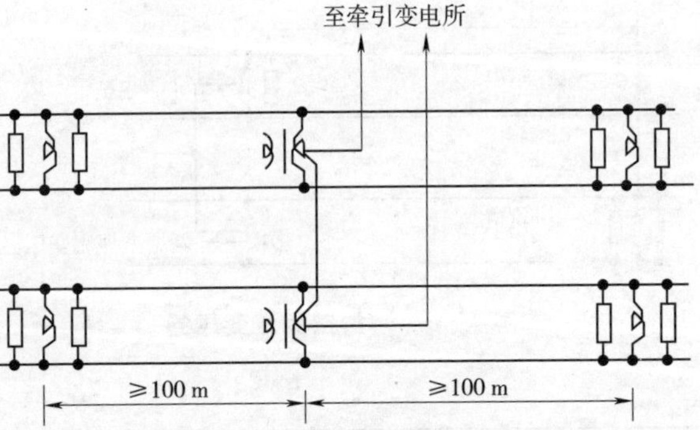

图 4—8　牵引电流回流

第二节　电气化铁路信号作业配合

一、轨道电路不平衡电流的产生

电气化区段钢轨内既有轨道电路电流，又有牵引回流，为使牵引回流不干扰轨道电路正常工作，电务部门采用扼流变压器将牵引回流与轨道电流分开。利用正常情况下流经两钢轨牵引回流相等的特点，初级线圈两半边牵引回流感应到次级线圈的电压因大小相等、方向相反而抵消，对轨道电路不构成影响。当两侧钢轨牵引电流相差较大时(称钢轨不平衡牵引电流)，感应到扼流变压器次边的电压不能完全抵消，就会窜入轨道电路中造成继电器误动，严重时甚至会烧损电务设备。

1. 供电部门施工不规范，烧毁信号设备

(1)供电部门检修作业时，需将接触网残存电荷通过接地释放，而供电部门经常利用单边钢轨做地线，造成接触网放电时，瞬间钢轨电流不平衡，烧损信号设备。正确的防护措施是，电气化区段供电部门施工作业需利用钢轨作地线防护时，应连接到扼流变压器中性点处，严禁使用单侧钢轨作地线，防止扼流变压器半边短路造成轨道电路故障；如施工地点附近无扼流变压器时，必须事先与车站联系要点，停用有关轨道电路，将两侧钢轨用专用短路线可靠短路，再将防护地线连接到钢轨上。如果需利用多处扼流变压器中性点作地线防护时，两处地线必须间隔一个及以上轨道区段，防止造成轨道电路死区间。

(2)供电部门吸上线丢失或接触不良。供电部门每隔一定距离就设一条吸上线，一端与回流线相连，另一端与扼流变压器中性点相连，一旦吸上线丢失或接触不良，就会造成牵引电流在轨道中长距离传输，导致牵引电流不平衡。

(3)供电部门接触网停电施工，防护地线不规范。供电部门在接触网停电施工中，为放尽接触网停电后的残余电荷，通常采用对停电的接触网用导线直接与钢轨连接进行放电的做法，但在连接瞬间会产生较强的放电现象，直接通过一侧钢轨经扼流变压器单撇线圈后通过回流线入地，导致在信号线圈侧产生很高的感应电压，烧损轨道电路设备。牵引电流中的冲击电流和回流不畅易造成"闪红"和烧坏设备。

2. 工务部门施工不规范，烧毁信号设备

(1)工务部门更换单边钢轨(双边一起更换时，如两钢轨锈蚀程度不一致，也会发生此问题)时，新换钢轨有锈，造成两侧轮对与钢轨接触电阻不一致，电力机车运行时，也会导致牵引回流不平衡，烧损信号设备。正确的防护措施是，电气化区段工务部门在更换单边钢轨后，车务部门应安排非电力机车牵引列车首次通过相关轨道区段；如确实无法安排非电力机车时，电务部门必须断开相关轨道电路熔丝(断路器)，停用轨道电路，车务部门非正常接发列车。电务部门通过测试两侧轨道牵引电流平衡时方可恢复轨道电路正常使用。

(2)工务在岔区基本轨一侧多处用轨距杆(有些绝缘)与大地中栽的半截钢轨相连；供电部门有些杆塔地线不经火花间隙直接与钢轨相连，火花间隙失效或绝缘子漏泄电流超标等，造成两条钢轨牵引电流不平衡，轨道电路出现"闪红"。各部门在轨道电路区段整治，施工中的撬棍、铁板、铁丝、机具以及在站场内施工或维修等活动时，如稍不注意，就会造成瞬间"红光带"，使信号关闭，甚至造成机车冒进信号。

3. 高压或大电流侵入，影响信号设备正常使用

电力机车主断路器瓷瓶或接触网各种瓷瓶爆裂瞬间所产生高压

和过流，烧毁电务设备，为解决这一问题，供电部门应把好瓷瓶质量关，加强对瓷瓶表面的清扫，防止质量不良和瓷瓶表面污渍引发瓷瓶爆裂的问题发生。

另外，接触网塔杆通过火花间隙，向单侧钢轨放电，对信号设备干扰严重。为防止接触网塔杆上绝缘子绝缘不良，致使塔杆带电伤人，供电部门在接触网塔杆与单侧钢轨间安装间隙放电元件，在绝缘子绝缘不良到一定程度，与钢轨达到一定电压时，通过火花间隙，向单侧钢轨放电，从而防止塔杆带电伤人。但放电过程中，由于是单侧钢轨泄流，可能造成两钢轨牵引电流不平衡，干扰信号设备，还容易产生高压，烧毁信号设备。必须取消接触网塔杆火花间隙接地，接触网塔杆另设接地极，才能杜绝此类问题的发生。

4. 牵引回流不畅，对信号设备的干扰严重

牵引电流回流不畅的原因是多方面的。在机电结合部上，吸上线设置不合理，缺少或丢失对牵引电流回流影响较大；在施工过程中，施工部门对简单横向连接、完全横向连接的使用不重视，影响牵引电流回流；在日常维护上，供电部门对吸上线、各种接地连接缺乏检查，对各个吸上线牵引回流不测试，不能掌握设备基本状态，发现隐患问题，影响牵引电流回流。为解决这些问题，需要加强对结合部设备的管理，明确双方责任，电务部门会同供电部门加强测试和对吸上线的维护，保持回流畅通。同时，电务部门也要积极采取措施，通过扼流变压器连接板加补强线，导接线采取两塞一焊，在枢纽、大站、区段站侧线增加吸上线，改善牵引电流的回流途径，确保回流畅通。

5. 牵引电流不平衡，对轨道电路造成干扰

不平衡电压是由钢轨中通过的不平衡牵引电流引起的，而牵引电流不平衡是烧损轨道电路元件造成故障的主要原因。由于钢轨的集肤效应，轨条内外磁场形成内外电感，因钢轨本身对地电阻不一致，钢轨连接接触电阻大小不一致，钢轨周围环境不一致，导致两根钢轨传输电阻不一致等诸多因素，引起两根轨中牵引电流大小不一致。轨道电路的允许牵引电流不平衡系数为5%以下，铁路运能不断扩大，重

载、多机使牵引电流可达到 300～400 A，甚至更高，因此维修工作尽量保证钢轨接续线完好，各连接端子螺栓紧固，岔区一侧钢轨连接栽在地中半截钢轨的轨距杆必须绝缘，供电接触网塔杆火花间隙良好，地线不能直接与钢轨相连，以便尽量减少轨道电路的横向不平衡，降低牵引电流不平衡对轨道电路的干扰。

二、牵引供电作业产生红光带

1. 原因分析

(1)接地线接挂在同一线路的两侧钢轨上。

(2)接地线跨接在绝缘节两侧。

(3)施工过程中使用梯车未采用绝缘轮。

(4)施工过程中使用多辆梯车时，非绝缘轮未放置在同一侧钢轨上。

(5)施工过程中线条或其他导电线路搭接在两条钢轨上，使钢轨短接。

(6)供电部门吸上线丢失或接触不良。

2. 预防措施

(1)在有轨道电路的区段作业时，两组地线应接在同一侧钢轨上，且不应跨接在钢轨绝缘两侧。必须跨接在钢轨绝缘两侧时，应封锁线路。地线穿越钢轨时，必须采取绝缘措施。

(2)施工过程中必须使用绝缘轮梯车。

(3)采用多台梯车在同一线路作业时，接地轮要放置在同一侧钢轨上且不跨越绝缘关节。

(4)放线等施工避免将线条搭接在两条钢轨上，造成钢轨短接。

(5)车站施工作业时，请电务部门配合施工。站内接触网停电施工前，作业人员应与电务人员共同确认接触网防护地线连接处所，并在电务人员指导下对轨道进行短路(或利用轨道车)；区间接触网停电挂接地线不受上述限制。

(6)定期检查检测吸上线连接和走流情况，确保质量可靠。

三、设备分界

(1)电力牵引区段变电所、吸上线、保护线、电力变压器等牵引回流地线与扼流变压器连接的维护管理分界。

①当牵引回流地线连接在扼流变压器中连板(图4—9)上时,从中连板上的联结螺栓分界。扼流变压器、中连板联结螺栓由电务部门负责维护,中连板联结螺栓(不含)至供电变压器一侧的设备由供电部门负责维护。

②当牵引回流地线直接连接在扼流变压器中心点(图4—10)上时,从扼流变压器中心点螺栓分界。扼流变压器及其中心点螺栓由电务部门负责维护,扼流变压器中心点螺栓(不含)至供电变压器一侧的设备由供电部门负责维护。

图4—9 扼流变压器中连板

图4—10 扼流变压器中心点

(2)接地线与综合接地系统的贯通地线分界原则:接触网支柱接地端子至综合接地系统的贯通地线接地端子的连接线及联结螺栓归供电部门负责,综合接地系统的贯通地线归电务部门负责。

四、作业安全规定

(1)维修或更换信号设备扼流变压器、中心连接板、轨道电路送受电的扼流变压器引接线、站内横向连接线等器件时,应按规定采取保证牵引回流畅通措施后,方可开始作业。

(2)信号设备更换轨道电路绝缘时,应确认扼流变压器连接线各部连接良好后,方可开始作业。

(3)断开综合接地贯通地线前,须在贯通地线纵向位置,安设一条截面不少于 70 mm^2 的铜连接线,连接可靠方可开始作业。

(4)通信电缆(含光电综合缆)引入室内,应做绝缘接头,将外护套(或屏蔽层)和金属加强件可靠断开,室外电缆(含光电综合缆)的金属护套及金属加强件应可靠接地。

(5)光缆引入室(箱)内,应换接室内光缆,并作绝缘接头,室内、外金属护套及金属加强件应断开彼此绝缘。室内光电缆引入柜(架)、分线盒等应可靠接地。

五、电气化区段作业人身安全

(1)人身和携带物件(如长杆、导线、工具等)与接触网设备带电部分,必须保持 2 m 以上的距离,与回流线保持 1 m 以上的距离。

(2)在距离接触网带电部分不足 2 m 的处所作业时,接触网必须停电,由接触网工区人员安设可靠的临时接地线并验电确认后,方可开始工作。作业时应有接触网工区人员在场监护。拆除临时接地线后,严禁再进行作业。

(3)禁止攀登接触网支柱,不得在支柱上搭挂物品。

(4)严禁向接触网上搭挂绳索等物,发现接触网上挂有线头等物,不准接触。当发现接触网导线断落时,要远离该处 10 m 以外,将该处加以防护,并立即通知有关部门处理。

(5)电务设备的地线必须连接牢固,接触良好,接地电阻应符合要求。电务人员作业时应确认地线接触良好。

(6)电务人员作业时,应按规定使用耐高压的绝缘防护用品,如高压绝缘手套、绝缘靴、绝缘垫等。

(7)更换扼流变压器、中心连接板、轨道电路送受电的扼流变压器引接线、站内横向连接线等器件时,应按规定采取相应的安全防护措施,保证牵引电流畅通后,方可进行作业。

(8)更换轨道电路绝缘时,应在确认扼流变压器连接线各部连接良好后,方准开始作业。

(9)整修电缆时,应先确认电缆外皮与电缆屏蔽地线连接牢固,接触良好,同沟内数条电缆外皮焊接良好,方可开始作业。

六、作业配合

1. 牵引供电与信号的工作配合

(1)为信号系统配备合适的电力。

(2)按牵引负荷电流和短路电流及作用时间,确定扼流变压器容量。

(3)提交变电所、分区所、开闭所中电力 SCADA 系统的通信需求,确认机械室与电力 SCADA 系统的连接方案并配合施工。

(4)提供分相区的详细设计资料。上下行横连线、吸上线、CPW 线、综合接地等电位连接线的设计。

2. 信号与牵引供电的工作配合

(1)确认牵引供电提供的分相区详细设计资料,在分相处设置地面列车位置检测装置,设置断、合标志,完成车载断电自动过分相装置,地面感应器的预埋设计、施工及维护。

(2)向牵引供电专业提供轨道电路闭塞分区的详细设计。

(3)确认扼流变压器或空心线圈的位置,进行上下行横连线、吸上线、CPW 线、综合接地等电位连接线的设计。确认牵引供电部门提交的变电所、分区所、开闭所中的电力 SCADA 系统的通信需求,机械室与电力 SCADA 系统的连接方案,并负责设计施工实施,牵引供电部门予以配合。

七、安全配合

(1)安全配合主要内容是降低和消除牵引回流以及接触网电磁干扰对信号系统的影响。高速铁路接触网大电流对电务设备的影响更加突出:

①点接触和大电流输送的矛盾更加突出，单弓取流，离线引起的冲击很大；多弓取流，会增大阻力和噪声，并引起接触网扰动；多弓运行使接触网结构变得复杂。

②回流与接地系统要求更高，必须保证人员安全。

③两轨中不平衡电流加大。

④接触网中高次谐波电流产生的高频电磁场干扰更明显。

(2)接地方式的选择：高速列车负荷电流、故障短路电流均比既有铁路大，因此地网中钢轨电位也大大增高，采用传统的接地方式不能满足相关标准要求，宜采用综合接地方式。综合接地可以简化网上结构，直接接地，可靠性高，并有效降低钢轨电位，同时可避免沿线的设备相互干扰和故障，提高整体可靠性。

(3)电务部门在更换扼流箱螺栓等维修中，如果要中断钢轨→扼流箱→供电变压器或吸上线的回流通道时，应联系供电部门配合，采取沟通回流或接触网停电等安全技术措施后，方可开始作业。

(4)维修或更换信号设备扼流变压器、中心连接板、轨道电路送受电的扼流变压器引接线、站内横向连接线等器件时，应按规定采取保证牵引回流畅通措施后，方可开始作业。

(5)断开综合接地贯通地线前，须在贯通地线纵向位置安设一条截面不少于 $70\,mm^2$ 的铜连接线，连接可靠方可开始作业。

第五章　设备安装作业

信号轨旁设备安装作业包括地面固定信号机及标志牌安装、电缆敷设、箱盒安装作业。牵引供电设备安装工程包括下部工程和上部工程，下部工程包括支柱与基础，上部工程包括支持结构的安装、线索架设、悬挂调整等。

本章主要介绍了信号和牵引供电部分设备的安装要求、工艺，其他设备的安装要求、工艺请参考各自设备的安装要求。由于信号、牵引供电设备采用的设备类型不同，对于安装要求、工艺也不相同，本章内容仅供参考。

第一节　地面固定信号机及标志牌安装作业

一、地面固定信号机安装规定

(1)信号机的安设应符合下列要求：

①水泥信号机柱不得有裂通圆周的裂纹，裂纹超过半周的应采取加固措施；纵向裂纹，钢筋不得外露。机柱顶端须封闭，不进雨雪。

②水泥信号机柱的埋设深度为柱长的 20%，但不得大于 2 m。卡盘的埋深应符合安装标准和设计要求。机柱周围应夯实。

③设在路堤边坡的信号机，如有影响信号机稳固的因素时，应以砌石或围桩加固。当用片石、水泥砂浆砌围时，砌围边缘距信号机柱边缘不小于 800 mm。

④信号机梯子中心线与机柱中心线应一致，梯子无过甚弯曲，支架应水平安装。

(2)地面固定信号机的配置方式、安装位置、显示方向及显示距离等应符合《铁路技术管理规程》及设计要求。

(3)车站(含区间无配线站)应设进站、出站信号机,进站信号机的设置应符合《铁路技术管理规程》的相关规定。仅开行动车组的高速铁路,进出站信号机宜设为矮型。有特殊需求条件下,可采用高柱信号机。根据需要,作业量较大的车站可设进路信号机、调车信号机和复示信号机。作业较为单一的中间站、越行站列车进路上可不设调车信号机。

(4)车站进站信号机及接车进路信号机应采用《铁路信号设计规范》(TB 10007)规定的进站信号机机构。桥、隧地段信号机以及高柱信号机构外缘与接触网带电部分不符合安全距离要求时可采用七灯位矮型信号机。

(5)动车组运行径路上的调车信号机应设在距警冲标不小于5 m处。其他径路上的调车信号机应设在距警冲标不小于3.5 m处。设有调车危险应答器的调车信号机应尽量远离警冲标或防护道岔。

(6)各种信号机安装不得侵入铁路建筑限界,并满足路基、桥梁、隧道地段和电气化区段的特殊安装要求;电气化区段,信号机显示距离不受接触网影响并保证2 m安全距离,距离回流线1 m安全距离。

(7)信号机构各部件应齐全,不得有破损、裂纹现象。紧固件应平衡上紧;开口销双臂对称,劈开角度应为60°～120°。信号机构门关闭应严密,密封良好。信号机应采用透镜式铝合金信号机构,机构内部各种固定螺丝必须采用不锈钢螺丝,梯子采用热熔镀锌梯子,如图5—1所示。

(8)色灯信号机构的色玻璃及透镜应清洁、明亮,无斑点和裂纹,颜色符合设计要求。

(9)色灯信号机构的灯座应调整灵活,光源应调整在透镜的焦点上。信号灯泡采用有主、副灯丝的铁路信号专用灯泡。正常点灯时,应接通主灯丝。

(10)同一信号机柱上同方向安装的各个信号机构灯位中心应在同一垂直线上(引导信号机构除外),固定机构的托架安装应呈水平状态。

图 5—1 热熔镀锌梯子

(11)采用支架安装的信号机机构底座引入口处用冷封胶进行封堵,如图 5—2 所示;采用水泥基础安装的信号机机构底座与基础缝隙用水泥砂浆封堵。

图 5—2 机构底座处用冷封胶进行封堵

(12)信号机、轨道电路设备及箱盒集中安装时,信号机机构的安装不得影响扼流变压器、轨道箱、信号机 XB 箱开关盖的检修作业。

(13)箱盒与基础、信号机与基础连接时采用双螺母(其中外部是防松螺母)紧固,露出螺母外的螺扣不应少于 5 mm。

(14)检查测试供信号专业使用的综合接地引出端子预留到位,接地电阻符合要求。引出端子在电缆槽底或电缆槽壁时,应在电缆槽道盖板或防护墙、隧道壁上加地线标识。

(15)高柱信号机(不包含区间通过信号机)名称应标注在机柱正面(采用反光材料号码牌),距轨面宜为 2 000 mm,字体采用白底黑字 60 mm×40 mm 直体字;矮型信号机名称应标注在中部机构外侧或后门上,字体采用白底黑字 30 mm×20 mm 直体字;自动闭塞区间通过信号机编号采用特大号字,并制作成反光号码牌安装在机柱正面,底面距轨面 2 250 mm。

(16)高柱信号机机柱下安装的变压器箱,变压器Ⅱ箱箱盖向机柱方向开,Ⅰ箱箱盖向机构反方向开,两箱边缘间距大于 500 mm;矮型信号机前方安装变压器箱时,变压器箱箱盖向机构方向开。

(17)矮型进站、出站、进路等列车信号机采用软管与变压器箱连接,确保变压器箱高度符合规定并一致,且防水、防潮措施良好。

(18)调车信号机应采用点灯单元,变压器安装于 XB 箱内。

(19)信号机蛇管采用高压耐磨胶管。高柱内径采用 ϕ25 mm 高压耐磨胶管,胶管两端须加衬管;矮柱内径采用 ϕ35 mm 高压耐磨胶管。

二、路基地段信号机安装

(一)矮型三灯位信号机安装

1. 高速铁路

(1)路基地段的信号机基础埋深不应小于 500 mm。

(2)信号机基础顶面距钢轨面 200～300 mm,信号机构最凸出边缘距所属线路中心不小于 2 289 mm。

(3)单列矮型信号机基础坑约为 400 mm 长、400 mm 宽、500～550 mm深。对水泥面已封闭地段基础坑开挖时，应先使用云石机切出外框再用电镐开挖。基坑下部用原土回填并夯实，回填深度至路基面以下 150 mm，然后用混凝土灌注至与路基面相平。

(4)路基面以上采用砖砌混凝土围台，围台顶面低于基础顶面 150 mm±50 mm，围台周边比基坑周边宽不小于 50 mm(比基础周边宽 150 mm)，围台四周与顶部应做压实赶光处理。在围台混凝土内的电缆应采用套管防护。

(5)信号机与基础螺栓联结时采用双螺母(其中外部是防松螺母)紧固，露出螺母外的螺扣不小于 5 mm。

(6)信号机基础支架应采用不小于 50 mm^2 多股铜线就近与综合接地端子或贯通地线连接。

高速铁路路基地段矮型三灯位信号机现场安装如图 5—3 所示。

图 5—3 高速铁路路基地段矮型三灯位信号机现场安装

2. 普速铁路

(1)基础埋设深度不小于 500 mm，当埋设深度不够时可采用水泥围台加固。

(2)普通三灯位信号机基础顶面至轨面 200～300 mm，机构中心距所属线路中心 2 029 mm。

(3)带进路表示器信号机基础顶面至轨面 80～120 mm,机构中心距所属线路中心 2 163 mm。

(4)因线间距离不能符合安装要求时,应适当降低安装高度。

普速铁路路基地段矮型三灯位信号机现场安装如图 5－4 所示。

图 5－4　普速铁路路基地段矮型三灯位信号机现场安装

(二)矮型进站信号机安装

1. 高速铁路

(1)路基地段的信号机基础埋深不应小于 500 mm。

(2)信号机四灯位基础顶面距钢轨面 100～150 mm,三灯位基础顶面距钢轨面 315～350 mm,信号机构最凸出边缘距所属线路中心不小于 2 331 mm。

(3)双列矮型信号机基础坑约为 400 mm 长、750 mm 宽、500～550 mm深。对水泥面已封闭地段基础坑开挖时,应先使用云石机切出外框再用电镐开挖。基坑下部用原土回填并夯实,回填深度至路基面以下 150 mm,然后用混凝土灌注至与路基面相平。

(4)路基面以上采用砖砌混凝土围台，围台顶面低于基础顶面150 mm±50 mm，围台周边比基坑周边宽不小于 50 mm（比基础周边宽 150 mm），围台四周与顶部应做压实赶光处理。在围台混凝土内的电缆应采用套管防护。

(5)信号机、箱盒与基础螺栓联结时采用双螺母（其中外部是防松螺母）紧固，露出螺母外的螺扣不小于 5 mm。

(6)信号机基础支架应采用不小于 50 mm^2 多股铜线连接后，就近与综合接地端子或贯通地线连接。

高速铁路路基地段矮型进站信号机现场安装如图 5—5 所示。

图 5—5 高速铁路路基地段矮型进站信号机现场安装

2. 普速铁路

(1)基础埋设深度不小于 400 mm，当埋设深度不够时可采用水泥围台加固。

(2)信号机基础顶面高出轨面 0～150 mm，基础中心距所属线路中心最小距离 2 199 mm，机构中心距所属线路中心最小距离 2 029 mm，机构最小间距 340 mm。

(3)曲线地段应按规定增加安装间距，因线间距离不能符合安装要求时，应适当降低安装高度。

普速铁路路基地段矮型进站信号机现场安装如图 5—6 所示。

图 5-6　普速铁路路基地段矮型进站信号机现场安装

（三）高柱信号机安装

（1）当采用高度为 8.5 m、10 m、11 m 环形预应力混凝土信号机柱时，机柱埋深分别不小于 1.7 m、2 m、2 m。机柱卡盘采用混凝土预制件，配 U 形螺栓与机柱连接，卡盘应埋设于地下 500 mm±100 mm 处。

（2）直线线路高柱信号机的机柱埋深、机构安装高度及限界应符合规定。曲线加宽等特殊区段安装限界应根据现场实际情况确定。

（3）机柱顶端及电线引入管口应使用水泥砂浆封堵。

（4）机柱应垂直于地面装设，在距离钢轨顶面 4 500 mm 高处用吊线坠往下测量，其倾斜量不应大于 36 mm。信号机梯子中心应与机柱中心一致，梯子应平直，梯子支架应安装水平；梯子抱箍与机柱连接牢固。

路基地段高柱信号机现场安装如图 5-7 所示。

三、桥梁地段信号机安装

1. 三灯位信号机安装

（1）信号机基础支架严禁跨桥梁伸缩缝安装。

（2）防护墙钻 ϕ24 mm 通透孔，采用 M20 通透螺栓和补强板，将支

图 5—7 路基地段高柱信号机现场安装

架固定在防护墙上。

(3)信号机基础顶面与防护墙顶面相平,信号机构最凸出边缘距所属线路中心不小于 2 440 mm。

(4)信号机与基础螺栓联结时采用双螺母(其中外部是防松螺母)紧固,露出螺母外的螺扣不小于 5 mm。

(5)信号机构与终端盒或变压器箱间连接电缆采用橡胶管防护。

(6)信号机基础支架应采用不小于 50 mm² 多股铜线,就近与综合接地端子或贯通地线连接。

桥梁地段三灯位信号机现场安装如图 5—8 所示。

图 5—8 桥梁地段三灯位信号机现场安装

2. 进站信号机安装

(1)信号机基础支架严禁跨桥梁伸缩缝安装。

(2)防护墙钻 ϕ24 mm 通透孔,采用 M20 通透螺栓和补强板,将支架固定在防护墙上。

(3)根据防撞墙高度调整支架高度,四灯位连接管顶部高于轨面 100～150 mm,三灯位连接管顶部高于轨面 315～350 mm。信号机构最凸出边缘距所属线路中心不小于 2 440 mm。

(4)信号机与基础螺栓联结时采用双螺母(其中外部是防松螺母)紧固,露出螺母外的螺扣不小于 5 mm。

(5)信号机构与方向盒或变压器箱间连接电缆采用橡胶管防护。

(6)信号机基础支架,应采用不小于 50 mm^2 多股铜线,就近与综合接地端子或贯通地线连接。

桥梁地段进站信号机现场安装如图 5—9 所示。

图 5—9　桥梁地段进站信号机现场安装

四、隧道地段信号机安装

(1)隧道地段进站信号机安装在隧道侧壁上,采用单排五灯位机构,灯位自上至下为黄、绿、红、黄、白。

(2)信号机基础采用 M16×190 mm 化学锚栓固定到隧道壁上,钻孔深度150mm,植栓深度145mm。基础顶面距电缆槽盖板200~300 mm。固定时应调整好支架角度,使支架顶面保持水平。

(3)信号机构除下部与信号机基础连接外,在机构周围增加固定框架与隧道壁间增加一处固定点。信号机机构固定框采用50 mm×5 mm不锈钢扁钢。

(4)信号机构与基础以及基础与化学锚栓联结时采用双螺母(其中外部是防松螺母)紧固,露出螺母外的螺扣不小于5 mm。

(5)信号机构与方向盒或变压器箱间连接电缆采用橡胶管防护。

(6)信号机基础支架应采用不小于50 mm^2多股铜线连接后,就近与综合接地端子或贯通地线连接。

图 5—10 隧道地段信号机现场安装

隧道地段信号机现场安装如图 5—10 所示。

五、标志牌安装

1. 一般要求

(1)信号标志牌进场后应进行验收,其规格、型号应满足设计文件及相关标准的规定。信号标志牌安装在防撞墙(挡砟墙)上时,严禁在伸缩缝处安装。

(2)轨道电路调谐区标志、四显示机车信号接通标、四显示机车信号断开标、级间转换标等信号标志,应设在其内侧距线路中心不少于3.1 m处,标牌面与线路垂直。

(3)四显示机车信号接通标、四显示机车信号断开标、级间转换标等应设在列车运行方向左侧。

(4)各种信号标志达不到使用要求的应予更换。

2. 调谐区标志

(1)普速铁路轨道电路调谐区标志应设于无绝缘移频轨道电路调谐区的起点处。

①轨道电路调谐区标志:ZPW-2000A 型设置在调谐区外方,距调谐单元中心 1 000～1 200 mm 的位置;ZPW-2000R 型设置在匹配单元和调谐单元之间,距调谐单元中心为 1 000 mm±100 mm 的位置。

②在复线信号点处,轨道电路调谐区标志安装在列车反向运行线路的右侧;单线区段反向无信号机时设在线路左侧。ZPW-2000A 型设置如图 5－11 所示,ZPW-2000R 型设置如图 5－12 所示,虚线为单线区段设置的位置。

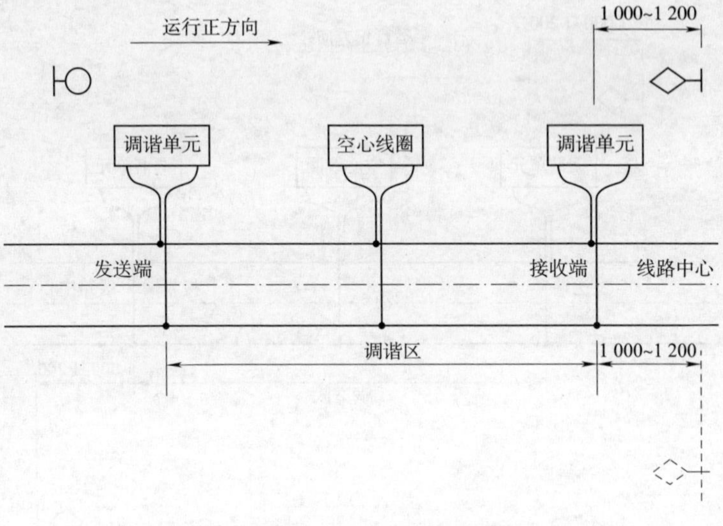

图 5－11　ZPW-2000A 型设置(单位:mm)

③在单线分割点处,两个轨道电路调谐区标志分别设在线路的左侧;在复线分割点处,两个轨道电路调谐区标志正方向运行设在线路左侧,列车反向运行设在线路的右侧。ZPW2000A 型设备如图 5－13 所示,ZPW-2000R 型设备如图 5－14 所示。

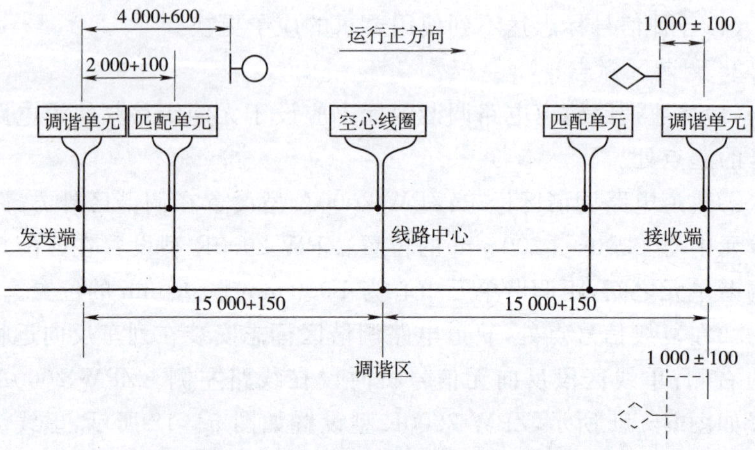

图 5－12　ZPW-2000R 型设置(单位:mm)

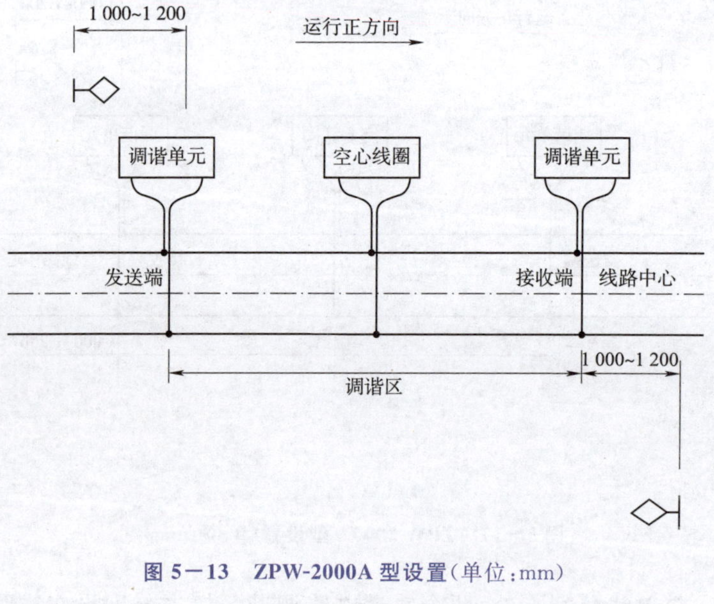

图 5－13　ZPW-2000A 型设置(单位:mm)

(2)高速铁路调谐区标志牌安装应符合下列要求:

①调谐区标志牌安装在调谐区两端,调谐区标志牌距调谐匹配单元(PT)纵向距离为 1 000 mm±200 mm。

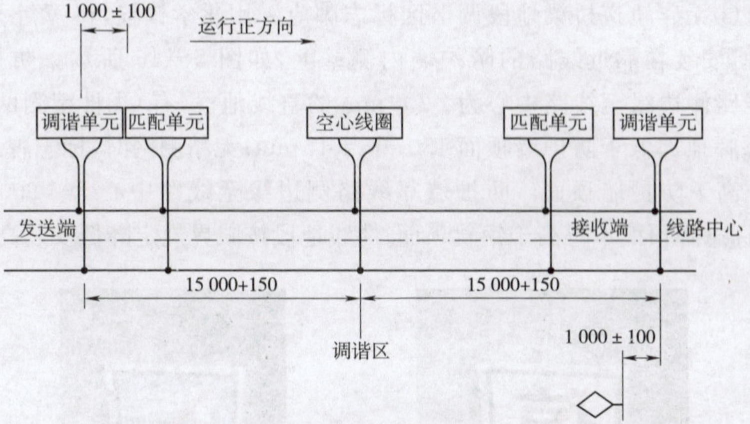

图 5－14　ZPW-2000R 型设置(单位:mm)

“Ⅰ”型(白底)标志牌设于信号点调谐区的另一端,与区间信号标志牌背对背安装。

“Ⅲ”型(蓝底)标志牌设于分割点调谐区两端,两个“Ⅲ”型标志牌背对背安装。

②路基地段调谐区标志牌,应安装在带热镀锌金属基础的热镀锌金属柱上。标志牌顶部高于钢轨顶面 200～260 mm,调谐区标志牌最突出边缘距所属线路钢轨内缘不小于 1 500 mm,如图 5－15 所示。

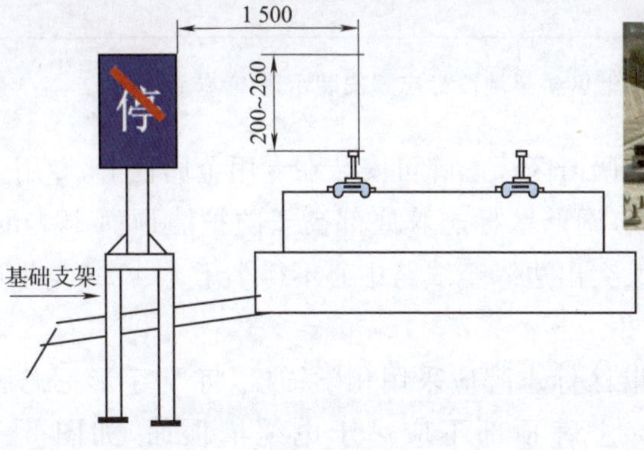

图 5－15　调谐区路基地段标志牌安装示意(单位:mm)

③无砟轨道桥梁地段调谐区标志牌应采用化学锚栓，将V字形标志牌，安装在靠近线路的防护墙内侧壁上，如图5－16所示。防护墙靠线路侧边缘至线路中心为2 200 mm的直线地段，有CPⅢ精测网时，标志牌顶部低于防护墙顶面150 mm±15 mm；无精测网时，标志牌顶部不应高于防护墙顶面。防护墙靠线路侧边缘至线路中心为1 900 mm时，标志牌顶面不得高于钢轨顶面；曲线地段按限界规定降低安装高度。

桥梁地段信号点禁停牌

桥梁地段分割点禁停牌

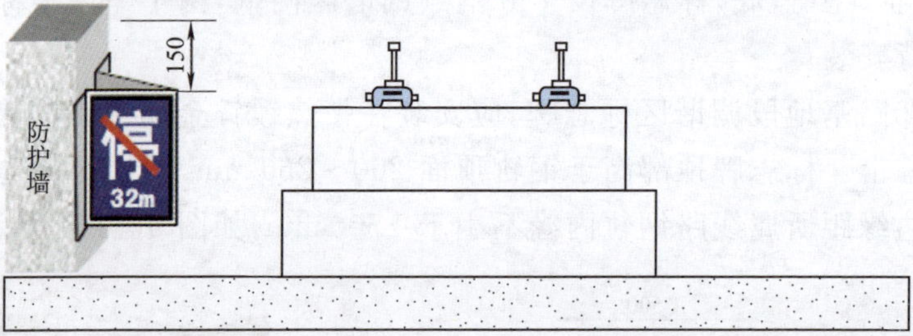

图5－16　调谐区桥梁地段标志牌安装示意(单位：mm)

有砟轨道桥梁地段调谐区标志牌可安装在专用金属柱上，专用金属柱应固定在防护墙外侧，调谐区标志牌底部高于防护墙顶面150 mm±15 mm，调谐区标志牌最突出边缘至线路中心不得小于2 440 mm，并安装端正牢固。

④隧道地段的调谐区标志牌应采用化学锚栓，将V字形标志牌安装在电缆槽外壁上，标志牌顶部不应高于电缆槽顶面，如图5－17所示。

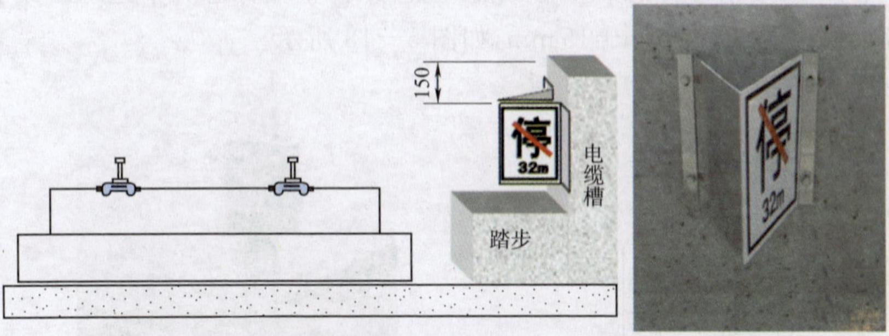

图 5－17 调谐区隧道地段标志牌安装示意（单位：mm）

受限界影响调谐区标志牌也可安装在隧道壁上，调谐区标志牌安装在隧道壁上时，应采用化学锚栓，调谐区标志牌底部应高于钢轨顶面 1 600 mm±15 mm，并安装端正牢固。

3. 四显示机车信号标

（1）四显示机车信号接通标：在由非四显示自动闭塞区段进入四显示自动闭塞区段的入口处应设四显示机车信号接通标；半自动闭塞或自动站间闭塞区段，当进站设置两个接近区段时，在第一接近区段入口内 100 m 处应设机车信号接通标。

（2）四显示机车信号断开标：设于四显示自动闭塞区段的出口处。

4. 区间信号标志牌及号码牌

（1）区间信号标志牌及号码牌应按下列要求安装：

①在路基和桥梁地段应安装在接触网支柱上，在隧道内应安装在隧道壁上。

②区间信号标志牌（蓝底黄三角）及号码牌（黑底黄字）应设于列车正向运行方向线路左侧的信号点处，并与线路垂直安装。区间信号标志牌黄三角顶端指向线路，尺寸 500 mm×500 mm；号码牌应安装在区间信号标志牌的下方，尺寸 500 mm×180 mm，号码为横向排列。

区间信号标志牌及号码牌可采用分设方式或整体方式。

③区间信号标志牌及号码牌距调谐区外方发送端的调谐匹配单元盒中心 1 000 mm±200 mm。

a. 区间信号标志牌及号码牌为整体时，整体标志牌下边缘距钢轨顶面高度为 1 400 mm±15 mm，如图 5－18 所示。

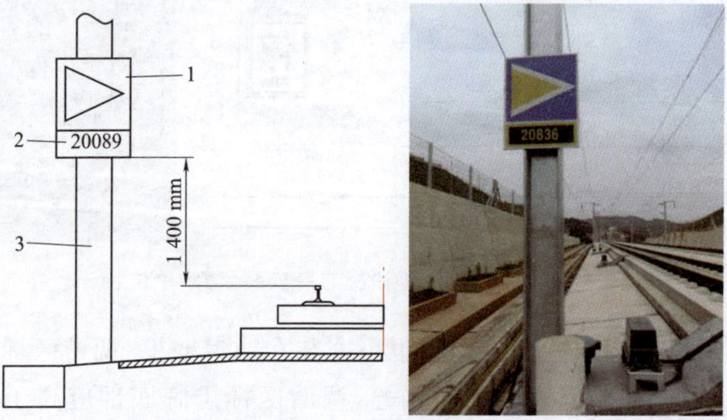

图 5－18　整体式区间信号标志牌及号码牌安装示意

1—区间信号标志牌；2—号码牌；3—接触网支柱

b. 区间信号标志牌及号码牌分设时，区间信号标志牌下边缘距轨面高度为 1 600 mm±15 mm，号码牌上边缘至区间信号标志牌下边缘距离为 50 mm±10 mm，如图 5－19 所示。

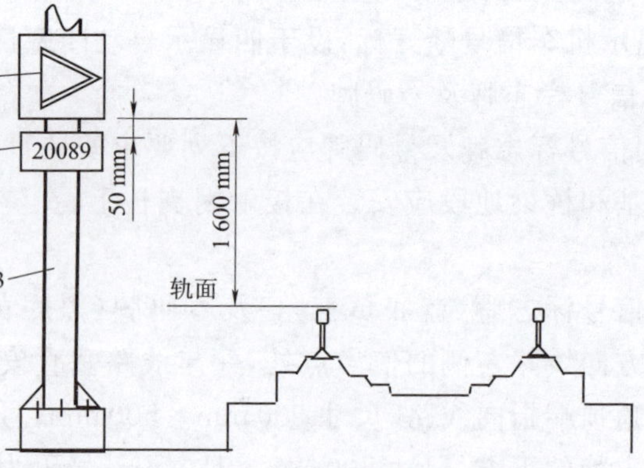

图 5－19　分设式区间信号标志牌及号码牌安装示意(单位：mm)

1—区间信号标志牌；2—号码牌；3—接触网支柱

④因接触网支柱前方设有坠陀影响显示时，可增加支臂并向线路

侧偏移，其安装高度不变，但停车标和号码牌边缘不得侵入限界。

⑤安装在接触网支柱上的区间信号标志牌及号码牌，不得与其他专业安装在接触网支柱上的设备发生位置冲突。

⑥接触网支柱与标志牌连接的卡箍折弯处应加装橡胶垫，防止金属卡箍对接触网支柱表面涂层造成损伤。

(2)区间信号标志牌及号码牌不能安装在接触网支柱上时应符合下列要求：

①路基地段区间信号标志牌及号码牌应安装在热镀锌金属柱上，金属柱采用热镀锌角钢基础，基础埋深不应少于 500 mm，金属柱基础露出地面为 300 mm±50 mm，基础露出地面部分应做砖砌混凝土围台。

a. 区间信号标志牌及号码牌线路侧最突出边缘距线路中心不得小于 2 440 mm。

b. 整体式区间信号标志牌及号码牌的下边缘距钢轨顶面高度为 1 400 mm±15 mm，如图 5－20 所示。

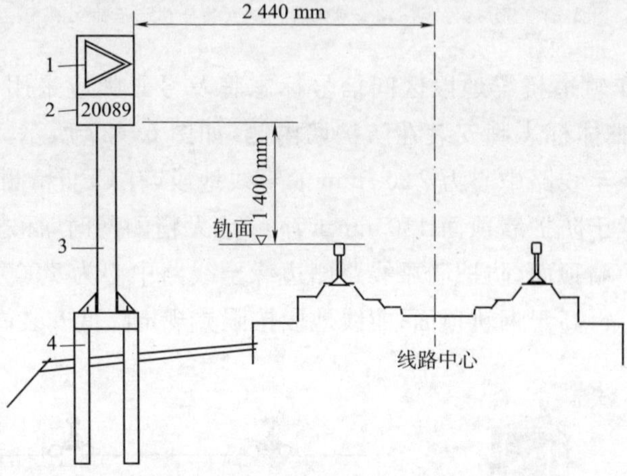

图 5－20　路基地段整体式区间信号标志牌及号码牌安装示意

1—闭塞分区停车标；2—号码牌；3—安装柱；4—基础支架

c. 分设式区间信号标志牌下边缘距钢轨顶面高度为 1 600 mm±15 mm，号码牌上边缘至区间信号标志牌下边缘距离为 50 mm±

10 mm，如图 5—21 所示。

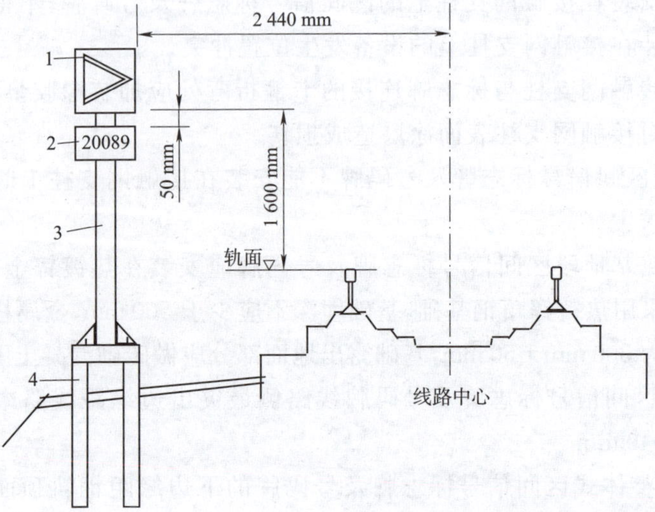

图 5—21 路基地段分设式区间信号标志牌及号码牌安装示意

1—闭塞分区停车标；2—号码牌；3—安装柱；4—基础支架

②无砟轨道桥梁地段区间信号标志牌及号码牌应采用化学锚栓，将 V 字形整体标志牌安装在防护墙内侧，如图 5—22 所示。防护墙靠线路侧边缘至线路中心为 2 200 mm 的直线地段，有 CPⅢ精测网时，标志牌顶部应低于防护墙顶面 150 mm±15 mm；无精测网时，标志牌顶部不应高于防护墙顶面；防护墙靠线路侧边缘至线路中心为 1 900 mm 时，标志牌顶部不得高于钢轨顶面；曲线地段按限界规定降低安装高度。

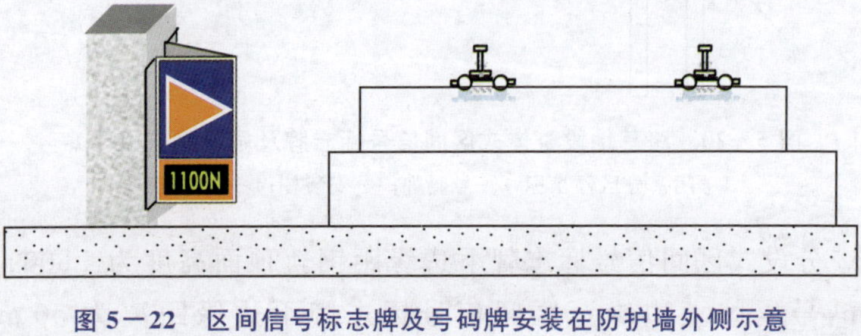

图 5—22 区间信号标志牌及号码牌安装在防护墙外侧示意

③隧道内区间信号标志牌及号码牌应采用化学锚栓，将V字形整体标志牌安装在隧道壁上，其下边缘距钢轨顶面高度为1 400 mm±15 mm，如图5—23所示。

图5—23　区间信号标志牌及号码牌安装在隧道内示意

④有砟轨道桥梁地段，区间信号标志牌及号码牌可安装在专用金属柱上，专用金属柱应固定在防护墙外侧，区间信号标志牌及号码牌的安装高度及限界与路基地段相同。

(3)停车标尺寸应满足下列要求：

①路基地段(及接触网杆上)信号机停车标和号码标合二为一做在一个整体板上，大小为500 mm×680 mm的长方形，号码为横向排列。信号机停车标、号码标背部均带有U形卡槽，用螺栓固定在专用安装支柱(或接触网杆)上，如图5—24所示。

②桥隧地段信号机停车标和号码标已合二为一做成V形，尺寸大小为450 mm×250 mm，用6个M8胀栓固定在防撞墙(或电缆槽壁)靠线路侧，如图5—25所示。

③路基地段Ⅰ型、Ⅲ型禁停标均为250 mm×300 mm的方形，背部有U形卡槽，用螺栓固定在专用支架上，标志牌顶部高于钢轨顶面200～260 mm，调谐区标志牌最凸出边缘距所属线路钢轨内缘不小于1 500 mm。桥隧地段Ⅰ型、Ⅲ型禁停标均为250 mm×300 mm的V形，用4个M8胀栓固定在防撞墙(或电缆槽壁)靠线路侧。防护墙靠线路

侧边缘至线路中心为 2 200 mm 的直线区段，标志牌顶部低于防护墙顶面 150 mm±15 mm。防护墙靠线路侧边缘至线路中心为 1 900 mm 时，标志牌顶面不得高于防护墙顶面。Ⅰ型、Ⅲ型禁停标如图 5－26 所示。

图 5－24 路基地段（接触网杆上）信号机停车号码标（单位：mm）

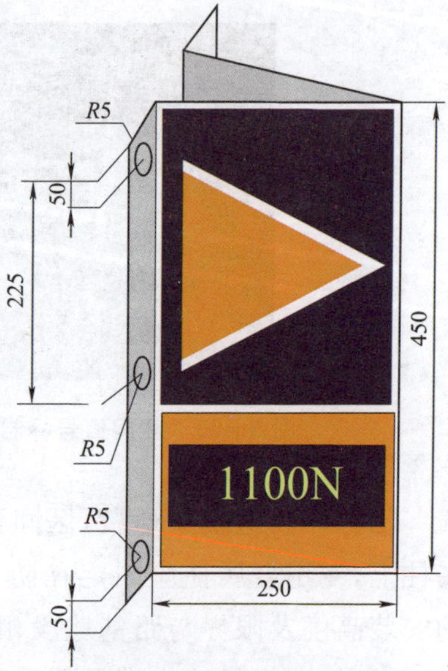

图 5－25 桥隧地段信号机停车号码标（单位：mm）

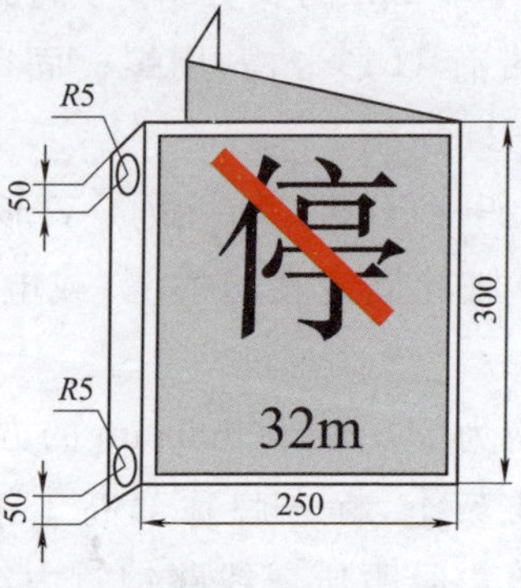

（a）桥上禁停标（Ⅰ型-正向）

（b）路基禁停标（Ⅰ型）

图 5－26

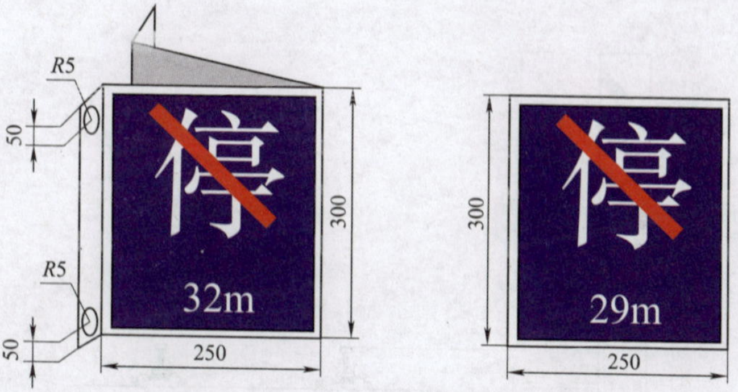

（c）桥上禁停标（Ⅲ型-正向）　（d）路基禁停标（Ⅲ型）

图 5－26　Ⅰ型、Ⅲ型禁停标示意（单位：mm）

5. 预告标

(1)预告标分别为一、二、三条黑斜杠的白底标志牌，三个预告标应安装在正向及反向进站信号机外方 900 m、1 000 m、1 100 m 处就近接触网支柱上。

(2)设于接触网支柱上时，标志牌顶端距钢轨顶面为 1 900～2 000 mm，最突出边缘距所属线路中心不应小于 2 440 mm，如图 5－27 所示。

(3)因条件限制不能安装在接触网支柱上时，应符合下列要求：

①路基地段的预告标，应安装在带热镀锌角钢基础的热镀锌金属柱上。标志牌顶端距钢轨顶面为 1 900～2 000 mm，最突出边缘距所属线路中心不应小于 2 440 mm。

在级配碎石铺有沥青的路基上安装时，用 ϕ150 mm 空心钻头从路基表面向下垂直钻出 1 个基础孔，将标志牌安装支柱放入路基孔中，注入膨胀水泥砂浆固定支柱。路基面以下埋深不小于 1 250 mm，路基面以上采用砖砌混凝土防护围台，高 150 mm。

安装支柱为 80 mm×80 mm 的方型钢柱，高 2 900 mm，底部焊一直径 100 mm 的圆钢板，顶部预留有两个螺栓孔，配两个 M12×100 mm 的螺栓。

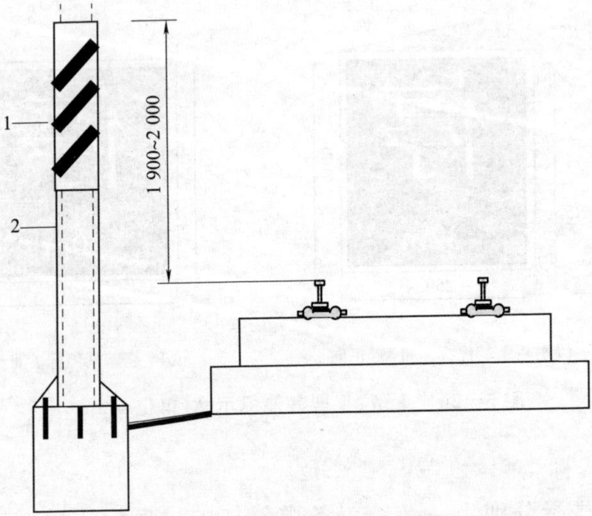

图 5—27 区间接近标志牌在接触网支柱上安装示意(单位:mm)

1—预告标志牌;2—接触网支柱

标志牌背部有 U 形安装卡槽,用螺栓固定在安装支柱,如图 5—28 所示。

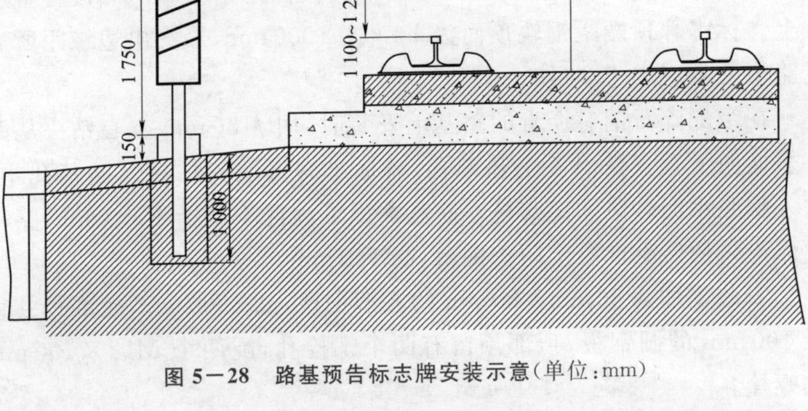

图 5—28 路基预告标志牌安装示意(单位:mm)

②桥上安装。

a. 无砟轨道桥梁地段预告标，应采用V字形标志牌，安装在防护墙内侧。防护墙靠线路侧边缘至线路中心为2 200 mm的直线地段，有CPⅢ精测网时，标志牌顶部低于防护墙顶面150 mm±15 mm；无精测网时，标志牌顶部不应高于防护墙顶面。

b. 有砟轨道桥梁地段或无砟防护墙靠线路侧边缘至线路中心为1 900 mm的地段，预告标可安装在防护墙外侧的金属柱上，标志牌底部应高于防护墙顶面150 mm。

c. 桥上安装工艺。

(a)支架制作：桥上预告标安装支架为组装式三角形，墙上安装板为50 mm×80 mm角钢，装设备的横担为80 mm×400 mm×200 mm三角钢板，用M12×30 mm螺栓与墙上安装板连接。表面热镀锌，三角支架两个为一套对称使用。安装支柱用60 mm方钢一端焊接5 mm钢板(5 mm×200 mm×200 mm)，高1 100 mm，配4根M16×50 mm螺栓与三角支架连接，表面热镀锌。

(b)安装方法：采用模板定位钻孔方式在防撞墙上钻4个ϕ20 mm通孔。用M16×260 mm长螺栓加补强板后将三角支架紧固在防撞墙外侧，三角支架墙上安装板上边沿与防撞墙顶面平齐，长螺栓的螺母端应装在防撞墙靠线路侧。然后将安装支柱固定在三角支架上，预告标用卡箍固定在支柱上，并安装端正牢固，如图5—29所示。

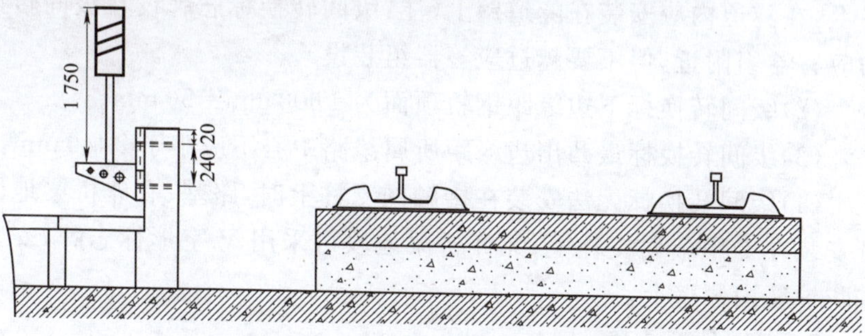

图5—29　桥上预告标志牌安装示意(单位：mm)

(4)隧道地段的预告标,应采用V字形标志牌安装在隧道壁上,预告标顶部距钢轨顶面为1900～2000 mm,并安装端正牢固,如图5－30所示。

图5－30 隧道地段预告标

6. 级间转换标

在级间转换边界一定距离前方的级间转换应答器组对应的线路左侧设级间转换标志,级间转换标安装应符合下列要求:

(1)级间转换标志应设于级间转换应答器组对应的就近接触网支柱上,在隧道内应安装在隧道壁上(注:级间转换标志牌设在级间转换的应答器组附近,但不要越过应答器组装设)。

(2)级间转换标下边缘距钢轨顶面为1600 mm±50 mm。

(3)级间转换标最凸出边缘距所属线路中心不应小于2440 mm。

(4)级间转换标无法安装在接触网支柱上时,路基、有砟桥梁地段可安装在专用金属支柱上;无砟桥梁地段可采用V字形标志牌,安装在防护墙内侧壁上。

7. 中继站标志牌

中继站标志牌装设于中继站应答器组邻近的接触网支柱上,该标志牌不宜越过相应应答器组，如图 5－31 所示。中继站标志牌安装应符合下列要求：

图 5－31　中继站标志牌

(1)隧道内宜采用 V 字形标志牌，安装在隧道壁上。

(2)中继站标志牌无法安装在接触网支柱上时，路基、有砟桥梁地段可安装在专用金属支柱上；无砟桥梁地段可采用 V 字形标志牌，安装在防护墙内侧壁上。

(3)中继站标志牌最凸出边缘距所属线路中心不应小于 2 440 mm。

(4)中继站标志牌与应答器上下行分别设两处，正向与 ZJ_1 相对应，反向与 ZJ_2 相对应，两个标志牌背对背安装，如图 5－32 所示。标志牌尺寸高为 800 mm、宽为 350 mm，标志牌下边缘距钢轨顶面 1 600 mm±50 mm，如图 5－33 所示。

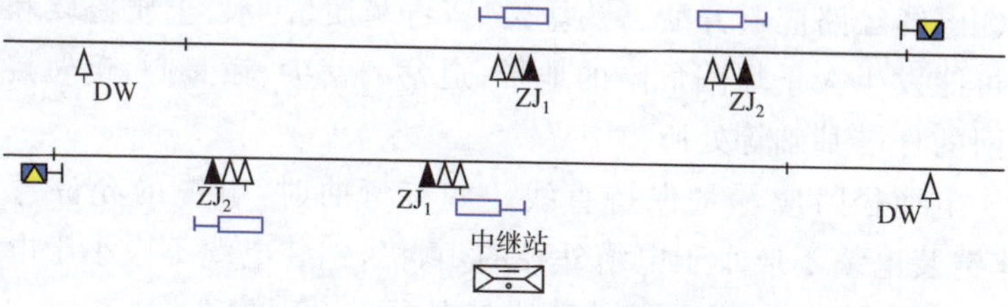

图 5－32　中继站标志牌设置位置示意

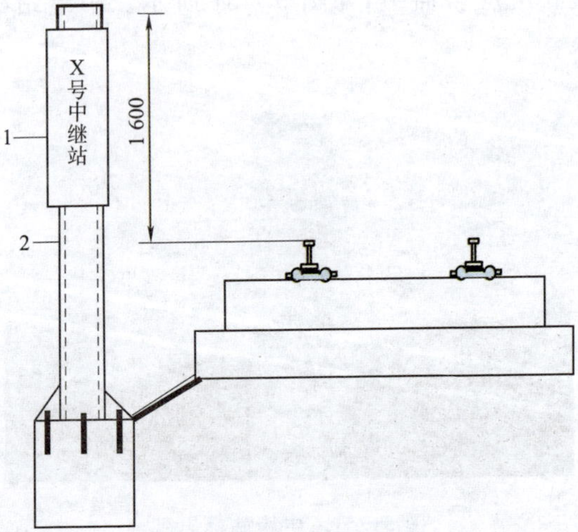

图 5—33 中继站标志牌安装示意(单位:mm)

1—中继站标志牌;2—接触网支柱

第二节 电缆敷设作业

一、信号电缆敷设要求

(1)信号电缆敷设须符合下列要求:

①电缆埋设深度,站内一般不小于700 mm,区间不小于1 200 mm;横穿线路时,防护用钢管或混凝土管的管顶距路基面不得小于0.4 m。

②电缆径路应选择地形平坦和土质良好地带。

③电缆径路应避开酸、碱、盐聚集,石灰质、污水、土质松软和承受重压可能发生大量塌陷危险的地带,道岔的岔尖、辙叉心,钢轨接头及接触网的杆塔基础等处所。

④电缆径路应尽量保持直线。如有弯曲时,电缆的允许弯曲半径:非铠装电缆不应小于电缆外径的10倍;铠装电缆不应小于电缆外径的15倍;内屏蔽电缆不应小于电缆外径的20倍。

⑤贯通地线与信号电缆同沟时,应埋设于电缆(槽)下方土壤中,

距电缆(槽)底部不得小于300 mm。信号电缆与电力电缆不得同沟,应分开敷设;必须交叉时应采取物理隔离措施。

(2)电缆防护和设置电缆标识应满足下列要求:

①电缆防护。

a. 既有线路改向地段电缆须进行同步移设,不得远离线路。

b. 电缆过桥防护管、槽应涂有黑白相间斑马线;过涵防护管、槽尽量不得外露。各种外露管、槽应有密封防火措施。

②在下列处所应设置电缆埋设标识,电缆标识上应有“信号”字样,并标明电缆走向、埋深字样,地下接头电缆标标明“接续”字样,各种电缆牌标明所防护地点的范围、距离、警示语等字样;电缆牌应平行于线路埋设。

a. 电缆转向、分支处埋设折角、分歧电缆标。

b. 电缆径路上每50 m埋设电缆标。

c. 电缆地下接头处埋设地下电缆接头标。

d. 保护区外电缆径路每100 m埋设警示牌。

e. 电缆穿越障碍物(如大型管路、建筑物、高压电缆等)应设置电缆牌。

f. 穿越铁路、公路、河流两侧设置电缆标、牌。

(3)维修更换电缆时,电缆的两端应有2 m储备量(设备间实际距离在20 m以下时为1 m);信号楼(值班员室)内应有5 m的储备量。

(4)敷设信号电缆遇有下列情形时,应采取有效的防护措施(如砂、砖、水泥槽、钢管或陶瓷管等),以保护电缆不受损伤:

①通过铁路、公路、隧道、水沟、坚石、土质不良地带。

②受条件所限,必须减少电缆敷设深度的地带。

③与其他电缆、管道交叉时。

④电缆易受白蚁蛀蚀的地带。

(5)在区间敷设信号电缆时,两根电缆的连接宜采用地下接续方式。地下接续电缆应满足下列要求:

①地下接续电缆时,应使用专用材料,按规定作业程序施工。

②地下接续电缆时,电缆的备用量长度不小于2 m。

③电缆的地下接头应水平放置,接头两端各300 mm内不得弯曲,并应设线槽防护,其长度不应小于1 m。

④在电缆径路图上应绘出电缆地下接续处所,并注明与固定参照物的十字交叉距离。

(6)在敷设信号电缆时,电缆的连接线应为A端与B端相连。电缆A、B端的识别方法是绿色组在红色组的顺时针方向为A端,反之为B端。

(7)必须设于路肩上的电缆、集中联锁设备的干线电缆及冻害地区电缆应以水泥电缆槽或其他阻燃材料制造的电缆槽防护。电缆槽应符合设计规定,其埋设深度为上盖板顶面距地面不应小于300 mm。槽内电缆应排列整齐,互不交叉。

路肩上埋设电缆(电缆槽)时,必须填平夯实,保证路肩完整性。

(8)室外电缆应先引入电缆引入室或电缆引入井,成端后接至防雷分线柜(室),并对电缆采取防雷、防水、防火、防鼠等防护措施。

(9)各种箱、盒须符合下列要求:

①引入电缆时,应有保护管及防止电缆下沉措施;封闭处理完好。

②各种电缆盒、变压器箱的盘根完整,盖要严密,防尘及防潮作用良好。对潮湿地区应有防潮措施。

③各种箱盒的配线端子应清洁,保证绝缘良好。

二、电缆敷设工艺

1. 直埋区段信号光、电缆敷设要求

(1)电缆径路必须选在铁路保护区内,优先选在铁路保护栅栏内,电缆埋深站内700 mm以上,区间1200 mm以上,如图5—34和图5—35所示。电缆径路应避开酸碱盐聚集,石灰质、污水、土质松软和承受重压可能发生大量塌陷危险的地带,道岔的岔尖、辙叉心,钢轨接头,接触网的杆塔基础等处所。区间和正线的电缆径路选择在电缆径路边缘距线路中心2200 mm以上,所有信号设备处预留电缆埋设在距线路

中心 2 200 mm 以外。

图 5－34　直埋电缆的电缆沟

图 5－35　敷设电缆槽的电缆沟

(2)电缆径路与铁路平行时，距最近轨底边缘的距离，在线路外侧 L 为 2 m；如路基宽度不够时，在保证轨底边缘与电缆间斜面距离不小于 2 m 的情况下，L 可减至不小于 1.7 m；在线路间，L 为 1.6 m。若线路间距为 4.5 m，此项距离 L 可减至不小于 1.5 m；距铁路边排水沟不小于 1 000 mm，如图 5－36 所示。电缆径路与公路平行时，距公路路面边沿和排水沟边沿不小于 1 000 mm 处。

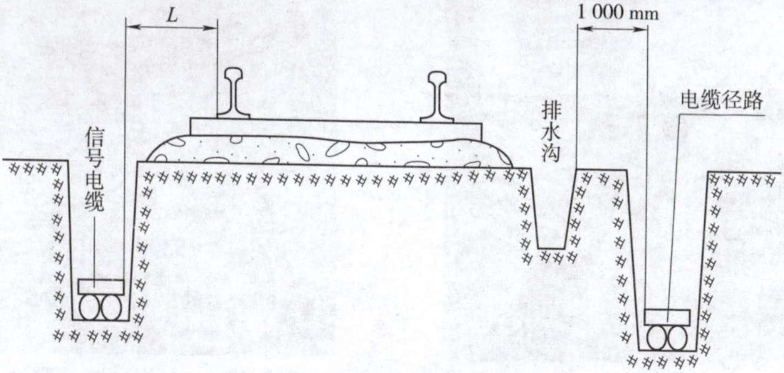

图 5－36　电缆径路与铁路平行时布置示意

(3)电缆径路与上下水管道平行时,距上下水管的距离不小于500 mm。

(4)电缆径路与煤气或液体燃料管道平行时,距煤气或液体燃料的距离不小于1 000 mm。

(5)电缆径路与热力管道平行时,距热力管道的距离不小于2 000 mm。

(6)电缆径路与建筑物平行时,距建筑物的距离不小于600 mm。

(7)电缆径路在树木附近时,距树木的距离不小于2 000 mm。

(8)干线电缆与电力杆平行时,距电力杆边缘的距离不小于700 mm,距电力线路防雷地线的距离不小于20 m。

(9)室外电缆应尽量远离其他管线、建筑物,当不得已与其他管线、建筑物交叉或平行敷设时,用砖防护。

2. 电缆沟区段信号电缆敷设要求

(1)电缆严格按强、弱电分别敷设电缆槽、电缆沟,当无法避免同沟时,电缆应采用电缆槽或砖砌防护,电缆槽或砖砌的边缘至电力电缆边缘不小于200 mm(垂直、平行距离)。站台电缆沟,电力电缆与信号电缆互相隔离进入信号楼,如图5—37所示;电缆井内信号电缆与电力电缆物理隔离,如图5—38所示;电缆井内增加电缆通道,防止信号电缆与电力电缆互相交叉,如图5—39所示。

图5—37 站台电缆沟

图5—38 电缆井电缆敷设

图 5—39　电缆井内采用电缆槽隔离敷设

(2)隧道内敷设电缆槽沟的地段,电缆沟盖板使用标准电缆沟盖板,应符合相关标准要求。预制电缆沟盖板不得留存缝隙,杜绝火灾隐患,如图 5—40 所示。客运专线铁路路基及桥梁地段电缆槽盖板按照相关技术标准执行。

图 5—40　电缆沟盖板

3. T 形梁桥上区段信号电缆敷设要求

电缆过桥应采用 SMC 复合电缆槽,严禁使用钢槽;过渡地段应采用水泥包封。电缆上下桥梁采用镀锌电缆爬架,电缆与爬架间采用有效物理绝缘材料进行隔离防护。复合电缆槽与 T 形梁之间的固定螺栓采取绝缘措施，2 m 及以上的电缆槽须采用两端加中间固定方式。对桥上电缆槽采用不锈钢扎带进行绑扎（宽度大于 19 mm 的扎带），绑扎间隔为 1 m，每个电缆槽至少一处采用 2 根不锈钢扎带交叉绑扎在桥面电缆槽安装基础上，如图 5－41 所示。桥上不具备电缆外挂条件时，电缆敷设径路应进行专项设计，不得影响桥梁人行道安全检查设施维护及使用，如图 5－42 所示。

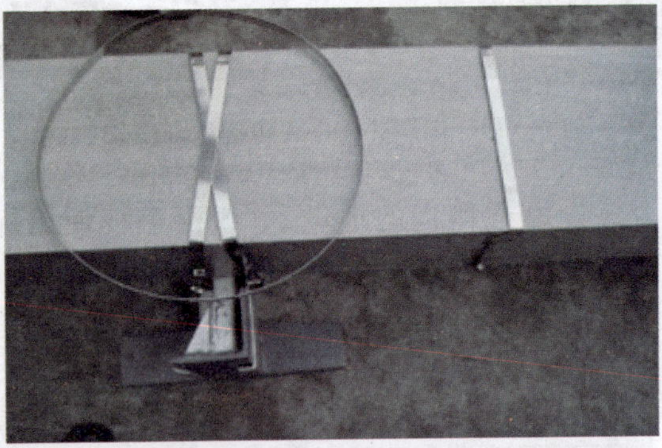

图 5－41　桥上外挂电缆槽采用不锈钢扎带交叉绑扎

图 5－42　桥上信号电缆槽固定示意

4. 箱梁区段信号电缆敷设要求

箱梁地段电缆通过桥梁接缝处时，应在电缆槽道断开处增加

SMC电缆防护槽，防护槽应与原电缆槽道用两颗化学锚栓单边固定，当桥梁接缝处有伸缩装置时，可不设防护槽。电缆在箱梁区段敷设，电缆在电缆槽内布放时应有自然弯曲度，电缆应排列整齐、平顺，互不交叉。在每个信号点处对经过该点的所有信号电缆进行标识。两箱梁间的过渡钢槽连接处应采用活动搭接方式，活动搭接面应不小于50 mm。箱梁与桥墩电缆爬架应平缓连接，其弯曲半径应满足电缆弯曲半径的要求，箱梁上的电缆爬架与桥墩上的电缆爬架间应留有5～10 mm的间隙。

5. 站台电缆沟要求

站台电缆沟室外沟盖板均按承重设计，施工完毕后，盖板缝隙用水泥包封处理(直埋除外)。桥上的外挂电缆槽内不进行填沙防护。

站台电缆沟每间隔30～50 m预留1 000 mm×1 000 mm×1 000 mm电缆手孔井，手孔井的深度原则上与电缆槽沟平齐，手孔井盖应使用活动的井盖，能满足运营维护检查与应急处理需要，手孔井盖板上应印有“信号”字样，如图5－43所示。站台电缆沟应根据电缆需求的实际情况预制，电缆沟的宽、深最小满足600 mm×600 mm要求。

图5－43　电缆盖板上印有“信号”字样

三、电缆防护

(1)隧、涵地段。隧、涵没有预留电缆槽沟地段,电缆槽沟必须用水泥砂浆对电缆槽全程整体包封。

(2)路基地段。新建线路电缆沟的预留位置设在铁路保护栅栏内,电缆按预留的电缆槽沟进行敷设。既有线路电缆沟径路选择在铁路封闭网内;无封闭网的线路,电缆径路选择在路肩上。路堤、路堑地段电缆不能直埋时,电缆径路需要走侧沟沟沿或边坡挡墙顶部,电缆沟进行明槽敷设时,必须用水泥砂浆将电缆槽全程整体包封。电缆沟径路选择定点时,应进行径路结构和施工设计,不得损坏原有排水、防护和加固设施,保证路基完整和稳定,并不得影响工务养护作业。各线路情况电缆敷设示意如图 5—44 所示。

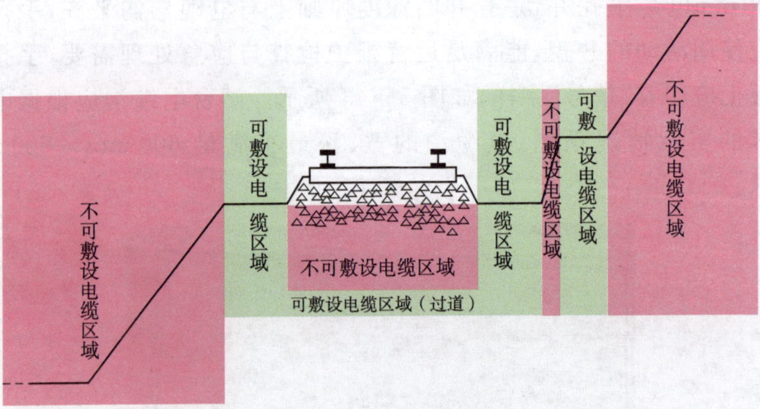

图 5—44 电缆径路选择示意

注:有防护网区段,电缆不可敷设于防护网外侧。

(3)电缆必须跨越水沟敷设时,原则上采用“入地直埋”方式,否则除采用钢管防护外,还应增设贯通式(砖砌)防护措施。电缆过桥、过涵、过沟有防火防盗措施,外露防护钢管采取防火包封,如图 5—45 所示。

图 5－45　过水沟水泥封闭

(4)电缆穿越线路时,应采用钢管、混凝土管、UPVC 管防护,埋入的管顶距路基面不得小于 400 mm。

(5)桥涵与地面的结合处应增加电缆的防护措施,引出部分全部“砌封”,电缆槽延伸入地 5 m 以上,如图 5－46 所示。桥涵电缆(外挂式除外)全程贯通式砖砌防护。

图 5－46　桥梁两端电缆入地砌封防护示意

(6)对不能开挖或不能入地直埋的电缆槽,须用水泥砂浆对电缆槽全程整体包封,其水泥防护层厚度不少于 20 mm。

(7)电缆敷设时使用运输工具将电缆运到敷设工作区,按电缆盘的箭头指示方向滚动电缆盘,严禁滚动过程中电缆遭受冲撞、挤压和任何机械损伤,禁止长距离滚动电缆盘。

(8)电缆放出时，应从电缆盘的下方拉出并按照盘上所标的箭头方向转动电缆盘，以免造成电缆松脱。

(9)人工敷设电缆时，禁止将电缆在地上拖拉，不得出现背扣、急弯、浪涌及损伤电缆外护套等现象。

(10)在手孔、人井内的电缆与其他电缆应采取物理隔离，电力电缆井内应设置信号电缆贯通槽道，通信信号井内应设置电力电缆贯通槽道，人井内应分别设置电力电缆贯通槽道和信号电缆贯通槽道，并对电缆进行标识，以便区分电缆用途。

(11)信号电缆敷设的弯曲半径应符合下列要求：综合护套信号电缆弯曲半径不得小于电缆外径的 15 倍；内屏蔽数字电缆弯曲半径不得小于电缆外径的 20 倍；应答器数据传输电缆弯曲半径不得小于电缆外径的 20 倍；应答器尾缆弯曲半径不得小于电缆外径的 10 倍。电缆直径不大于 30 mm 时，箱盒底部距电缆槽盖板表面高度为 360 mm ±50 mm；电缆直径大于 30 mm 时，应根据引入的电缆型号、电缆直径、电缆受力点等因素，确定其安装高度。

(12)路基地段方向电缆盒至信号设备处分支电缆采用水泥槽或波纹管防护后，用水泥包封 50～100 mm，包封面与路基面平齐。因特殊情况需在路基面敷设时，必须采用电缆槽进行防护，并用化学锚栓对电缆槽进行固定防护安装，其安装方式不得影响路基排水。

(13)电缆槽引出的外露电缆、路基地段电缆槽至箱盒的电缆，应采用防护套管进行防护，防护套管应自然弯曲并符合电缆弯曲半径的要求。

(14)信号电缆穿越路基地段防水层时，应在防水层下采用 PE 管进行防护，施工后恢复路基表面防水层。

(15)信号电缆在跨越电力电缆时，信号电缆应采用钢管防护。电力电缆跨越信号电缆交叉时，电力电缆应防护，距离不少于 300 mm。

(16)电缆上桥采用电缆爬架沿桥墩侧面上桥，从地面沿桥墩至桥上电缆槽的电缆应有效防护并固定良好。

(17)电缆爬架应设置在有电缆预留孔所在梁端的桥墩上，并且是在面向电缆预留孔方向的桥墩双侧面安装，上、下行线并列对称设置。

(18)桥墩处电缆爬架在地面以下埋深不得小于 500 mm，地面以上部分采用砖砌围桩包封，围桩高度不得小于 2 000 mm。

(19)信号电缆敷设在高边坡、深路堑地段时，应采用水泥电缆槽或高强度 SMC 电缆槽防护。电缆敷设在桥梁外侧时，应采用 SMC 电缆槽防护。

(20)电缆通过桥梁接缝处时，应在电缆槽道断开处增加电缆槽防护并单边固定。电缆通过槽道间有落差时，应采取防护措施，避免电缆悬空或受力。

(21)电缆穿越防护墙、防撞墙、人(手)孔，敷设时管口应用胶皮防护，完毕后采用泡沫填充剂防护。

(22)信号电缆采用管、槽防护时，外露的管、槽采用砖砌混凝土包封。

(23)站场信号电缆原则上集中过轨，两端对称设置的电缆手孔内应盘有余留量。

(24)所有过轨管道预埋时，管道内预留两根 $\phi3.0$ mm 镀锌铁丝，以便信号电缆铺设，并且在管道口设堵头，采用镀锌钢管时管口应去除毛边，开成喇叭口，并对管道进行防腐处理，如图 5－47 所示。

图 5－47　信号电缆过道管管口处理示意

(25)电缆标桩齐全，标示清楚。折角、过道、电缆分歧、地下接续处，要设置电缆标桩，达到指示电缆走向的目的。

(26)电缆过道处,应在钢轨外侧轨腰喷涂“电缆过道”标识(白底红字),如图 5—48 所示。

图 5—48 电缆过道标识示意

(27)电缆过种植田地必须用水泥槽进行防护。

(28)信号电缆不得与电力回流线平行交叉,必须交叉时平行间距不得小于 300 mm,电缆和电力回流线间用水泥槽进行隔离防护。

(29)绘制电缆径路示意图:信号电缆敷设完毕后,应根据现场电缆敷设情况绘制电缆敷设示意图,测量埋设标的公里标和到最近线路中心的垂直距离,记录在电缆径路埋设标示意图上,如图 5—49 所示。

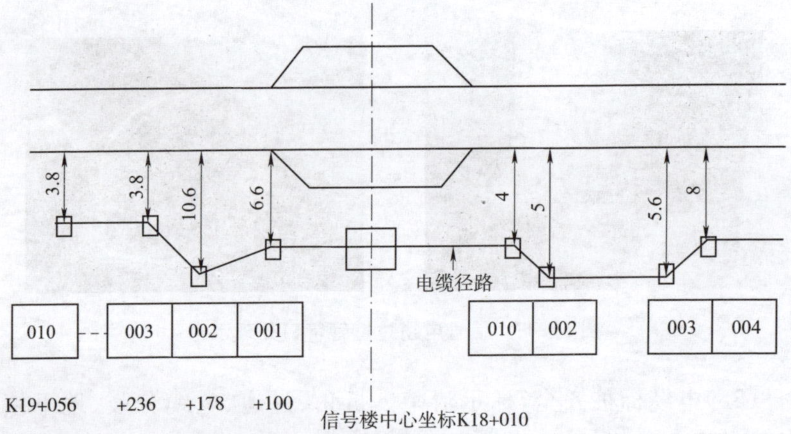

图 5—49 电缆径路埋没标示意(单位:m)

电缆标(含接续标)和警示牌安装完毕后做成电缆径路图,在径路图上标明电缆标和警示牌距线路中心的距离,标注点以接触网杆塔号作为参照,以电子文档方式交电务段备案。

(30)ZPW-2000 轨道电路电缆送受端不能交叉贯通使用,如图 5—50 所示。

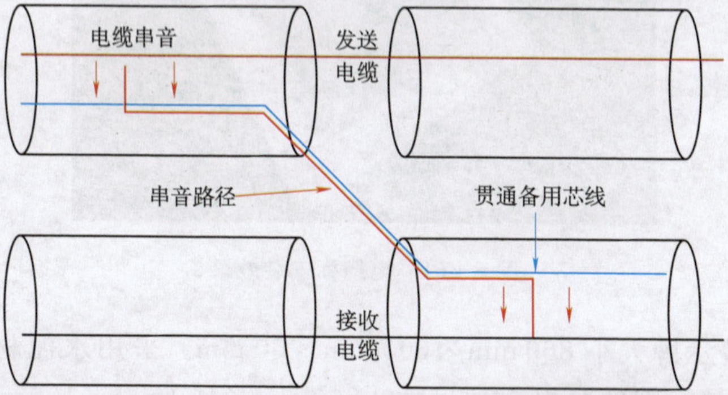

图 5—50　ZPW-2000 轨道电路电缆不能交叉贯通

(31)新制作电缆标(接续标)、警示牌制作标准要求。

①电缆标和警示牌的制作优先采用玻璃钢材质等复合材料。

②信号电缆标大小 120 mm×120 mm×800 mm,采用水泥材质的标桩时,也可安装配套 350 mm×350 mm 电缆标座且中心留有能够穿过电缆标的 130 mm×130 mm 方孔。电缆标埋设时距离地面(电缆标座)250～300 mm,电缆标座与地面相平或略高于地面。侧面应标明"信号"字样,相对侧面标明"××电务段"字样(如为电缆接续标,则标明"接续"字样),柱顶标明电缆走向,并进行硬面化,尺寸为 250 mm×250 mm×400 mm。隧道、桥梁及有挡砟墙、硬化良好的边坡地段,电缆地下接续标可采用 300 mm×150 mm×1 mm 铝合金方形标识牌进行标记(标牌上印"信号电缆接续点"字样),标识牌可根据具体情况用 5 mm 膨胀螺丝固定在隧道壁上、挡砟墙上、边坡壁上,桥上如无挡砟墙的可用环氧树脂粘固在电缆槽(盖板)上。电缆标安装效果如图 5—51 所示。

图 5—51 电缆标安装效果

③警示牌大小 860 mm×600 mm×50 mm。采用水泥材质的警示牌时，警示牌的两根立柱尺寸 1 800 mm×100 mm×100 mm，立柱内须设四根 ϕ6 mm 立筋，警示牌设 4 列×4 排 ϕ4 mm 钢筋，并进行硬面化。

警示牌表面呈白色，字呈黑色。“警示牌”三个字的尺寸为 100 mm×80 mm，其余文字的尺寸为 90 mm×70 mm，如图 5—52 和图 5—53 所示。

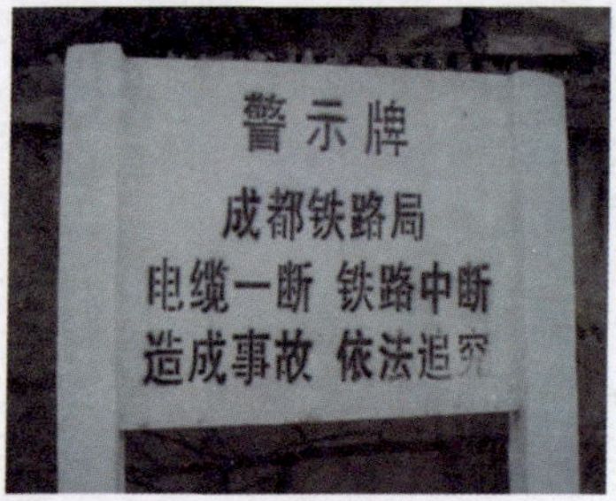

图 5—52 警示牌正面效果

图 5—53 警示牌背面效果

第三节 信号箱盒固定及安装作业

一、一般要求

(1)信号箱盒(包括各型方向盒、电缆盒、变压器箱)安装位置应符合设计要求,并不得侵入铁路建筑限界。

(2)在桥梁防撞墙(挡砟墙)外侧安装箱、盒时,同一设备专用支架严禁跨越桥梁伸缩缝安装。支架在内侧墙体上对应位置处应加装补强板固定。

(3)箱盒应具备防盗功能,箱盒基础采用热镀锌金属或其他防腐材料,箱盒与基础联结螺栓应有防松措施并固定牢固。

(4)电缆外护套和引入孔应进行密封处理;在电缆灌胶处,电缆4线组内的芯线应分开;金属芯线根部不得损伤;电缆成端灌胶时胶面应高于芯线根部20 mm以上;信号电缆的钢带、铝护套、内屏蔽护套连通后,应单端接地。

(5)箱盒到场后应按下列要求进行进场检查:箱盒的规格、型号、质量、数量符合设计和订货合同的要求;箱盒外部无伤痕和裂纹;箱盒内端子无锈蚀、无松动。

二、路基地段信号箱盒固定安装

(一)路基地段方向盒安装

1. 高速铁路

(1)路基地段的方向盒金属基础埋深不应小于500 mm。

(2)盒体最凸出边缘距所属线路钢轨内侧不小于1 500 mm。

(3)方向盒基础坑为500 mm长、350 mm宽、500～550 mm深。水泥面已封闭地段基础坑开挖时,应先使用云石机切出外框再用电镐开挖。基坑下部用原土回填并夯实,回填深度至路基面以下150 mm,然后用混凝土灌注至与路基面相平。

(4)路基面以上采用砖砌混凝土围台，围台顶面低于基础顶面150 mm±50 mm，围台周边比基坑周边宽不小于 50 mm(比基础周边宽 150 mm)，围台四周与顶部应做压实赶光处理。在围台混凝土内的电缆应采用套管防护。

(5)方向盒与基础螺栓联结时采用双螺母(其中外部采用防松螺母)紧固，露出螺母外的螺扣不小于 5 mm。

(6)方向盒 1 号端子应面对所属信号楼方向。

(7)多个方向盒并列安装时，顶面平齐，基础中心在一条直线上，与钢轨平行。

(8)方向盒内接地汇流排，应采用不小于 50 mm^2 多股铜线，就近与综合接地端子或贯通地线连接。

高速铁路路基地段方向盒现场安装如图 5—54 所示。

图 5—54　高速铁路路基地段方向盒现场安装

2. 普速铁路

(1)箱盒最凸出边缘距钢轨内侧不应小于 1 500 mm。

(2)基础长边与钢轨垂直。

(3)方向电缆盒基础顶面高出路基顶面 100～150 mm，埋深不小于 450 mm。

(4)方向盒 1 号端子应面对所属信号楼方向。

(5)多个方向盒并列安装时，顶面平齐，基础中心在一条直线上，与钢轨平行。

(6)电力牵引供电区段方向盒内接地汇流排,应采用不小于 25 mm^2 多股铜线,就近与接地体连接。

普速铁路路基地段方向盒现场安装如图 5—55 所示。

图 5—55　普速铁路路基地段方向盒现场安装

(二)路基地段终端盒安装

1. 高速铁路

(1)路基地段的终端盒金属基础埋深不应小于 500 mm。

(2)终端盒最凸出边缘距所属线路钢轨内侧不小于 1 500 mm,当终端盒用于道岔时其最凸出边缘距所属线路钢轨内侧 1 700～2 000 mm。

(3)终端盒基础坑为 350 mm 长、350 mm 宽、500～550 mm 深。水泥面已封闭地段基础坑开挖时,应先使用云石机切出外框再用电镐开挖。基坑下部用原土回填并夯实,回填深度至路基面以下 150 mm,然后用混凝土灌注至与路基面相平。

(4)路基面以上采用砖砌混凝土围台,围台顶面低于基础顶面 150 mm±50 mm,围台周边比基坑周边宽不小于 50 mm(比基础周边宽 150 mm),围台四周与顶部应做压实赶光处理。在围台混凝土内的电缆应采用套管防护。

(5)箱盒与基础螺栓联结时采用双螺母(其中外部是防松螺母)紧固,露出螺母外的螺扣不小于 5 mm。

高速铁路路基地段终端盒现场安装如图 5—56 所示。

图 5—56　高速铁路路基地段终端盒现场安装

2. 普速铁路

(1)一般情况下,箱盒最凸出边缘距钢轨内侧不应小于 1 500 mm。

(2)终端电缆盒基础顶面与钢轨底面平齐,埋深不小于 650 mm。

(3)用于多机牵引的道岔时,各终端盒顶面平齐,基础中心在一条直线上。

(4)用于信号机时,终端盒安装应适应信号机引线孔位置。

普速铁路路基地段终端盒现场安装如图 5—57 所示。

图 5—57　普速铁路路基地段终端盒现场安装

(三)路基地段变压器箱安装

1. 高速铁路

(1)路基地段的箱盒金属基础埋深不应小于 500 mm。

(2)盒体最凸出边缘距所属线路钢轨内侧不小于 1 500 mm。

(3)变压器箱基础坑为 700 mm 长、500 mm 宽、500～550 mm 深。对水泥面已封闭地段基础坑开挖时，应先使用云石机切出外框再用电镐开挖。基坑下部用原土回填并夯实，回填深度至路基面以下 150 mm，然后用混凝土灌注至与路基面相平。

(4)路基面以上采用砖砌混凝土围台，围台顶面低于基础顶面 150 mm±50 mm，围台周边比基坑周边宽不小于 50 mm(比基础周边宽 150 mm)，围台四周与顶部应做压实赶光处理。在围台混凝土内的电缆应采用套管防护。

(5)箱盒与基础螺栓联结时采用双螺母(其中外部是防松螺母)紧固，露出螺母外的螺扣不小于 5 mm。

高速铁路路基地段变压器箱现场安装如图 5－58 所示。

图 5－58　高速铁路路基地段变压器箱现场安装

2. 普速铁路

(1)箱盒最凸出边缘距钢轨内侧不应小于 1 500 mm。

(2)轨道电路用变压器箱基础长边与钢轨垂直，信号机用变压器箱基础长边与钢轨平行。

(3)变压器箱基础顶面与钢轨底面平齐，埋深不小于 350 mm。

普速铁路路基地段变压器箱现场安装如图 5－59 所示。

图 5－59　普速铁路路基地段变压器箱现场安装

(四)路基地段扼流变压器安装

1. 高速铁路

(1)路基地段的扼流变压器基础埋深不应小于 500 mm,当与轨道电路设备安装在一起时,可降低扼流变压器安装高度,保持和其他设备高度一致。

(2)扼流变压器最凸出边缘距所属线路钢轨内侧不小于 1 500 mm。

(3)扼流变压器基础坑为 600 mm 长、400 mm 宽、500～550 mm 深。对水泥面已封闭地段基础坑开挖时,应先使用云石机切出外框再用电镐开挖。基坑下部用原土回填并夯实,回填深度至路基面以下 150 mm,然后用混凝土灌注至与路基面相平。

(4)路基面以上采用砖砌混凝土围台,围台顶面低于基础顶面 150 mm±50 mm,围台周边比基坑周边宽不小于 50 mm(比基础周边宽 150 mm),围台四周与顶部应做压实赶光处理。在围台混凝土内的电缆应采用套管防护。

(5)钢轨引接线在设备至轨枕板支撑台间,固定在混凝土斜面上。混凝土斜面与支撑台、路基面间应植入直径不小于 8 mm 的连接钢筋,同时混凝土斜面与支撑台侧面应采用泡沫隔离层进行隔离。

(6)扼流变压器中点连接板与钢轨引接线接触处应增加绝缘防护。

(7)扼流变压器与基础螺栓联结时采用双螺母(其中外部是防松

螺母)紧固,露出螺母外的螺扣不小于 5 mm。

(8)完全横向连接时,扼流变压器中点采用不小于 50 mm² 多股铜线,就近与综合接地端子或贯通地线连接。

高速铁路路基地段扼流变压器现场安装如图 5－60 所示。

图 5－60　高速铁路路基地段扼流变压器现场安装

2. 普速铁路

(1)基础顶面与钢轨底面平齐,埋深不小于 500 mm。

(2)扼流变压器最凸出边缘距离钢轨内缘不应小于 1 500 mm。

(3)当与轨道电路设备安装在一起时,可降低扼流变压器安装高度,保持和其他设备高度一致。

普速铁路路基地段扼流变压器现场安装如图 5－61 所示。

图 5－61　普速铁路路基地段扼流变压器现场安装

（五）路基地段双体防护罩安装

1. 高速铁路

（1）路基地段的双体防护罩基础埋深不应小于 500 mm。

（2）盒体最凸出边缘距所属线路钢轨内侧不小于 1 500 mm。

（3）双体防护罩基础坑为 600 mm 长、400 mm 宽、500～550 mm 深。对水泥面已封闭地段基础坑开挖时，应先使用云石机切出外框再用电镐开挖。基坑下部用原土回填并夯实，回填深度至路基面以下 150 mm，然后用混凝土灌注至与路基面相平。

（4）路基面以上采用砖砌混凝土围台，围台顶面低于基础顶面 150 mm±50 mm，围台周边比基坑周边宽不小于 50 mm（比基础周边宽 150 mm），围台四周与顶部应做压实赶光处理。在围台混凝土内的电缆应采用套管防护。

（5）钢轨引接线在设备至轨枕板支撑台间，固定在混凝土斜面上。混凝土斜面与支撑台、路基面间应植入直径不小于 8 mm 的连接钢筋，同时混凝土斜面与支撑台侧面应采用泡沫隔离层进行隔离。

（6）防护罩与基础螺栓联结时采用双螺母（其中外部是防松螺母）紧固，露出螺母外的螺扣不小于 5 mm。

高速铁路路基地段双体防护罩现场安装如图 5－62 所示。

2. 普速铁路

（1）防护罩最凸出边缘距所属线路钢轨内缘不应小于 1 500 mm，顶面距钢轨顶面不大于 200 mm。

（2）基础桩的埋设深度不应小于地面下 500 mm，埋设深度不够时可采用水泥围台加固。

（3）当采用单边开起双体防护罩时，开启方向迎着列车驶来方向。

普速铁路路基地段双体防护罩现场安装如图 5－63 所示。

图 5—62　高速铁路路基地段双体防护罩现场安装

图 5—63　普速铁路路基地段双体防护罩现场安装

三、桥梁地段信号箱盒固定安装

1. 桥梁地段方向盒安装

(1)方向盒基础支架严禁跨桥梁伸缩缝安装。

(2)防护墙钻 ϕ20 mm 通透孔,采用 M16 通透螺栓和补强板,将方向盒支架固定在防护墙上。

(3)方向盒与基础螺栓联结时采用双螺母(其中外部是防松螺母)紧固,露出螺母外的螺扣不小于 5 mm。

(4)方向盒基础顶面与防护墙顶面平齐。当电缆槽底部到方向盒底部距离不满足电缆弯曲半径要求时,采用加高支架、支架外延的方式以满足电缆弯曲半径和设备限界的要求。

(5)盒内接地汇流排,应采用不小于 50 mm² 多股铜线,就近与综合接地端子或贯通地线连接。

桥梁地段方向盒现场安装如图 5－64 所示。

图 5－64 桥梁地段方向盒现场安装

2. 桥梁地段终端盒安装

(1)防护墙钻 ϕ20 mm 通透孔,采用 M16 通透螺栓和补强板,将方向盒支架固定在防护墙上。

(2)终端盒与基础螺栓联结时采用双螺母(其中外部是防松螺母)紧固,露出螺母外的螺扣不小于 5 mm。

(3)终端盒基础顶面与防护墙顶面平齐。当终端盒安装在信号机后面影响信号机构打开时,可降低终端盒安装高度至终端盒顶面与防护墙顶面平齐。

(4)终端盒电缆穿越防护墙至轨道板时，应采用 UPVC 管进行防护，UPVC 管两端用泡沫胶进行封堵。

桥梁地段终端盒现场安装如图 5－65 所示。

图 5－65　桥梁地段终端盒现场安装

3. 桥梁地段变压器箱安装

(1)变压器箱基础支架严禁跨桥梁伸缩缝安装。

(2)防护墙钻 ϕ20 mm 通透孔，采用 M16 通透螺栓和补强板，将支架固定在防护墙上。

(3)变压器箱安装高度应满足电缆弯曲半径和限界要求，变压器箱顶面与相邻箱盒顶面相平。

(4)变压器箱与基础螺栓联结时采用双螺母(其中外部是防松螺母)紧固，露出螺母外的螺扣不小于 5 mm。

桥梁地段变压器箱现场安装如图 5－66 所示。

图 5－66　桥梁地段变压器箱现场安装

4. 桥梁地段扼流变压器安装

(1)扼流变压器安装在防护墙外侧，扼流变压器钢轨引接线端子朝向线路侧。

(2)防护墙钻 ϕ24 mm 通透孔，采用 M20 通透螺栓和补强板，将支架固定在防护墙上，基础支架底板应支于电缆槽道隔墙的盖板上，且不悬空。金属基础严禁跨建筑物伸缩缝。

(3)扼流变压器与基础螺栓联结时采用双螺母(其中外部是防松螺母)紧固，露出螺母外的螺扣不小于 5 mm。

(4)扼流变压器钢轨引接线穿越防护墙至轨道板时，防护墙钻 ϕ102 mm 通透孔，采用 ϕ90 mm 的 UPVC 管进行防护，UPVC 管两端用泡沫胶进行封堵。

(5)完全横向连接时，扼流变压器中点采用不小于 50 mm^2 多股铜线，就近与综合接地端子或贯通地线连接。

桥梁地段扼流变压器现场安装如图 5－67 所示。

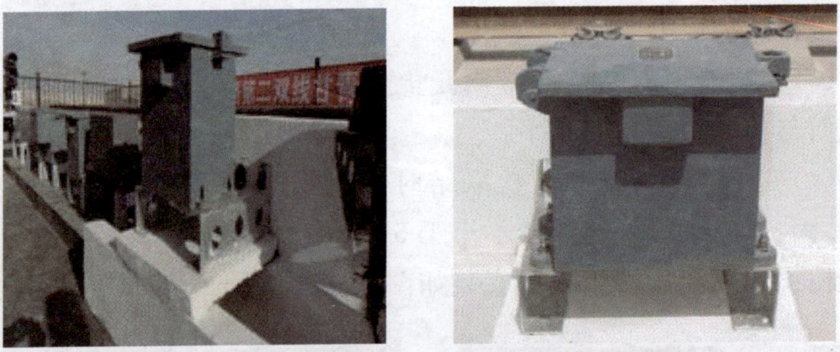

图 5－67 桥梁地段扼流变压器现场安装

5. 桥梁地段双体防护罩安装

(1)双体防护罩基础支架严禁跨桥梁伸缩缝安装。

(2)防护墙钻 ϕ20 mm 通透孔，采用 M16 通透螺栓和补强板，将支架固定在防护墙上。

(3)防护罩顶面与相邻方向盒顶面相平。

(4)双体防护罩与基础螺栓联结时采用双螺母(其中外部是防松螺母)紧固,露出螺母外的螺扣不小于5 mm。

(5)双体防护罩设备引接线穿越防护墙至轨道板时,防护墙钻ϕ102 mm通透孔,采用ϕ90 mm的UPVC管进行防护,UPVC管两端用泡沫胶进行封堵。

桥梁地段双体防护罩现场安装如图5－68所示。

图5－68　桥梁地段双体防护罩现场安装

四、隧道地段信号箱盒固定安装

1. 隧道地段方向盒安装

(1)隧道地段方向盒安装在电缆槽道内时,采用侧面电缆引入方式。方向盒顶面不超出电缆槽盖板底面。用镀锌螺栓将方向盒与方向盒金属基础支架联结,用M10化学锚栓将支架固定在电缆槽底部。螺栓和化学锚栓联结时采用双螺母(其中外部是防松螺母)紧固,露出螺母外的螺扣不小于5 mm。

(2)方向盒安装在靠近线路的电缆槽外侧壁上时,方向盒可采用壁挂式电缆侧面引入方式。电缆槽侧壁到方向盒间的电缆裸露部分应设防护管防护,在直线地段电缆槽顶面高于钢轨顶面300 mm时,方向盒靠线路侧的最凸出边缘距线路中心不应小于1 866 mm。

(3)方向盒内接地汇流排,应采用不小于 50 mm² 多股铜线,就近与综合接地端子或贯通地线连接。

隧道地段方向盒现场安装如图 5—69 所示。

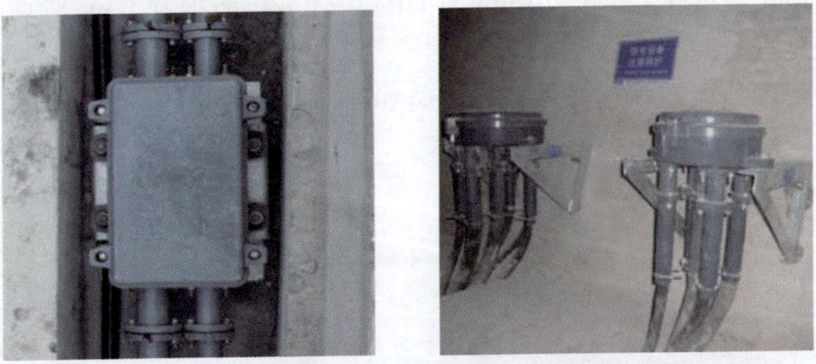

图 5—69　隧道地段方向盒现场安装

2. 隧道地段终端盒安装

(1)隧道内终端盒安装在隧道壁上,终端盒底面高于电缆槽盖板上平面 300 mm±50 mm。

(2)终端盒支架采用 M10×190 mm 化学锚栓固定到隧道壁上钻孔深度 150 mm,植栓深度 145 mm。固定时应调整好支架角度,使支架顶面保持水平。

(3)引入终端盒的电缆采用防护管进行防护。电缆穿越电力电缆槽和水沟时,破除电缆盖板下部的水泥,使盖板不压电缆。

(4)终端盒与基础以及基础与化学锚栓联结时采用双螺母(其中外部是防松螺母)紧固,露出螺母外的螺扣不小于 5 mm。

隧道地段终端盒现场安装如图 5—70 所示。

3. 隧道地段变压器箱安装

(1)隧道内变压器箱安装在隧道壁上,箱体底面高于电缆槽盖板上平面 300 mm±50 mm。

(2)变压器箱支架采用 M10×190 mm 化学锚栓固定到隧道壁上钻孔深度 150 mm,植栓深度 145 mm。固定时应调整好支架角度,使支架顶面保持水平。

图 5－70　隧道地段终端盒现场安装

(3)引入变压器箱的电缆采用防护管进行防护。电缆穿越电力电缆槽和水沟时,破除电缆盖板下部的水泥,使盖板不压电缆。

(4)变压器箱与基础以及基础与化学锚栓联结时采用双螺母(其中外部是防松螺母)紧固,露出螺母外的螺扣不小于 5 mm。

隧道地段变压器箱现场安装如图 5－71 所示。

图 5－71　隧道地段变压器箱现场安装

4. 隧道地段扼流变压器安装

(1)扼流变压器安装在信号电缆槽外侧,扼流变压器引接线端子朝向线路侧,扼流变压器顶面至钢轨轨面不大于 25 mm。

(2)隧道内扼流变压器采用 M20 通透螺栓和补强板将支架固定在信号电缆槽侧壁上(方式与桥梁上安装方式相同),扼流变压器支架采用金属或混凝土支撑平台。当安装位置有踏步时采用 M12×190 mm 化学锚栓直接固定在踏步上(踏步过高时,可切除踏步台降低安装高度,以满足限界要求),钻孔深度 130 mm,植栓深度 125 mm。

(3)扼流变压器与支架、化学锚栓联结时采用双螺母(其中外部是防松螺母)紧固,露出螺母外的螺扣不小于 5 mm。

(4)扼流变压器钢轨引接线采用 M8 化学锚栓固定在轨道板上。

隧道地段扼流变压器现场安装如图 5－72 所示。

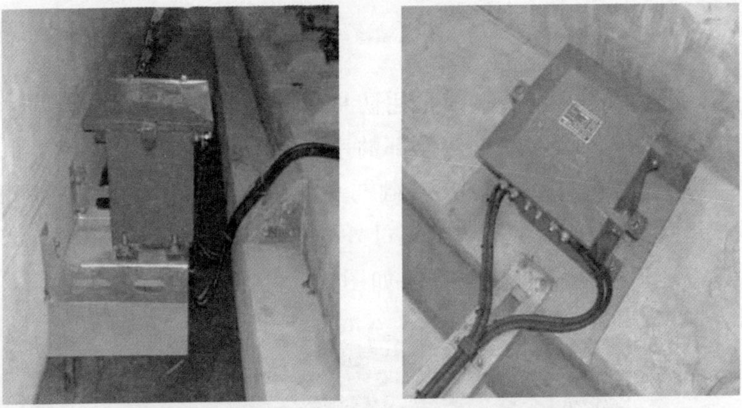

图 5－72　隧道地段扼流变压器现场安装

5. 隧道地段双体防护罩安装

(1)隧道内双体防护罩安装在信号电缆槽外侧,采用 M16 通透螺栓和补强板将支架固定在信号电缆槽侧壁上。双体防护罩顶面距钢轨轨面不大于 200 mm,当防护罩安装位置有踏步台时,可切除踏步台降低安装高度,以满足限界要求。

(2)双体防护罩与防护罩支架以及防护罩支架与化学锚栓联结时采用双螺母(其中外部是防松螺母)紧固,露出螺母外的螺扣不小于 5 mm。

(3)设备防护罩电缆从电缆槽外壁钻孔引出,引出电缆采用防护管进行防护。

(4)双体防护罩钢轨引接线采用 M8 化学锚栓固定在轨道板上。隧道地段双体防护罩现场安装如图 5－73 所示。

图 5－73　隧道地段双体防护罩现场安装

第四节　牵引供电设备安装作业

一、基坑开挖

1. 技术要求

(1)基坑开挖采用人工开挖。

(2)开挖好的基坑要做好防护支撑。

(3)开挖好的基坑四周做好警戒标识。

(4)基础开挖好以后，应复核基坑位置、侧面限界、基础型号、外形尺寸、基坑深度、模板位置等。

(5)支柱模板应稳固、可靠，浇筑基础时不漏浆。

2. 施工工艺

(1)开挖时由前往后或由后往前按层次进行挖掘。

(2)安装防护板。基坑每下挖 200 mm，便安一层防护板。先安装线路和田野侧的防护板 a(比坑口长 30～50 mm)，两侧打入泥土，让防护板紧贴坑壁；再安装垂直线路的防护板 b，打击至防护板 a 与 b 互相垂直，密贴坑壁，在防护板 a 上安装木挡，防止防护板 b 受力滑出，如图 5－74 所示。

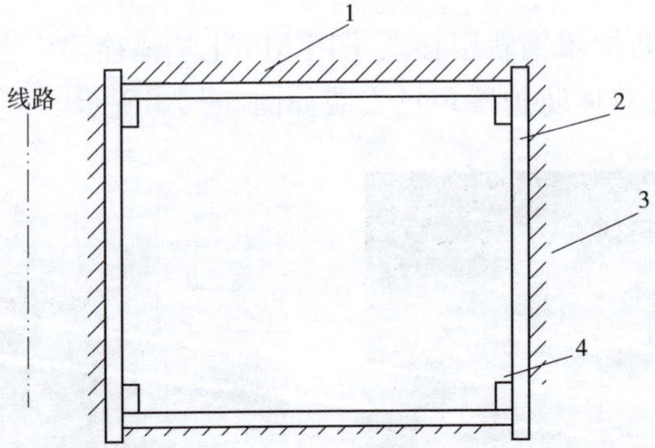

图 5—74 防护板安装

1—防护板 b;2—防护板 a;3—坑壁;4—木挡

(3)开挖过程中用碎石或土将防护板与坑壁的间隙填满。

(4)使用静力触探仪测量承载力,承载力小于 100 kPa 时书面上报。

(5)按上述程序挖一层后,再按照“防护板安装”程序要求继续安装下一层防护板,直至坑深达到标准为止。

(6)对于发现的电缆采用 ϕ150 mm 波纹管防护,即将波纹管从中剖开,将电缆放入其中,再将波纹管合拢并在其外面用彩条布包好,然后用细铁线将其牢固绑扎;波纹管的两边分别埋入土中 300 mm 深,波纹管与土的空隙处用棉纱牢固塞住。

(7)使用静力触探仪测量承载力。

二、基础浇筑

(一)技术要求

(1)基坑开挖采用旋挖钻机或人工开挖。

(2)基础钢筋采用工厂集中预制加工。

(3)混凝土采用商品混凝土或现场机械搅拌。

(4)固定基础螺栓框架采用双层结构,保证螺栓位置及垂直度要求。

(5)同组硬横梁基础宜成对进行浇筑。

(6)基础浇筑前,应复核基坑位置、侧面限界、基础型号、外形尺寸、基坑深度、模板位置等。

(7)模板应稳固、可靠,不漏浆。

(8)模板的限界、标高、尺寸等应与基础型号相符,且中心线应垂直于线路中心线,同一组硬横梁偏斜不得超过2°。

(9)水宜采用饮用水,砂宜采用干净河砂,石子强度应符合设计要求,并通过法定计量单位检测。

(10)基础标高、不同螺栓布置位置及数量应符合设计要求。

(11)运达现场的水泥、砂、石料、钢筋等应按批次进行检验合格。

(12)钢筋网距基础边的距离应符合设计要求。

(13)混凝土自由倾落度不得超过3 m,否则应设置滑槽。

(14)振捣器进行捣固时应逐层进行,振捣器垂直或稍带倾斜插入混凝土内部,深入已捣固层30～50 mm,振捣器应与模板保持100 mm净距,并不得触及钢筋及螺栓。每层灌注深度不应超过插入式振捣器工作部分的1.5倍。

(15)同一基础应连续浇制,不得有间歇。

(16)每灌注50 m^3混凝土应做一组试块,试块强度不低于设计要求,试块表面应平整并与基础相同条件下养护。

(二)施工工艺

1. 安装钢筋网(根据设计图纸)

(1)把加工预制好的钢筋网运至坑位。

(2)利用推车和人工(4～5人)将钢筋网安放在基坑内。

(3)与设计图核对钢筋网安装位置使其达标。

2. 安装模板

(1)清理、平整路肩面,保证模板安装水平。

(2)根据设计基础型号及测量标记和记录安装模板。

(3)复核限界、标高、型号等是否符合设计并达标。

(4)根据坑口设计尺寸事先用木板钉制作木框架或采用钢模架，运至坑口，复核基础型号，将框架或钢模架摆放在坑口上，根据设计数据调整框架高度及中心线使其达标，保证侧面限界和标高符合要求。

(5)加固木框架或钢模架保证其稳固可靠。

(6)安装前将模板清洁干净，模板与混凝土接触面涂刷废机油以方便脱模。

3. 固定基础螺栓

(1)按照设计对应型号将基础螺栓固定在钢模上。

(2)检查螺栓外露长度符合要求并套好防护套管。

4. 浇制基础

(1)按试验室给定的配合比把一定量水泥、砂子、石子加入搅拌机料斗。

(2)搅拌机操作人员开动搅拌机，按水灰比加水进行拌和，达标后，混凝土装入斗车，运至坑位。

(3)地面下 3 m 灌注时，需放置滑槽，混凝土从滑槽注入坑内；3 m 以上直接注入基坑内。

(4)在每次注入混凝土 300～400 mm 厚度时，按照规定分层捣固。

(5)灌注需要连续进行，直至基础完成为止。

(6)用水平尺测量基础模板顶面的倾斜度，满足向支柱荷载的反方向有 5‰的倾斜度要求。

(7)基础完成后用抹子将基础面抹平，基础抹面时，基础面应与基础模板相平齐。

5. 制作试块

(1)在浇筑过程中，用原混凝土材料制作试块。

(2)试块上注明地点、基础号、日期，并与基础在同工况下养护。

(3)试块表面应平整，与基础同条件下养护。

6. 养护

(1)基础浇制完毕后的 10～12 h 以内，应立即开始遮盖并浇水，在炎热和有风的天气中，应在灌注后 2～3 h 以内进行遮盖并浇水。对硅酸盐水泥不得少于 7 t；对掺用缓凝型外加剂或有抗渗要求的混凝土不得少于 14 t。

(2)浇水次数应以保持混凝土表面经常湿润为准。

(3)气温低于 5 ℃时不得浇水养护。

(4)试块表面应平整，与基础同条件下养护。

7. 拆模

当混凝土强度达到 25 kg/cm² 时，可进行拆模。

三、支柱安装及整正

(一)支柱安装

1. 技术要求

(1)支柱型号和安装位置符合设计要求。

(2)支柱侧面限界符合设计要求。

2. 施工工艺

(1)核对设计图选用横卧板型号。

(2)安放底板：

①将坑内的杂物清理干净。

②用棕绳将底板系好，缓慢放入坑底。

(3)立杆：

①立杆车就位。

②将钢丝套子套在自杆顶向下第 4 腹孔内。

③将钢丝套子挂在吊钩上。

④司机操作吊车将杆吊起后对准坑位。

⑤支柱对准坑位后，徐徐下落，落至坑口时扶杆人员将支柱方向扭正，使杆落入坑底。

⑥待支柱顺线路倚住坑壁稳定后，摘钩，取下钢丝套子，吊臂复原，安装列车撤离。

⑦加固支柱，坑内加设方木支护防止支柱在整正前倾覆。

(4)基坑防护：

①普通基坑使用可调式钢管加强支护。每个基坑设置 3 层可调式防护支撑装置(每套 6 根)。第一层距基坑基面 500 mm，第二层位于基坑中部，第三层距基坑底面 500 mm。根据基坑的不同情况，相应增加可调式防护支撑装置数量。

②塌方坑使用袋装砂石回填。

(二)支柱整正

1. 技术标准(受力后标准)

(1)既有线支柱侧面限界应按设计值，允许误差为 0～＋50 mm。

(2)轨面埋深误差应控制在－50～＋50 mm。

(3)支柱顺线路方向倾斜标准(钢筋混凝土支柱从地面算起，钢柱从基础面算起)：一般支柱均应直立，施工偏差为支柱高的±0.5%。锚柱端部应向拉线侧倾斜，其斜率不超过 1%。

(4)横线路方向，曲线外侧和直线上的支柱，腕臂柱(含桥支柱)外倾斜率为 0～0.5%，软横跨混凝土支柱外倾斜率为 0.5%～1%；曲线内侧支柱、两侧悬挂的支柱、安装隔离开关支柱、硬横跨支柱均应直立，施工偏差为 0～0.5%。

(5)独立锚柱为中心直立。

(6)软横跨 H170 型支柱、特殊地段设计要求加固支柱须严格按加固图进行加固，H170 型支柱整正时须用手扳葫芦进行。H170 型、H93 型支柱应严格按受压面方向立杆、整正，不可用错。

(7)软横跨支柱中心线应在同一直线上，不可相互错开。施工偏差不得大于 1°。

(8)曲线外侧和直线上的支柱，下部横卧板安装在支柱田野侧，上部横卧板安装在线路侧。曲线内侧支柱横卧板安装与上述相反。横卧板应与支柱密帖，不应有空隙或夹土，用 L 型螺栓与支柱固定。

(9)底板、横卧板必须按设计规定的数量安放。

(10)支柱实际埋深小于设计值时,应进行培土和砌石处理或按特殊基础处理。

(11)基坑应分层回填,分层夯实,每回填 300 mm 夯实一次。

(12)位于侧沟及田野侧支柱,田野侧厚度小于 400 mm 时应进行侧沟改移及培土或砌石处理。

(13)支柱占用线路排水沟截面积超过 1/3 时,应改移水沟,使排水沟截面积保持不变,改移侧沟砌石方式与原排水沟保持一致。

(14)在无缝线路区段整杆,气温在锁定轨温以上时,严禁利用钢轨进行支柱整正,同一曲线上不得同时有两组作业。

(15)在有轨道电路的岔区整杆时,不可同时把整杆器安装在两端钢轨上,以免短接轨道电路。

(16)整杆时,应注意钢轨是否有变形,如有危及行车现象,应及时采取措施,并及时和工务部门联系,尽快予以解决。

(17)及时按要求规范填写隐蔽工程记录及检查证。

2. 施工工艺

(1)将整正器的框架安装在支柱上。

(2)将整正器丝杠一端用钢轨卡子连至支柱两侧钢轨上。

(3)整正器丝杠的另一端连至框架。

(4)同时摇动整正器手柄,用其丝杠长度的变化调整支柱限界。

(5)若需要移动支柱根部时,则将垫木放至支柱根部的内侧(或外侧),再用手柄调整丝杠长度,使支柱根部移动。

(6)若需要调整支柱两个"小面"时,则将杆件校正器插入腹孔进行调整。

(7)在进行"(4)~(6)"程序时,应同时将丁字尺、水平尺、倾率测量仪置放在指定位置,边调整,边观察。

(8)当支柱侧面限界、倾度达到标准后,停止整正,将整正器手柄卸下。

(9)安装下部横卧板:安装下部横卧板时,将横卧板送至坑底,施工人员下坑将横卧板调整至与支柱密贴,安装 U 形螺栓。

(10)按设计要求进行回填,回填应密实,逐层夯实,不得留有空洞。

(11)安装上部横卧板,当回填到距地面 1 m 高度时,将上部横卧板安装完后,再继续回填。

(12)卸下整正器。

四、硬横梁安装

(一)钢柱安装

1. 技术要求

(1)硬横梁支柱位置符合设计要求。

(2)硬横梁支柱顺、横线路方向均应直立,施工偏差 0~0.5%。

(3)两支柱中心线应重合,并应垂直于车站正线,偏差不应大于 2°。

(4)同组硬横梁对应两基础顺线路、垂直线路方向偏差符合技术标准要求。

(5)钢柱表面镀锌层应完好均匀,光洁无损,焊接处不应有裂缝。

(6)紧固螺母时应对角循环进行,使受力均匀,且力矩符合设计要求。

2. 施工工艺

(1)清理基础面

①用钢丝刷、扫把将地脚螺栓及基础面清理干净。

②用专用模板校核地脚螺栓间的相互距离,未达标应处理达标。

(2)吊装

①轨道车司机听从施工负责人指挥,对位、停稳。

②吊车司机听从施工负责人指挥,操作吊车升臂落钩,平板车上作业人员将尼龙套套在支柱上,待吊钩下落到位后,挂在吊钩上。吊车司机操作吊车起钩旋臂至基础上方。

(3)对位安装

①由立杆人配合,扶、推,使钢柱底部孔位对准基础螺栓。

②吊车司机听从负责人指挥落钩，使钢柱徐徐下落，待基础螺栓全部进入孔位直至钢柱置放在基础面上。

③将每根螺栓各带上一个垫片、螺母后紧固。吊车司机落钩摘下钩，并使吊臂吊钩归位。

④吊车继续上述程序进行下一钢柱安装。

(4)整正

①同组硬横梁，先将一边支柱整正到位，另一支柱预整正，待横梁架设完毕后再整正。

②用经纬仪或支柱斜率测量仪测量支柱顺、横线路方向斜率，根据调整需要，松动螺母，在主角下加垫垫片，调整钢柱倾斜度。

③支柱顺、横线路斜率达标后，用套筒扳手将螺母循环拧紧。

(二)横梁安装

1. 技术要求

(1)硬横梁型号位置符合设计要求。

(2)硬横梁支柱顺、横线路方向均应直立，施工偏差 0～0.5%。

(3)两支柱中心线应重合，并应垂直于车站正线，偏差不应大于 2°。

(4)同组硬横梁的两支柱中心距离应符合横梁跨长，施工偏差±20 mm。

(5)横梁安装后，横梁下缘距最高轨面距离应符合设计要求，施工允许偏差为＋100～0 mm。

(6)横梁段拱度符合设计要求。

(7)联结螺栓应对角循环逐步紧固，其紧固力矩应符合设计要求。

(8)硬横梁运抵工地后，应按照生产厂家提供的技术条件进行外观检查，其主要检查项目应符合下列要求。

①全梁跨度的允许偏差：30 m＜L_1＜40 m 为±20 mm，L_1＜30 m 为±10 mm，L_1 为两柱的理论中心距。

②全梁挠曲：立位检查其挠曲矢高≤L_2/1 000(L_2 为梁长)。

③梁身扭曲：目测不明显，最大扭曲≤L_3/125（L_3 为梁高）。

④抱箍应基本圆整，局部变形（焊接变形）不宜过大；孔群中心线应与抱箍中心线重合，允许偏差±3 mm。

⑤各连接孔距允许偏差±1 mm；孔径的椭圆度允许偏差±1.5 mm；错孔（指零件的不同心度）偏差0.5～1.0 mm时，每组孔中心允许数量为50%，偏差1.0～1.5 mm时，每组孔中心允许数量为10%。

(9)吊装硬横梁应用尼龙套，防止破坏镀锌层。

2. 施工工艺

(1)硬横梁预组装

①硬横梁检查全部合格后，方可进行预组装。

②按设计图纸组装同一组硬横梁，各段先用木方垫起，如图5－75所示。

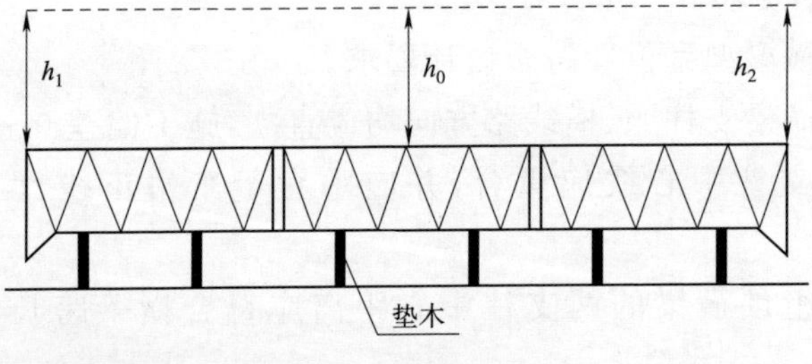

图5－75　硬横梁组装

③将横梁对接上，用木棍调整，并使其中心轴线在一条直线上。

④联结一半联结螺栓预组装，用水准仪测横梁拱度 f 值，$f=(h_1+h_2)/2-h_0$。

⑤f 值达标后，可安装其余一半并联结螺栓，f 值达到设计要求值时，方可组装。

⑥组装时，联结螺栓穿向应符合设计要求，即横梁边段与支柱连接时，螺栓从横梁向支柱方向穿，当横梁边段与横梁中段连接时，螺栓穿向由线路侧向田野侧。

⑦联结螺栓为 M20，紧固力矩 80 N·m，须采用交叉、循环方式进行紧固（力矩需厂家确认）。

(2)安装硬横梁

①先测量横梁总长度和两支柱间距值，应基本吻合。

②开始吊装前，两支柱分别各上两人，系好安全带，用小绳吊上紧固扳手及联结螺栓和定位销钉。

③汽车吊宜停在纵向距安装硬横梁位置 6～7 m 处，横向跨中位置，吊车伸出吊臂落吊钩，配合人员找出横梁重心，系好尼龙套，并把尼龙套套在吊钩上，在横梁两头各系好两条晃绳，吊车司机启动吊车，升臂，起钩，将横梁缓缓吊起。

④负责人指挥拉晃绳人员将横梁转向 90°，杆上人员配合使横梁两端分别对准支柱。

⑤横梁与支柱对接时，先连接已整正好的支柱。吊车司机缓缓落吊钩，杆上人员扶梁对位，并利用定位销钉，对好横梁与支柱连接孔位，另一人配合将联结螺栓穿入联结孔，并用梅花扳手逐个循环拧紧，用力矩扳手检测达标。

⑥另一支柱与横梁连接重复⑤程序。

⑦如横梁与实际跨度有微小差距时，可松开支柱地脚螺栓，用撬杠撬支柱底板，使横梁与支柱连接处密贴，杆上人员按⑤程序联结螺栓并达标。

⑧用经纬仪或支柱斜率测量仪调整支柱，硬横梁安装如图 5－76 和图 5－77 所示。

图 5－76　轨道吊硬横梁安装

图 5－77　汽车吊硬横梁安装

（三）吊柱安装

1. 技术要求

（1）吊柱型号和安装位置符合设计要求。

（2）吊柱在站线与正线间，线间距为 5 m 时，吊柱对正线限界≥2.5 m；对站线＞2.15 m。

（3）吊柱应垂直，施工允许偏差不应超过 1°。

（4）腕臂上、下底座位置根据设计图定位。

（5）吊柱长度以测量计算值为准。

（6）吊柱腕臂安装后应在建筑限界以外，严禁侵限。

（7）施工负责人将吊柱安装的位置及垂直度如实记录，并将其交给腕臂计算人员，作为吊柱腕臂计算的依据。

（8）联结螺栓从下向上穿，紧固力矩应符合设计要求。

（9）调节吊柱垂直度的垫片应镀锌，垫片不超过 2 片。严禁使用未镀锌垫片。

2. 施工工艺

（1）测量

①确定吊柱悬挂股道。

②两人通过支柱上横梁，边向股道中心移动，边更系安全带。

③测量人员用激光测量仪测出线路中心线，横梁测量人员在横梁下缘做上标记 A，测量人员测出横梁下缘至轨面距离，负责人做好记录。

④横梁上人员根据负责人计算出的数据从线路中心（A）向安装侧测出吊柱安装中心（B），并在横梁上做好标记。再从中心线放出横梁上下弦杆联结螺栓安装位置 C、D，并作出标记，负责人做好吊柱中心距股道中心距离记录。

⑤重复上述程序测量另一吊柱安装位置。

（2）腕臂底座高度计算

①根据平面图及现场测量数据计算确定吊柱长度及上、下底座安

装位置。

②重复测量过程中②和③程序，并编制吊柱长度及腕臂预配表。

(3)预配

①根据平面图和安装图，将安装的吊柱及连接件配套，并编号标识。

②提前将施工工机具及预配成套的吊柱全部装在作业车上。

(4)安装上、下弦杆

①两人通过支柱上横梁，边向安装位置移动，边更系安全带。

②在合适位置挂好尼龙套和滑轮，穿大绳，将上下弦杆及联结螺栓吊上，安装人员按测量好的安装位置联结螺栓，作业车上作业人员上作业凳配合，安装上、下弦杆。用梅花扳手逐个拧紧并达标。

(5)安装吊柱

①横梁上作业人员，将小滑轮组挂在尼龙套上，地面配合人员将吊柱吊起。

②横梁上作业人员按测量标记对孔位，并安装联结螺栓，用梅花扳手预拧紧。

③作业人员用支柱斜率测量仪检测吊柱垂直度，调整采用在吊柱底部与下部固定弦杆之间加镀锌薄垫片的方法。

④吊柱垂直度达标后，将吊柱与下部固定弦杆联结螺栓拧紧，并用力矩扳手检测达标。

⑤按上述②～④程序进行下一处吊柱安装作业。

五、拉线安装

(一)技术要求

(1)拉线型号应符合设计要求，不得有断股、松股和接头。

(2)拉线安装应符合设计要求，在任何情况下严禁侵入基本建筑限界。

(3)联结螺栓均由田野侧穿向线路侧。

(4)联结螺栓装好后,应穿开口销,并用钳子掰开口销使其两支夹角大于120°。

(5)LX线夹平面(受力面)在上,回头面在下。

(6)NUT线夹平面(受力面)在线路侧,回头面在田野侧。

(7)NUT线夹受力后,螺扣应外露,其长度不应小于20 mm,且最大不得大于螺纹全长的1/2。

(8)拉线应绷紧,双拉线松紧一致。

(9)拉线在楔形线夹外回头长度500 mm,端部用ϕ1.6 mm软钛不锈钢线绑扎三圈,如图5—78所示。

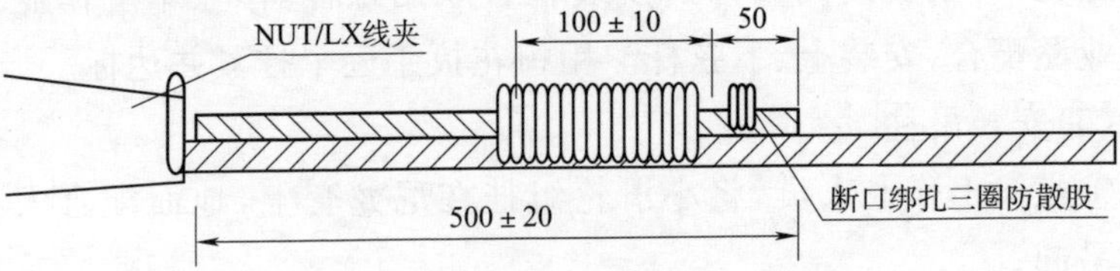

图5—78 拉线绑扎示意(单位:mm)

(10)拉线回头与本线用ϕ1.6 mm软钛不锈钢线绑扎100 mm,施工偏差±10 mm,绑扎密实整齐。

(11)拉线安装前需现场测量,预制拉线。

(二)施工工艺

1. 拉线安装

(1)先安装拉线底座,用力矩扳手检测达标。

(2)事先测量拉线基础距支柱的距离及支柱埋深,计算拉线长度,依据计算总长度计算出拉线铰线长度。

(3)安装好上部双耳楔形线夹。

(4)回头线绑扎。

(5)连接连接板,作业人员上杆并系好安全带,用小绳把连接好的连接板拉起与支柱连接。地面人员配合连接好下端连接板。

(6)地面人员连接鬼爪紧线器,并紧线,扶住下端连接板;测出下端双耳楔形线夹回头位置,作好回头,如图5—79所示。

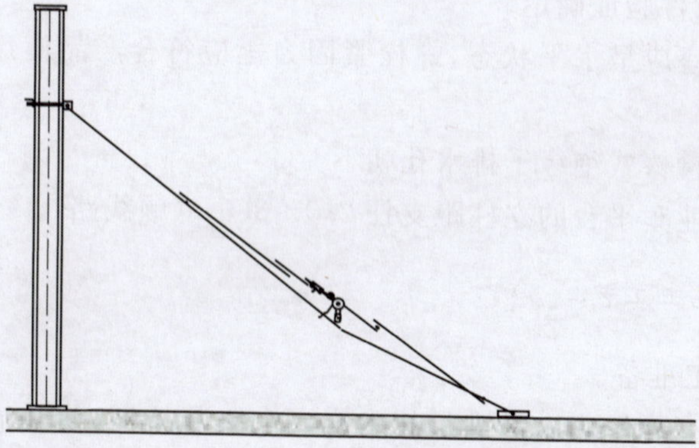

图5—79　拉线安装示意

(7)将安装好的下端双耳楔形线夹与下端连接板连接上。调整调整螺丝,拆除鬼爪紧线器。

2. 测量支柱顺线路倾斜率

(1)用支柱斜率测量仪检测支柱顺线路方向的倾斜率,并通过调整NUT线夹螺栓调整斜率达标。

(2)完成后,按上述程序进行下一支柱拉线安装。

六、支柱腕臂安装

(一)技术要求

(1)腕臂上底座安装高度应符合设计要求,上下底座螺栓穿向线路侧,下底座位置需要根据输入参数软件验证确定,施工允许偏差为±50 mm。

(2)腕臂各种连接件螺栓紧固力矩应使用力矩扳手紧固,达到设计及产品说明书要求,开口销掰开角度120°。

(3)腕臂安装完成后应模拟测量承力索高度及拉出值,承力索高度允许偏差±50 mm、拉出值允许偏差±30 mm。

(4)腕臂棒式绝缘子排水孔朝下。

(5)腕臂上底座安装高度应符合设计要求,下底座位置需要根据输入参数软件验证确定。

(6)底座应呈水平状态,螺栓紧固力矩应符合产品使用说明书的要求。

(7)腕臂棒式绝缘子排水孔朝下。

(8)作业车平台的立柱距支柱 2.5～3.0 m(顺线路)。

(二)施工工艺

1. 施工准备

(1)对安装作业人员进行技术交底和安装培训,使其清楚安装技术标准和安全注意事项。

(2)按安装计划,从材料库将所需棒式绝缘子、腕臂领出。

2. 底座安装(人工)

(1)施工人员到达现场后,按照规格型号开始将腕臂底座撒放到位。

(2)安装人员一人系安全带,带小绳上杆,扎好安全带,放下小绳,地面人员将底座预组装后扎牢。

(3)再上杆一人系好安全带,杆上一人拉绳,将底座提至安装位置。

(4)两人配合,按设计要求将腕臂底座安放在预留孔处,把上(下)底座螺栓由支柱穿向线路侧,一人把上(下)底座扶正,另一人预带垫片螺帽,用梅花扳手紧固后,并用力矩扳手检测达标。

(5)上底座安装完毕,两人下至下底座位置 1 m 左右,扎好安全带。

(6)按照(3)～(5)步骤安装下底座。

由于受站前预留基础标高及限界影响等因素,曲内正定位的腕臂底座宜在腕臂计算后紧固到位(即可提前按照设计要求进行预装,计算结果满足安装条件后,在安装腕臂时紧固到位)。

3. 安装棒式绝缘子

(1)底座安装完毕后,杆下人员将绝缘子拉到底座位置。

(2)杆上两人配合,将腕臂棒瓷的连接板插入腕臂底座,螺栓销穿向来车方向,然后装好开口销,开口销两边掰开120°。

4. 人工安装腕臂

(1)施工负责人确定腕臂编号与安装地点相符。

(2)两人上杆,一人上至上腕臂底座处,一人上至下腕臂底座处,上方人员挂好套子及滑轮。同时,杆下人员将预配的平、斜腕臂进行组装,连接平、斜腕臂的套管座螺栓穿向来车方向。

(3)杆下人员将腕臂拉起,腕臂拉至下底座处时,位于上底座的人员扶住腕臂,下底座处的人员抱起棒瓷将斜腕臂插入钢帽内,并按标准力矩紧固U形螺栓。

(4)杆下人员逐渐松绳至合适位置,上底座处人员抱起棒瓷,将平腕臂插入钢帽内,并按标准力矩紧固U形螺栓。

(5)检查安装完的腕臂,确认无误后,按上述步骤,继续安装下一个腕臂。

腕臂支撑安装角度根据计算程序确定,一般无需调整。腕臂预配时对已紧固到位的零件螺栓进行了标识,不可随意松动。当不满足安装要求需要现场调整时,对经过重新调整的腕臂零件必须按照零件的设计力矩紧固到位。

5. 机械安装腕臂

(1)检查腕臂底座安装完好后,施工负责人确定腕臂编号与安装地点相符。

(2)施工负责人指挥作业车司机对位,升作业台,旋转作业平台靠近支柱。

(3)两人抬起斜腕臂,将斜腕臂棒瓷的连接板插入腕臂底座,一人扶住底座配合,斜腕臂棒瓷连接板的孔与下底座连接板孔对齐,立即把螺栓销穿入(方向朝来车方向,然后装好开口销)。

(4)作业车平台稍回转并缓缓升到上底座下1m处,升平台时两人扶住腕臂,不要将包扎物挂掉。

(5)一人扶住斜腕臂,另两人抬起平腕臂,作业车稍旋转返回。把棒瓷连接板对准上底座的连接板,当两孔对准时,立即将螺栓销穿向来车方向,然后安装好开口销。

(6)将腕臂支撑与平、斜腕臂上的套管单耳连接好。

(7)检查安装完的腕臂,确认无误后,旋转平台,按上述步骤,继续安装下一个腕臂。

七、拉线安装

(一)技术要求

(1)拉线型号应符合设计要求,不得有断股、松股和接头。

(2)拉线安装应符合设计要求,在任何情况下严禁侵入基本建筑限界。

(3)联结螺栓均由田野侧穿向线路侧。

(4)联结螺栓装好后,应穿开口销,并用钳子扳开口销使其两支夹角大于120°。

(5)调整螺丝,应预留调节余量。

(6)LX线夹平面(受力面)在上,回头面在下。

(7)NUT线夹平面(受力面)在线路侧,回头面田野侧。

(8)NUT线夹受力后,螺扣应外露,其长度不应小于20 mm,且最大不得大于螺纹全长的1/2。

(9)拉线应绷紧,双拉线松紧一致。

(10)拉线在楔形线夹外回头长度500 mm,允许偏差±50 mm。端部用ϕ1.6 mm线绑扎三圈。

(11)拉线回头与本线用ϕ1.6 mm线绑扎100 mm,施工偏差±10 mm,绑扎密实整齐。

(12)拉线底座为单板双孔式的型式,接触线拉线安装在靠近支柱侧孔上,承力索拉线安装在远离支柱侧孔上。拉线底座为双耳型式的,承力索拉线安装在线路侧单耳上,接触线拉线安装在田野侧单耳上。

(13)田野侧联结螺栓穿向线路侧。

(14)联结螺栓装好后,应穿开口销,并用钳子掰开口销两支使其夹角大于120°。应预留运营维护的调节余量。

(15)安装时应确定双耳楔形线夹的受力面,不应装反。

(16)回头绑扎,防止散股。

(二)施工工艺

1. 校核支柱顺横线路倾斜度

用支柱斜率测量仪检测支柱顺横线路方向的倾斜度,若不符合要求时松开地脚螺栓螺母重新调整。

2. 安装

(1)作业人员先将地脚螺栓连接板安装上,用梅花扳手将螺母拧紧,再用力矩扳手检测达标。

(2)施工负责人指挥作业人员先测量拉线安装高度和总长度,依据测量安装总长度计算出拉线绞线长度。

(3)使用钢绞线回头搣弯器搣好拉线回头。

(4)安装好上部双耳楔形线夹。

(5)回头线绑扎。

(6)连接调整螺丝和连接板,作业人员上杆并系好安全带,用小绳把连接好的调整螺丝和连接板拉上与支柱连接。地面人员配合连接好下端连接板。

(7)地面人员连接鬼爪紧线器,并紧线,扶住下端连接板,测出下端双耳楔形线夹回头位置,做好回头。

(8)将安装好的下端双耳楔形线夹与下端连接板连接上。调整调整螺丝,拆除鬼爪紧线器。调整螺栓预留1/3调整余量。

(9)两根拉线操作方法相同。完成后,按上述程序进行下一支柱拉线安装。

八、承力索架设

(一)承力索展开

1. 技术要求

(1)承力索及终端锚固线夹的规格、型号应符合设计要求,安装工艺符合标准。

(2)承力索应按设计锚段长度对号架设,且不得有接头。

(3)补偿张力应符合设计要求,补偿坠砣串的质量允许偏差为±1%(根据料库组配前称重标示的质量符合,禁止使用厂家的质量标示)。

(4)承力索架设应使用张力架设。

(5)检查落锚支柱向拉线的倾斜率是否符合10～15 mm/m,拉线是否已经受力。

(6)按设计要求和验收标准检查材料质量。

(7)复线曲线处加固应根据曲线半径和承力索的张力计算垂直张力大于水平张力时,方可采取加固措施。

(8)承力索下锚终端线夹安装严格执行《承力索锥套式终端锚固线夹安装(拆卸)》作业指导书的要求,确保一次安装到位达标。

(9)放线宜采用恒张力架线车,行驶速度3～5 km/h,承力索架线张力为8 kN。

(10)架线前坠砣宜固定在一定高度,起锚侧补偿宜绑死,中心锚结安装后再松开。

(11)坠砣杆的焊口方向与坠砣串的开口方向交错角为90°,坠砣重量标示应位于线路侧。

2. 施工工艺

(1)安装终端线夹

①放线前应事先将起锚端的锥套式终端锚固线夹安装好,为放线做好准备。

②施工负责人填写施工记录，主要安装人员应在记录上签字，即实行质量责任制。

(2)起锚

①接到线路封锁命令后，架线车组运行至起锚支柱位置停车，如图 5－80 和图 5－81 所示。

图 5－80　架线车起锚

图 5－81　人工架设起锚

②架线作业人员人工转动线盘与绞盘，将线索端头已安装好的终端锚固线夹拉到补偿装置附近。

③司机按程序操作，将立柱升到工作高度，同时将立柱滑轮托架落到最低位置。

④架线车上两作业人员上作业平台组装绝缘子等起锚零件，旋转平台靠近锚柱补偿装置位置处。

⑤架线车上人员应根据放线计划表看起锚是否穿线，如需穿线，则架线车停在需穿线位置然后穿线。

⑥起锚人员将承力索终端锚固线夹和复合绝缘子连接后与补偿绳连接。

⑦作业车平台归位，起锚人员下杆，起锚完成。

(3)承力索展放

①开始架线作业，平台上一人观察线条的走向，一人负责指挥司机操作，如图 5－82 所示。

图 5-82 承力索悬挂

②向前运行至转换柱时停车。一人负责扳正腕臂并在平腕臂端部悬挂滑轮，两人抬起承力索放入承力索支撑线夹处的滑轮内。

为防止 ϕ4.0 mm 线套子在线索架设过程中磨损腕臂管，要求制作铁丝套时在腕臂一端套上胶皮套子或使用小绳悬吊滑轮。

③架线车离开转换柱后以 3～5 km/h 盘处施加张力，采用小张力架设张力宜控制在 1～3 kN。采用恒张力架设宜控制在 8 kN，人工架设不得使线索拖地，在每个腕臂处将承力索放置于滑轮内。

④指挥人员与起锚人员随时联系，掌握起锚处的变化状况。

⑤到达落锚柱前的转换柱并悬挂承力索后，对线盘张力加大，小张力架线加大至 5～6 kN，恒张力架线加大至 10 kN，架线车作业平台行至锚柱处停止展放，准备落锚。

(4)落锚

①落锚前将作业台转向锚柱，并使架线车拨线柱整体倾向下锚侧(田野侧)，如图 5-83 所示。

图 5-83 架线车承力索落锚

②落锚人员在承力索适当位置安装紧线器、手扳葫芦，用链条葫芦把补偿装置与承力索连接。

③小张力或人工架设承力索落锚时先在转换柱与锚柱间安装紧线器和滑轮组，将承力索拉紧后，再在承力索适当位置安装紧线器、手扳葫芦，用链条葫芦把补偿装置与承力索连接。

④下锚人员开始摇动手扳葫芦紧线，起、落锚人员观察坠砣串及张力值，当张力达到额定张力后，通知紧线人员停止紧线。

⑤司机将架线车拨线立柱缓慢下落，线索脱离。

⑥将紧线器向落锚方向的承力索端头拉起，与补偿装置连接的复合绝缘子对位，量出断线位置（在起锚、落锚坠砣高度按参考资料调节，符合设计要求的情况下）。

⑦断线后，严格按照承力索锥套式终端锚固线夹安装（拆卸）要求，安装终端锚固线夹。

⑧将承力索锥套式终端锚固线夹与落锚补偿装置的复合绝缘子连接牢靠。

⑨缓慢放松手扳葫芦后，拆除手扳葫芦和紧线器，作业平台归位，完成落锚。

⑩架线人员将剩余线头收回线盘并临时固定。

⑪如封锁时间还可架线，施工负责人指挥架线人员吊装线盘，重复上述程序架设另一锚段。

（二）承力索归位

1. 技术要求

（1）承力索归位后腕臂顺线路位置应符合设计要求，偏移值符合设计提供的“铜合金绞线承力索旋转腕臂位置安装曲线表”。

（2）承力索高度及拉出值满足设计要求，高度允许偏差±50 mm。承力索与接触线处于同一垂面，允许偏差为±30 mm。由于吊弦计算未考虑横向偏差的影响，承力索归位后应测量检查承力索座的位置，超标者予以克服。

(3)正定位承力索放在靠近支柱侧的槽内,反定位承力索放在远离支柱侧的槽内。

(4)承力索座内承力索及副线铜铝复合衬垫安装位置及包压符合设计要求。

(5)承力索座压紧螺栓紧固力矩符合设计及产品说明要求,紧固后止动垫片应撅到位。

(6)承力索归位必须在承力索中心锚结安装完成后进行,应从中心锚结向两侧下锚结向依次安装。一个锚段内最多允许两组作业。

(7)腕臂顺线路位置应符合设计要求,偏移值符合设计提供的“铜合金绞线承力索旋转腕臂位置安装曲线表”。

(8)承力索高度及拉出值满足设计要求。

(9)承力索在安装时的位置应保证承力索水平工作荷载的方向指向压块螺栓。正定位承力索放在靠近支柱侧的槽内,反定位承力索放在线路侧的槽内。非支承力索放在线路侧的槽内。

(10)承力索座的压紧螺栓紧固力矩应符合设计要求。

(11)加装的铜铝复合衬垫的安装位置及包压后的开口方向正确。

(12)辅助线安装方式符合设计要求。

2. 施工工艺

(1)作业车司机接到封锁线路命令后,听从值班人员指挥,启动作业车运行至作业地点。

(2)施工负责人指挥作业车司机对位,升作业平台,作业人员先测环境温度,如与前一天相同,就依据施工作业表开始作业,如有差异,应在施工作业表的基础上进行修正后方可作业。

(3)从中心锚结向起、落锚方向进行,中心锚柱腕臂垂直于线路,并不得有偏移现象。

(4)根据施工表计算出(或依据腕臂位置安装曲线表查出)腕臂应该所固定的位置。与测量小组标注在钢轨面的中心位置为基准进行测量,量出腕臂应该与承力索所固定的位置。测量应按照安装温度大于平均温度时,腕臂向下锚方向偏移;安装温度小于平均温度,腕臂向中心锚结方向偏移，如图 5－84 所示。

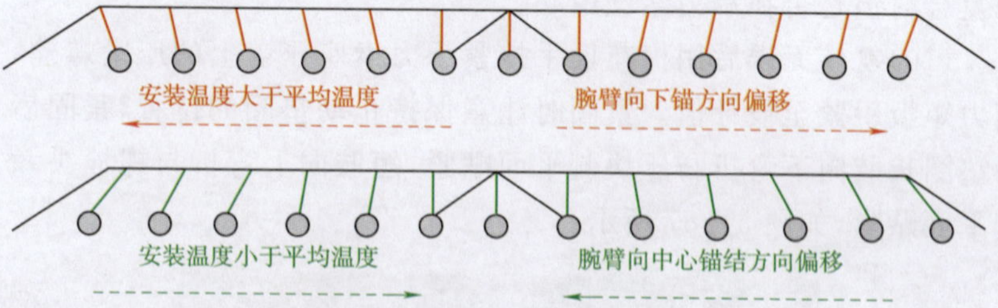

图 5－84 腕臂偏移示意

(5)根据测出的位置用激光测量仪和钢卷尺测出承力索座位置(拉出值)，激光测量仪向上反射到承力索的点就是腕臂与承力索固定的位置，也可以用线坠以钢轨面上量出的腕臂固定位置测量承力索上的位置。测出后上部作业人员在承力索上做出标记。

(6)作业平台上人员扶起作业凳，上凳系好安全带，松开承力索座压紧螺栓和压盖，将承力索从滑轮内取出抬起，按照正定位承力索放在靠近支柱侧的槽内，反定位承力索放在远离支柱侧的槽内，承力索受力侧指向压紧螺栓的原则，将其放在承力索座槽内。

(7)移动腕臂，让出承力索标记位置，将铜铝过渡衬垫中心对准承力索上标记位置放好，并将衬垫开口朝向压紧螺栓方向，用包压钳进行包压。

(8)移回腕臂，将已包压好的承力索衬垫与承力索座中心对齐，然后将预制好的承力索辅助线放入另一侧槽内，辅助线衬垫开口要与承力索上的衬垫开口并行相对，如图 5－85 和图 5－86 所示。

图 5－85 承力索在承力索座槽内位置

图 5－86 衬垫开口相对

(9)与地面人员配合复核腕臂的偏移位置,检查承力索及辅助线的复合衬垫是否在承力索座中心。

(10)复核无误后用梅花扳手拧紧承力索座压盖上的压紧螺栓,并用力矩扳手紧至设计值。紧固时注意保持止动垫圈的位置,紧固后止动垫圈长肢向下弯折与压块侧平面贴紧,短肢向上弯折与螺栓头六方侧平面贴紧,如图5－87所示。

图5－87　止动垫圈安装

(11)收回作业工具,按上述操作方法向下锚方向依次进行下一支柱承力索归位施工。

(三)中心锚结安装

1. 技术要求

(1)承力索中心锚结应在承力索架设后尽快安装。

(2)承力索中心锚结绳的最低点应不低于该跨承力索的最低高度,张力应严格按中心锚结安装设计图表中的张力安装。

(3)中心锚结柱的腕臂应垂直于线路中心线,施工允许偏差为±10 mm。

(4)承力索中心锚结线夹至腕臂中心距离为200 mm。

(5)承力索中心锚结线夹(固定承力索与承力索中心锚结绳)的螺栓由线路侧穿向田野侧,长螺栓在上,短螺栓在下。固定承力索与接触线中心锚结绳的螺栓从上向下穿向。螺栓紧固力矩符合设计要求及产品安装说明书要求。

(6)承力索中心锚结张力应严格按照承力索中心锚结安装设计给定的张力弛度控制,使用加挂张力计进行控制,安装后两侧张力一致。

(7)承力索中心锚结应在架设承力索后尽快安装,防止补偿装置工作不正常导致张力偏向一侧。

(8)承力索中心锚结辅助绳应安装在承力索座靠近支柱一侧的槽内。

(9)承力索中心锚结线夹的紧固时,按对角依次用扭矩扳手交替紧固四个螺栓,保证四个螺栓上的紧固力矩均达到设计值,如图5—88所示。

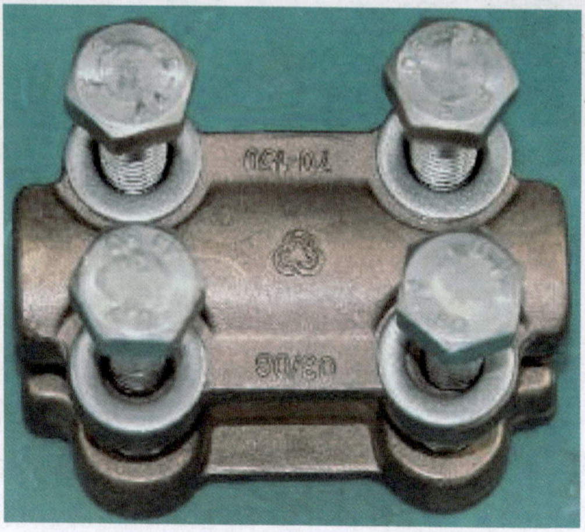

图5—88 按对角线紧固螺栓

2. 施工工艺

(1)检查

①中心锚结下锚拉线及下锚固定角钢已安装,锚柱顺线路倾斜度符合设计要求,确认拉线处于受力。

②承力索已架设完毕,检查起、下锚两侧坠砣张力值,应基本达标。

(2)安装中心锚结绳

①作业车司机拿到封锁线路行车命令后,听从值班员指挥,启动作业车,运行至作业点。

②将作业车停在中心锚结锚处2.5m左右,升起作业平台,旋转至起锚柱位置。一人上杆将U形挂环连接到下锚固定角钢上,另一头连接1500型杵环杆,杵环杆再和复合绝缘子连接,将起锚承力索终端锚固线夹连接到复合绝缘子上,如图5—89所示。

图5—89 承力索中心锚结起锚

③作业台回转至正常位置,作业车以5km/h的速度展放承力索中心锚结绳至中心锚结中心柱,挂上铁丝套和滑轮,并将承力索中的锚绳放在滑轮内,继续向下锚柱展放。

④放线车以5km/h的速度展放承力索中心锚结绳至落锚处2.5m左右停车,一人上杆将U形挂环连接到下锚固定角钢上,另一头连接1500型杵环杆,杵环杆再和复合绝缘子连接,由作业人员接过,在杵环杆上打好紧线器,在承力索中心锚结辅助绳适当位置装紧线器,连接倒链葫芦,并串好拉力计,开始紧线。

⑤当拉力计显示达到设计值时,停止紧线,测量好断线位置,断线并按《承力索锥套式终端锚固线夹安装(拆卸)》作业指导书安装好终端锚固线夹,与复合绝缘子连接上。

⑥落锚完成后，拆卸紧线工具。

(3)中心锚结固定

①作业车返回中心柱，作业人员调整中心柱腕臂，使其垂直于线路中心线，在承力索及中心锚结绳上分别做出标记，然后卸下承力索座压盖上的压紧螺栓，拿出压盖，先将中心锚结绳从滑轮内抬出，放入承力索座靠近支柱侧槽内，再将承力索抬起放入线路侧槽内。

②移动腕臂，让出承力索及中心锚结绳标记位置，将两个铜铝过渡衬垫中心位置分别对准承力索及中心锚结绳划好的标记位置放入，用包线钳包压衬垫，注意中心锚结绳衬垫压接后开口要与承力索上的衬垫开口并行相对，如图 5－90 所示。

图 5－90　复合衬垫包压

③移回腕臂，将包压好的承力索及中心锚结绳衬垫中心与承力索座中心对齐，衬垫开口指向压紧螺栓，合上压盖，预拧上螺栓，如图 5－91 和图 5－92 所示。

④再次调整中心柱腕臂的垂直，检查承力索及中心锚结绳的复合衬垫是否在垂直的腕臂(承力索座)中心，用梅花扳手拧紧承力索座压盖上的压紧螺栓，并用力矩扳手紧至标准力矩值。紧固时注意保持止动垫圈的位置，紧固后止动垫圈长支向下弯折与压块侧平面贴紧，短支向上弯折与螺栓头六方侧平面贴紧。

图 5—91 衬垫开口相对

图 5—92 开口指向压紧

(4)中心锚结线夹安装

①在腕臂中心向两侧分别量出 200 mm,在量出位置清洁线夹接触部位的杂物和氧化层。

②安装中心锚结线夹(图 5—93),松开长、短螺栓,短螺栓旋离下夹板,长螺栓松开足够距离但保持三夹板仍然连接在一起。

图 5—93 中心锚结线夹

③向上抽动短螺栓,露出线夹一侧,将线夹本体上夹板挂在承力索上,锚结绳置于中夹板和下夹板之间。螺栓由线路侧穿向田野侧,长螺栓在上,短螺栓在下。

④用同样的方法安装另一侧线夹，调整两个线夹至量出的位置，用力矩扳手交替紧固四个螺栓，保证四个螺栓上的紧固力矩均达到设计值。紧固时螺栓旋停位置需涂抹螺纹锁固胶，涂抹长度约 8 mm。

⑤用同样的方法紧固另一侧线夹螺栓，检查无误后，作业车驶向承力索起锚侧锚柱，将承力索起锚侧补偿与底座固定的铁线解除，承力索中心锚结安装完成，如图 5－94 所示。

图 5－94　安装固定后的承力索中心锚结

九、接触线架设及线索展放

（一）技术要求

（1）接触线的规格和型号应符合设计要求。

（2）接触线应按锚段长度配盘对号架设，接触线不得有接头，架设后无硬点、扭曲现象。

（3）接触线应采用恒张力架设，恒张力架线车上须安装接触线校直器，并在架线前调整正确，经常进行检查，如图 5－95 所示。

（4）接触线架线张力不应小于线盘绕线张力，架线张力恒定，张力 10～12 kN。具体由厂家提供技术服务。

（5）接触线架设应在每个跨距内均匀悬挂不少于 4 个带有尼龙滑轮的工具吊弦。

（6）架设完成后，应使用接触线专用检测尺对接触线平直度进行检测，每 300 m 检测一处，接触线平直度不应大于 0.1 mm/ m。

（7）正线接触悬挂工作支改变方向时，该线与原方向的水平夹角不宜大于4°。

图 5-95 接触线平直度校直器

(8)尽量在起锚侧穿线,从闭口侧到开口侧,站场内正线接触线应在下方,侧线在上方。

(9)补偿装置工作正常,与平衡轮的距离、张力值应符合设计要求,补偿坠砣串的重量允许偏差为±1%。

(10)架线前检查锚柱的顺线路倾斜率,调整拉线调整螺栓,保证其符合标准,紧线时注意观察。

(11)按设计要求和验收标准检查材料质量,对接触线、终端锚固线夹进行认真检查,严禁使用质量不合格材料。放线时,线盘处应设专人检查接触线在线盘上的缠绕是否密贴、有序。

(12)架设后无硬点、扭曲现象。

(13)起、拉锚补偿坠砣提升至规定高度,落锚补偿卡在支柱上,起锚补偿,用 $\phi4.0$ mm 铁线将接触线固定在一起,使补偿不能转动。中心锚结安装后再松开。

(14)为保证在悬挂调整时,避免出现补偿绳不够长的问题,接触线落锚时,补偿与平衡轮的距离宜小于设计值。

(15)接触线下锚终端线夹安装严格执行《接触线锥套式终端锚固线夹安装(拆卸)》作业指导书的工艺要求,确保一次安装到位达标。

(16)放线采用恒张力架线车,接触线架线张力宜为10 kN。行驶速度3~5 km/h并保持匀速,中途不应停车。

(17)转换柱及曲线与对面腕臂对拉,固定至实际位置和高度。

(18)工具吊弦的长度应事先根据设计额定张力计算,分为0.7 m、0.9 m、1.1 m三种(长度不含滑轮长度)。0.7 m吊弦用于悬挂非工作支跨距内。正常跨距内采用0.9 m、1.1 m两种吊弦,每跨4根均匀布置悬挂,靠近悬挂点2根为1.1 m,跨中两根采用0.9 m。悬挂后接触线应处于平顺状态,避免有明显上下起伏,形成硬点。

(19)架设时,恒张力架线车后应跟一作业车或梯车,防止吊弦脱落。

(20)使用普拉赛架线车架线时,安装工具吊弦的人员应站在作业平台中后部,拨线柱高度应略高于接触线悬挂高度,严禁抬高接触线悬挂工具吊弦。

(21)接触线架线后应立即安装中心锚结,在48 h内安装定位器,以防接触线新线蠕变过程中发生扭曲。在额定张力条件下保持数天拉伸,在消除新线蠕变对接触悬挂调整的影响后进行弹吊及整体吊弦的安装。

(22)接触线架设后,在未安装整体吊弦前可采用尼龙绳倒换工具吊弦,安装尼龙绳位置、高度及数量与正式吊弦一致。

(二)施工工艺

1. 起锚

(1)接到线路封锁命令后,架线车组运行至起锚支柱位置停车,司机摘开高速运行挡,转换到液压走行挡位。架线人员将工作台栏杆扶起固定好,解除作业台回转定位。

(2)司机将线盘张力制动缓解后将拨线柱升到工作高度并倾向锚柱。

(3)如需穿线,在运行至锚段关节转换柱与锚柱间进行穿线,由闭口侧穿线,避免落锚时穿线。

(4)穿线后,将接触线牵引至架线平台,靠近锚柱补偿装置位置后旋转并升作业平台,起锚人员一人上杆,将补偿连接件复合绝缘子递给架线车上人员，并检查补偿绳排列是否整齐、小轮补偿绳是否平顺，架线车上作业人员将接触线终端锚固线夹与复合绝缘子连接上。

(5)架线车平台复位，将架线车与轨道吊和平板车解体，起锚人员下杆，起锚完成，如图 5—96 所示。

图 5—96 接触线起锚

2. 接触线展放

(1)开始架线，运行至锚柱与转换柱之间时须悬挂一个非工作支工具吊弦，同时司机根据接触线走向与高度，随时调整拨线柱倾斜角度与高度。

(2)到达第一个转换柱后停车，将接触线与对面腕臂进行对拉，非工作支与工作支都要将接触线拉至与之相对应的承力索垂直位置和规定高度，如图 5—97 所示。

图 5—97 转换柱接触线对拉固定

(3)架线车司机在操作台上设定完成架线参数(即张力等)。架线张力恒定在 10～12 kN，架线速度选定在 3～5 km/h，并保持在一个速度值上，架线平台升至低于接触线高度，拨线柱高于接触线悬挂高度后，开始恒张力架设。

(4)作业负责人负责观察线条的走向，并负责指挥司机和作业人员操作，架线平台人员一人准备工具吊弦，两人挂工具吊弦，不得停车悬挂，每跨不少于4个，腕臂两侧悬挂1.1 m规格的，跨中悬挂0.9 m规格的，悬挂时不可混用。工具吊弦上部带钩的挂在承力索上，下部连接滑轮的一端将接触线挂在滑轮内。为避免产生波浪弯，安装工具吊弦的人员应站在作业平台中后部，拨线柱高度应略高于接触线悬挂高度，挂工具吊弦时应先挂承力索端，将承力索向下拉紧后把接触线放入滑轮，禁止人为抬高接触线悬挂工具吊弦，如图5—98所示。

图5—98　悬挂工具吊弦

(5)展放过程中，恒张力车应尽可能避免停车、急加速等，与作业平台分开的恒张力架线车应注意两车间距应在4～5 m之间，不可过大，避免接触线自然弛度造成波浪弯，如图5—99所示。

图5—99　作业平台与架线车距离

(6)架线车到达最后一个转换柱后停车,在非工作支腕臂上用铁线悬挂滑轮,将接触线放入滑轮与对面腕臂进行对拉,并基本固定到实际位置。

(7)在向锚柱行走前,司机将张力加大,普拉塞车型可加大至13.5 kN,泰斯马克车型张力可加大至20 kN,依靠架线车张力装置将锚段接触线张力加大,以减少人工紧线的时间。

(8)在张力加大行走的过程中,指挥人员与起锚人员随时联系,掌握起锚处的变化状况,同时查看线盘内所接触线剩余缠绕圈数,普拉塞车型一般剩余4～5圈,当线盘所缠绕的圈数不足3圈时应采用牵引辅助绳的办法,继续最后一跨的张力架设。泰斯马克及金鹰车型一般最后剩余2圈,需将线盘方向的接触线断开后,用牵引辅助绳继续架设,如图5—100所示。

图5—100 使用牵引辅助绳架设最后一跨

(9)同时司机根据接触线走向与高度,随时调整拨线柱倾斜角度和高度,当作业平台基本接近下锚柱时停止展线,准备落锚。

3. 落锚

(1)恒张力架线车越过锚柱,作业平台接近锚柱后停车,将作业台转向锚柱,调整拨线柱角度,使接触线倾向下锚侧(田野侧),如

图 5－101和图 5－102 所示。

图 5－101　拨线柱倾向落锚方向

图 5－102　接触线落锚

(2)架线人员在接触线上适当位置安装紧线器，用手扳葫芦与补偿装置(专用的平衡连接装置)和紧线器连接。专用的平衡连接装置是保证落锚安全，终端线夹安装方便的可靠工具，架线落锚时必须使用，如图 5－103 所示。

图 5－103　不同型号补偿平衡轮进行落锚的专用平衡连接工具

(3)检查各连接件连接可靠后，开始用手扳葫芦紧线，当手扳葫芦将接触线紧至落锚补偿升起时，将架线车张力撤销并在适当位置断线，将接触线与架线车分离，拨线柱缓慢下落归位，架线配合人员将接触线校直器螺栓松开，抬起校正器，取出接触线，将剩余的接触线绕回线盘。

(4)手扳葫芦继续紧线，下锚人员观察坠砣串及张力值，当张力值符合设计要求时，通知紧线作业人员停止紧线；量出与补偿连接的断线位置，用液压断线钳或机械弧口式断线钳断线，如图 5－104 所示。

图 5－104　张力紧至坠砣提升至规定高度

(5)紧线人员缓慢松解葫芦，拆扳手扳葫芦和紧线器，架线车作业平台归位，完成接触线落锚，恒张力架线车组准备进行下一锚段接触线架设。

4. 检测

接触线落锚作业完成后，可用另一作业车，将作业平台升至不与接触线碰触的高度，向起锚方向行驶，作业人员开始对架设的接触线进行质量检查，查看接触线有无扭曲、弯曲现象。在关节处、锚段中部(每锚段不少于 4 处)分别进行波浪弯测试，平直度不得大于 0.1 mm，并予以记录，如图 5－105 所示。

图 5－105 接触线平直度检测

十、定位装置安装

(一)技术要求

(1)定位器安装型号符合设计要求及腕臂计算给定的型号,定位管长度、定位器长度符合设计要求。

(2)定位器安装应符合设计要求,在平均温度时应垂直线路中心线,温度变化时,偏移量与接触线在该点的伸缩量应一致。

(3)限位定位器倾斜度与定位管的坡度应符合设计要求,限位间隙允许偏差为±1 mm,非限位定位器的根部与接触线高度之差允许偏差为±10 mm,并应保证定位线夹处接触线工作面与轨面连线平行。

(4)设计无明确要求时定位管应水平,在平均温度时应垂直于线路中心线,并与腕臂在同一垂面内。转换支柱处两定位器应能分别随温度变化自由移动、不卡滞,接触线非工作支和工作支定位器、管之间的间隙不小于 100 mm。

(5)使用直角定位器时,定位管正定位抬头、反定位低头量应符合设计要求。

(6)上下行两定位管间的绝缘距离不应小于 2 000 mm,困难时不小于 1 600 mm。

(7)锚支定位卡子线夹荷载方向与设计要求受力一致,拉出值施工允许偏差为±30 mm。定位器的定位线夹相对线路安装位置与腕臂顺线路安装位置偏移的角度相同。

(8)定位器不应处于受压状态,其倾斜度符合实际受力平衡状态。

(9)电气连接线安装的弧度不应与定位器底座相互摩擦,铜铝复合垫圈安装正确，铝面与定位器和底座接触，铜面与电气连接线鼻子接触，且电气连接线统一安装在来车方向，水平穿向螺栓穿向来车方向。

(10)防风拉线短环在定位器侧，长环在定位管侧，且方向相反，朝向符合设计要求。防风拉线定位环安装在来车方向，水平安装。

(11)定位线夹及其他零部件有止动垫片的应撇到位，螺栓、销钉穿向及联结螺栓紧固力矩符合产品要求。

(12)定位器安装选用型号符合设计要求及腕臂计算给定的型号。

(13)作业过程严禁踩踏接触线或给接触线施加外力，以保证接触线的平直度和良好的高速弓网受流质量。

(14)定位器应在接触线架设后及时安装，以免出现接触线扭曲现象。

(二)施工工艺

1. 定位管安装

(1)作业车行至中心锚结后，由中心锚结柱向起、落锚方向分别安装。

(2)按腕臂偏移表复核腕臂偏移量，未达标者，调整使其达标。

(3)平台上作业人员将临时固定在斜腕臂上的定位管拆下，如果定位管在腕臂安装时没有与定位环连接，就将定位管一端的双耳连接到定位环上，然后将定位管支撑与腕臂连接，或将定位管斜拉线下端连接在定位管上的定位钩上，并将斜拉线载流环线鼻子固定在定位勾螺栓上，拧紧螺栓，用力矩扳手检测达标。

2. 定位器安装

(1)定位管安装后，将定位器钩向上，将开口套进定位支座的凹槽，转动定位器将定位器连接到限位支座上。

(2)将接触线安装在定位器的定位线夹里，如果线面不正，可用专用的线面夹持器夹住线槽将接触线扳正，把定位线夹夹板牙型放入接触线线槽内，注意有环夹板(备母侧)始终在外侧(远离定位支座)，用梅花扳手预紧螺栓。

(3)按设计要求预留顺线路的偏移量,平均气温时,定位器垂直于线路中心,温度变化时定位器顺线路偏移量与腕臂安装偏移角度一致。注意在定位线夹与接触线的接触面应涂电力脂。

(4)用扭矩扳手交替紧固至标准值,再拧紧背母至标准值。防松止动垫片长支掰向线夹本体,短支掰向螺母上部六方平面,如图 5－106 所示。

图 5－106　定位器与接触线安装与紧固

(5)安装检查无误后作业车移出悬挂点,向下锚方向进行下一支柱的定位装置安装。

3. 锚支定位卡子安装

(1)安装至转换柱后确保锚支定位卡子线夹的安装方向与非工作支接触线的受力方向处在线夹荷载方向。

(2)将临时固定在斜腕臂上的非定位安装检查无误后作业车移出悬挂点,向下锚方向进行下一支柱的定位装置安装。

4. 电气连接线安装及限位调整

(1)电气连接线安装及限位间隙调整应与整体吊弦安装及弹性吊索调整一并完成。

(2)先将螺栓螺母卸下,将螺栓装入定位器支座背部的螺栓孔中,依次穿入铜铝复合垫圈、电气连接线一端的线鼻子,注意安装后铝面朝上(与支座接触),铜面朝下(与线鼻子接触),装入弹簧垫,预紧螺母,如图 5－107 所示。

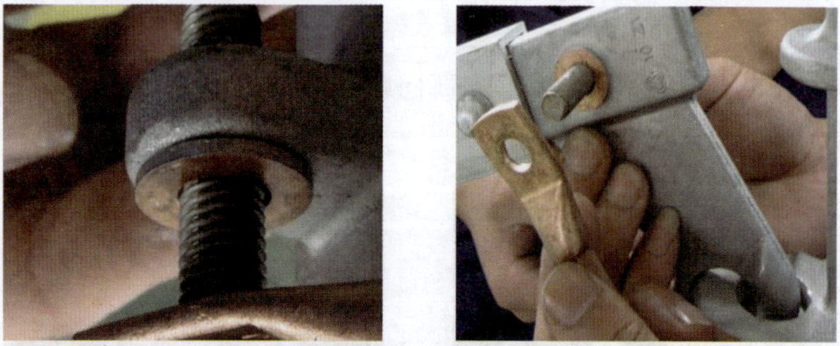

图 5－107　电气连接线铜铝复合衬垫安装方向

(3)在定位器尾部的孔中穿入螺栓,依次放入铜铝复合垫圈、线鼻子,注意安装后铝面朝内(与定位器接触),铜面朝外(与线鼻子接触),装入弹簧垫,预紧螺母。

(4)调整电气连接线弯曲弧度,安装的弧度不应与定位器底座和限位止钉相互摩擦,检查螺栓、垫圈方向有无装错,电气连接线统一安装在来车方向,水平穿向螺栓穿向来车方向,无误后用力矩扳手紧固至设计值,如图 5－108 所示。

图 5－108　安装后的电气连接线

(5)在弹性吊索及接触悬挂调整时,调整定位器限位间隙,使用专用塞棒检测限位间隙,限位间隙应符合设计要求。检测方法如图 5—109 和图 5—110 所示。

图 5—109　限位间隙检测

图 5—110　定位器坡度检测

(6)结合接触线高度、拉出值检测,对不符合设计要求的定位器限位间隙、坡度进行调整,采取调整定位管的办法。只允许调整定位管斜吊线或支撑与坡度的正确。

(7)调整正确后进行定位器防风拉线的安装。

5. 防风拉线安装

(1)防风拉线应与电气连接线安装一起进行,在整体吊弦安装及弹性吊索安装调整时一并完成。

(2)将预制好的防风拉线短环一端穿入定位器端头圆孔,把防风拉线上的圆环套进回头上,用钳子把回头撅成圆弧状。

(3)防风拉线定位环统一在来车方向安装,防风拉线的本体一侧靠近定位管。安装后短环与长环两端方向相反,长环在定位管端,短环在定位器端,如图 5—111 所示。

图 5—111　定位器防风拉线安装